科学出版社“十三五”普通高等教育本科规划教材

物理学习题指导

第2版

侯俊玲　刚　晶　黄　浩　主编

科学出版社
北　京

内 容 简 介

本书是科学出版社“十三五”普通高等教育本科规划教材《物理学》《物理学实验》配套的习题教材。本书内容共分13章，与理论教材《物理学》（第4版）章节严格保持一致，并覆盖了理论教材《物理学》第4版的全部习题内容。每一章包含四个部分即“内容提，要”“习题解答”“课外练习”及“课外练习参考答案”等。通过对本书的阅读，读者能更易结合理论掌握相关的重点知识与内容，从而有的放矢地学习与复习。另外全书的最后，还编撰了5套综合练习题且附有相应的参考答案，供读者练习与参考，题型有单选题、填空题、判断题、简答题和计算题等。为了加深学生对基本概念和规律的理解，在解题过程中对习题的重点、难点进行了具体分析和提示。

本书可供高等中医药院校中医、中药、针灸、推拿、骨伤、临床、护理、保健、康复、卫生管理等相关专业的学生及医药工作者学习与使用，也可供与本内容相关的其他专业的读者参考。

图书在版编目(CIP)数据

物理学习题指导/侯俊玲，刚晶，黄浩主编．—2版．—北京：科学出版社，2019.11

ISBN 978-7-03-063336-1

Ⅰ．物…　Ⅱ．①侯…②刚…③黄…　Ⅲ．①物理学-高等学校-题解
Ⅳ．O4-44

中国版本图书馆CIP数据核字（2019）第255371号

责任编辑：郭海燕／责任校对：杨　赛
责任印制：赵　博／封面设计：北京图阅盛世文化传播有限公司

科学出版社 出版
北京东黄城根北街16号
邮政编码：100717
http://www.sciencep.com
北京天宇星印刷厂印刷
科学出版社发行　各地新华书店经销
*
2019年11月第　一　版　开本：787×1092　1/16
2025年 2 月第三次印刷　印张：13
字数：316 000

定价：39.00 元

（如有印装质量问题，我社负责调换）

编委会名单

主　编　侯俊玲　刚　晶　黄　浩

副主编　李　光　郭晓玉　王　勤　王蕴华　高清河　李　洋

编　委　(按姓氏汉语拼音排序)

柴　英（大连医科大学中山学院）　陈　娜（辽宁中医药大学）

陈继红（河南中医药大学）　陈伟炜（福建中医药大学）

刚　晶（辽宁中医药大学）　高建平（甘肃中医药大学）

高清河（辽宁中医药大学）　郭晓玉（河南中医药大学）

侯俊玲（北京中医药大学）　黄　浩（福建中医药大学）

李　光（长春中医药大学）　李　洋（大连医科大学中山学院）

林　蓉（上海中医药大学）　彭春花（上海中医药大学）

王　礼（大连医科大学）　王　勤（贵州中医药大学）

王文龙（长春中医药大学）　王蕴华（天津中医药大学）

谢仁权（贵州中医药大学）　徐　磊（北京中医药大学）

叶　红（上海中医药大学）　俞　允（福建中医药大学）

张　莉（北京中医药大学）　张灵帅（河南中医药大学）

梅　婷（北京中医药大学）

前　　言

本书是一本供高等中医药院校中医、中药、针灸、推拿、骨伤、临床、护理、保健、康复、卫生管理等相关专业学生使用的主要参考书，是物理学课程的重要配套用书。

本书由全国近 20 所高等中医药院校具有丰富教学经验的教师编写而成，与理论教材《物理学》（第 4 版）的章节保持一致。每一章包含四个部分，第一部分是“内容提要”，对本章的重点概念、重要公式及重点原理进行梳理，使读者更容易抓住本章的要点内容，有利于读者的学习与复习；第二部分是“习题解答”，对理论教材《物理学》（第 4 版）每章后的习题进行逐一解答，重点阐述习题所应用的理论依据及难点分析，给出标准答案；第三部分是“课外练习”，可以开阔读者的视野，增加知识的深度与广度，使读者更加牢固地掌握本章的理论知识；第四部分是“课外练习参考答案”，对“课外练习”的习题给予指导并给出相应的答案。

本书编写的目的主要是方便学生自主学习与复习，同时也可提高教师的教学效率。本书最后还给出了 5 份模拟试卷，即“综合练习”，并给出相应的答案，读者可根据自己对模拟试卷的解答结果，对自己的学习情况进行自我评估，以便督促自己更好地学习物理学知识。

本书在编写时，注意保持了物理学知识体系的系统性与完整性，强调通过习题的练习，有效地培养读者自主学习的能力，加深对理论知识的掌握与应用，同时培养读者分析问题、解决问题的能力以及创新思维方法的建立，为学习其他课程打下良好的物理学基础。

在编写本书过程中，承蒙相关专业的专家悉心指导与热心帮助，在此对他们表示衷心感谢！同时对各参编单位领导的大力支持和编者勤劳努力的细心工作亦表示衷心的感谢！

由于编者水平与时间的限制，本书难免会存在一些问题和不妥之处，殷切期望读者给予批评指正。

侯俊玲

2019 年 10 月

目　录

第一章　刚体力学及物体的弹性

＊＊ 内容提要 ＊＊

1. 刚体的转动

(1)刚体:在任何外力作用下,大小和形状都不发生改变的物体。这是一个理想化的力学模型。

(2)刚体的平动:在运动过程中,若刚体上任意两点的连线始终与初始位置平行,则此刚体的运动就称为平动。

(3)刚体的转动:在运动过程中的某一瞬间,若刚体内的各个点都围绕同一直线做圆周运动,这种运动就称为转动。

(4)角坐标:选定转动的刚体转动平面上的一参考点 P,考虑从圆心 O 指向 P 点的矢径 $\boldsymbol{r}$,它与坐标轴 Ox 的夹角 θ 就是角坐标。

(5)角位移:设在 Δt 时间内整个刚体转过 $\Delta\theta$ 角。我们定义 $\Delta\theta$ 为刚体在 Δt 时间内的角位移。它是描述刚体转动程度的物理量,而且是一个矢量,方向由右手螺旋前进的方向确定。角位移的单位是弧度(rad)。

(6)角速度:描述刚体转动快慢程度的物理量,单位为弧度/秒(rad/s)。当 $\Delta t\to 0$ 时,平均角速度的极限值称为 t 时刻的瞬时角速度,简称角速度,用 $\boldsymbol{\omega}$ 表示,即

$$\boldsymbol{\omega}=\lim_{\Delta t\to 0}\frac{\Delta\theta}{\Delta t}=\frac{\mathrm{d}\theta}{\mathrm{d}t} \tag{1-1}$$

(7)角加速度:当 $\Delta t\to 0$ 时,平均角加速度的极限值称为瞬时角加速度,简称角加速度,单位为弧度/秒^2(rad/s^2),用 $\boldsymbol{\beta}$ 表示,即

$$\boldsymbol{\beta}=\lim_{\Delta t\to 0}\frac{\Delta\omega}{\Delta t}=\frac{\mathrm{d}\omega}{\mathrm{d}t}=\frac{\mathrm{d}^2\theta}{\mathrm{d}t^2} \tag{1-2}$$

2. 刚体转动惯量的计算

$$I=\sum \Delta m_i r_i^2 \tag{1-3}$$

若刚体质量分布是连续的,则刚体的转动惯量 I 应写成积分的形式,即

$$I=\int r^2\mathrm{d}m=\int r^2\rho\mathrm{d}V \tag{1-4}$$

3. 刚体的转动定律

(1)力矩:力与力臂的乘积称为力矩。力矩是一个矢量,用 $\boldsymbol{M}$ 表示,其大小为 $M=Fd$。

(2)转动定律:转动刚体的角加速度与作用在刚体上的力矩成正比,与刚体的转动惯量成反比。这一定律称为做定轴转动刚体的转动定律,即

$$\boldsymbol{M}=I\boldsymbol{\beta} \tag{1-5}$$

4. 角动量守恒定律

（1）角动量：刚体绕定轴转动的角动量等于刚体对给定轴的转动惯量与刚体绕轴转动的角速度的乘积，即 $\boldsymbol{L}=I\boldsymbol{\omega}$。

（2）角动量守恒定律：当刚体在一段时间内所受的合外力矩为零时，刚体的角动量保持恒定不变，这一结论称为刚体的角动量守恒定律，即

$$\boldsymbol{L}=I\boldsymbol{\omega}=\text{恒量} \qquad (1\text{-}6)$$

该结论也可以推广到分析一般物体（转动惯量变化）的转动情况。

5. 物体的弹性

（1）正应力：垂直作用在物体某截面上的内力与该截面面积的比值，定义为物体在此截面处所受的正应力，用 σ 表示，单位为牛/米^2（$\mathrm{N/m^2}$）。

$$\sigma=\frac{F}{S} \qquad (1\text{-}7)$$

（2）正应变：物体在正应力作用下单位长度上所发生的长度改变量，称为正应变，即

$$\varepsilon=\frac{\Delta x}{x_0} \qquad (1\text{-}8)$$

（3）切应力：平行作用在物体某截面上的内力与该截面面积的比值，定义为物体在此截面处所受的切应力。

$$\tau=\frac{F}{S} \qquad (1\text{-}9)$$

（4）切应变：物体在切应力的作用下，某截面移动的距离与该截面到底面距离的比值称为切应变。

$$\gamma=\frac{\Delta x}{d}=\tan\varphi \qquad (1\text{-}10)$$

切应变在一定的切应力作用下对不同的截面来说都是相等的。

（5）体应变：物体受到压力作用，体积发生变化，但形状不改变。体积变化量 ΔV 与原体积 V_0 之比，称为体应变，用 θ 表示，即

$$\theta=\frac{\Delta V}{V_0} \qquad (1\text{-}11)$$

（6）杨氏模量：当物体发生正应变时，在正比极限范围内，正应力与正应变的比值称为杨氏模量。

$$E=\frac{\sigma}{\varepsilon}=\frac{Fx_0}{S\Delta x} \qquad (1\text{-}12)$$

（7）切变模量：当物体发生切应变时，在正比极限范围内，切应力与切应变的比值称为切变模量。

$$G=\frac{\tau}{\gamma}=\frac{Fd}{S\Delta x} \qquad (1\text{-}13)$$

✻✻ 习题解答 ✻✻

1-1. 当飞轮做加速转动时，在飞轮上半径不同的两个质点，它们的切向加速度是否相同？

法向加速度是否相同？

答：处在同一飞轮上的两个质点，角速度相同，角加速度相同。而切向加速度 $a_t=\beta r$，法向加速度 $a_n=\omega^2 r$，二者均随质点半径的增加而增大。

1-2. 某一转轮，从静止开始以匀角加速度转动，经 20 s 后，它的角速度到达 60 rad/s，求此转轮的角加速度及在 20 s 内转轮转过的角度。

已知：$\omega_0=0$ rad/s，$\omega_t=60$ rad/s，$t=20$ s；

求：$\beta=$？ $\theta_t=$？

解：$\beta=\dfrac{\omega_t-\omega_0}{t}=\dfrac{60}{20}\ \text{rad/s}^2=3\ \text{rad/s}^2$

$$\theta_t=\omega_0 t+\frac{1}{2}\beta t^2=\frac{1}{2}\times3\times400\ \text{rad}=600\ \text{rad}$$

答：此转轮的角加速度为 3 rad/s^2；在 20 s 内转轮转过的角度为 600 rad。

1-3. 某电动机的转子由静止开始转动，经 30 s 后，转子的转速增加到 250 r/s，转子的直径为 0.04 m，试求在 $t=30$ s 时转子表面上一点的速度和加速度。

已知：$\omega_0=0$ rad/s，$\omega_t=2\pi\cdot250=500\pi$ rad/s，$t=30$ s，$r=0.02$ m；

求：(1) $v=$？ (2) $a=$？

解：$v=\omega_t r=500\pi\times0.02\ \text{m/s}=10\pi\ \text{m/s}$

$$\beta=\frac{\omega_t-\omega_0}{t}=\frac{500\pi}{30}\ \text{rad/s}^2=\frac{50\pi}{3}\ \text{rad/s}^2$$

$$a_t=r\cdot\beta=0.02\ \text{m}\times\frac{50\pi}{3}\ \text{rad/s}^2=\frac{\pi}{3}\ \text{m/s}^2$$

$$a_n=\omega_t^2 r=(500\pi\ \text{rad/s})^2\times0.02\ \text{m}=5000\pi^2\ \text{m/s}^2$$

$$a=\sqrt{a_t^2+a_n^2}=\sqrt{\left(\frac{\pi}{3}\right)^2+(5000\pi^2)^2}\approx a_n=5000\pi^2\ \text{m/s}^2$$

答：在 $t=30$ s 时转子表面上一点的速度为 10π m/s；加速度为 $5000\pi^2$ m/s^2。

1-4. 试求质量为 m，长为 L 的均匀细棒对下面几种情况的转动惯量。

(1) 转轴通过棒的中心并与棒垂直；

(2) 转轴通过棒的一端点并与棒垂直；

(3) 转轴通过棒的中心并与棒成 θ 角。

已知：m,L,θ；

求：(1) $I_{中心}=$？ (2) $I_{端点}=$？ (3) $I_\theta=$？

解：设细棒的线密度 $\lambda=\dfrac{m}{L}$，$\mathrm{d}m$ 是长度为 $\mathrm{d}x$ 的一段细棒的质量，则 $\mathrm{d}m=\lambda\mathrm{d}x$。

(1) 以棒的中心 O 为坐标原点，建立 Ox 轴，如题 1-4 图(a)所示。

$$I_{中心}=\int_{-L/2}^{L/2}x^2\mathrm{d}m=\int_{-L/2}^{L/2}x^2\lambda\mathrm{d}x=\frac{1}{12}mL^2$$

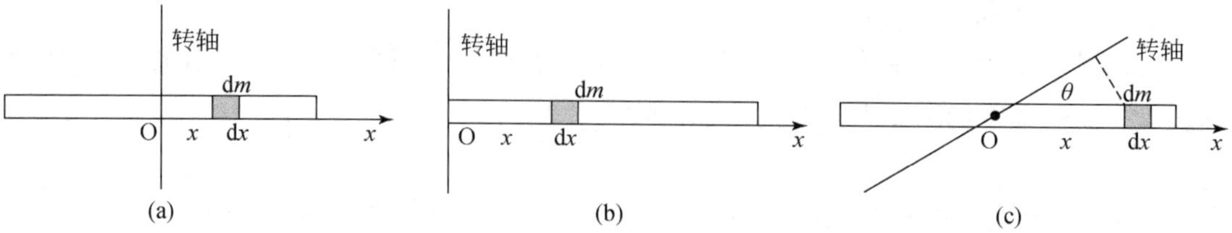

题 1-4 图

(2)以棒的端点为坐标原点,建立 Ox 轴,如题 1-4 图(b)所示。

$$I_{端点}=\int_0^L x^2\mathrm{d}m=\int_0^L x^2\lambda\mathrm{d}x=\frac{1}{3}mL^2$$

(3)以棒的中心为坐标原点,建立 Ox 轴,如题 1-4 图(c)所示。此时因为棒与轴成 θ 角,所以 dm 到轴的距离为 $x\cdot\sin\theta$。

$$I_\theta=\int_{-L/2}^{L/2}x^2\sin^2\theta\mathrm{d}m=\int_{-L/2}^{L/2}x^2\sin^2\theta\lambda\mathrm{d}x=\frac{1}{12}mL^2\sin^2\theta$$

答:(1)当转轴通过棒的中心并与棒垂直时,转动惯量为$\frac{1}{12}mL^2$;(2)当转轴通过棒的一端点并与棒垂直时,转动惯量为$\frac{1}{3}mL^2$;(3)当转轴通过棒的中心并与棒成 θ 角时,转动惯量为$\frac{1}{12}mL^2\sin^2\theta$。

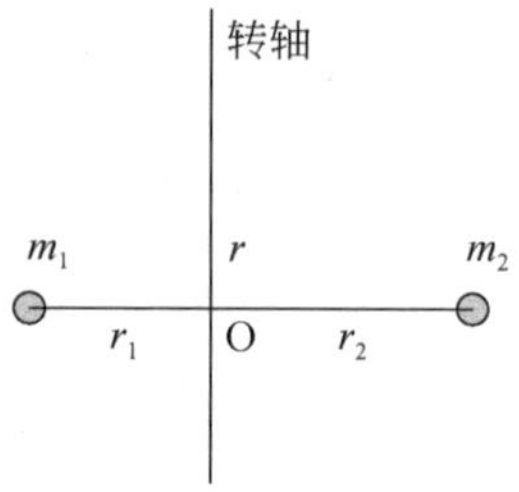

题 1-5 图

1-5. 双原子分子中两原子相距为 r,它们的质量分别为 m_1 和 m_2,可绕通过质心且垂直于两原子连线的轴转动,求此双原子分子的转动惯量。

已知:两原子质量分别为 m_1 和 m_2,m_1 与 m_2之间的距离为 r;

求:I=?

解:如题 1-5 图所示,设质心到两原子的距离分别为 r_1 和 r_2,则有

$$\begin{cases}m_1r_1=m_2r_2\\r_1+r_2=r\end{cases}$$

解得

$$r_1=\frac{m_2}{m_1+m_2}r,\quad r_2=\frac{m_1}{m_1+m_2}r$$

双原子分子的转动惯量为

$$I=m_1r_1^2+m_2r_2^2=\frac{m_1m_2}{m_1+m_2}r^2$$

答:此双原子分子的转动惯量为$\frac{m_1m_2}{m_1+m_2}r^2$。

1-6. 砂轮的直径为 0.2 m,厚度为 0.025 m,密度为 2.4 g/cm^3,求:

(1)砂轮的转动惯量；

(2)当转速为 2940 r/min 时，砂轮的转动动能为多少(砂轮可视为实心圆盘)？

已知：砂轮半径 $R=0.1$ m，厚度 $h=0.025$ m，密度 $\rho=2.4\times10^3$ kg/m^3，转速 $n=2940$ r/min；

求：(1) $I=$？　(2) $E_K=$？

解：(1)砂轮可看成薄圆盘，则

$$I=\frac{1}{2}mR^2=\frac{1}{2}(\rho\pi R^2h)R^2=9.42\times10^{-3}\ \text{kg}\cdot\text{m}^2$$

(2)

$$\omega=2\pi n=\frac{2\pi\times2940}{60}\ \text{rad/s}=98\pi\ \text{rad/s}$$

$$E_K=\frac{1}{2}I\omega^2=4.460\times10^2\ \text{J}$$

答：(1)此砂轮的转动惯量为 9.42×10^{-3} kg·m^2；(2)此砂轮的转动动能为 4.460×10^2 J。

1-7. 一飞轮直径为 0.3 m，质量为 5 kg，可绕过其质心与飞轮面垂直的轴转动，现用绳绕在飞轮的边缘，并以一恒力拉绳的一端，使飞轮由静止均匀地加速。经 0.5 s 后，转速达到 10 r/s，假定飞轮可看成实心圆柱体，求：

(1)飞轮的角加速度；

(2)飞轮在 0.5 s 内转过的圈数；

(3)作用在绳上的拉力及拉力在 0.5 s 内所做的功。

已知：$R=0.15$ m，$m=5$ kg，$\omega_0=0$ rad/s，$t=0.5$ s，$\omega_t=10$ r/s $=20\pi$ rad/s；

求：(1) $\beta=$？　(2) $N=$？　(3) $F=$？　$A=$？

解：(1)由 $\omega_t=\omega_0+\beta t$，得

$$\beta=\frac{\omega_t-\omega_0}{t}=40\pi=1.26\times10^2\ \text{rad/s}^2$$

(2)

$$\theta=\omega_0t+\frac{1}{2}\beta t^2=\frac{1}{2}\times40\pi\times0.5^2\ \text{rad}=5\pi\ \text{rad}$$

$$N=\frac{\theta}{2\pi}=2.5\ 圈$$

(3)飞轮的转动惯量为

$$I=\frac{1}{2}mR^2=5.63\times10^{-2}\ \text{kg}\cdot\text{m}^2$$

由 $FR=I\beta$，得

$$F=\frac{I\beta}{R}=47.3\ \text{N}$$

拉力所做的功为

$$A=\frac{1}{2}I\omega_t^2=111\ \text{J}$$

答：(1)飞轮的角加速度为 1.26×10^2 rad/s^2；(2)飞轮在 0.5 s 内转过的圈数为 2.5 圈；(3)作用在绳上的拉力为 47.3 N，此拉力在 0.5 s 内所做的功为 111 J。

1-8. 一圆盘半径为 1.0 m,质量为 10 kg,可绕过其质心与盘面垂直轴转动。假设开始时圆盘的角速度为 10 rad/s,现将一质量为 2.0 kg 的物体放在圆盘的边缘,问此时的角速度变为多少?

已知:$R=1$ m,$M=10$ kg,$\omega_1=10$ rad/s,$m=2$ kg;

求:$\omega_2=?$

解:开始时

$$I=\frac{1}{2}MR^2=5\ \text{kg}\cdot\text{m}^2$$

末态时

$$I'=\frac{1}{2}MR^2+mR^2=7\ \text{kg}\cdot\text{m}^2$$

由角动量守恒 $I\omega_1=I'\omega_2$,得

$$\omega_2=\frac{I\omega_1}{I'}=\frac{50}{7}\ \text{rad/s}=7.14\ \text{rad/s}$$

答:若将一质量为 2 kg 的物体放在圆盘的边缘,角速度变为 7.14 rad/s。

1-9. 一圆盘可绕过其质心与盘面垂直的轴转动。已知圆盘的半径 $R=0.5$ m,它的转动惯量 $I=20\ \text{kg}\cdot\text{m}^2$,开始盘是静止的,现在盘的边缘上沿切线方向施一个大小不变的力 $F=100$ N,求:(1)圆盘的角加速度;(2)在第 10 s 末时刻,圆盘边缘一点的线速度。

已知:$R=0.5$ m,$I=20\ \text{kg}\cdot\text{m}^2$,$F=100$ N,$\omega_0=0$ rad/s;

求:(1)$\beta=?$ (2)$v=?$

解:(1)由转动定律 $M=I\beta=FR$,得

$$\beta=\frac{FR}{I}=\frac{100\times0.5}{20}\ \text{rad/s}^2=2.5\ \text{rad/s}^2$$

(2)

$$\omega_t=\omega_0+\beta t=25\ \text{rad/s}$$

$$v=\omega_t R=12.5\ \text{m/s}$$

答:(1)圆盘的角加速度为 2.5 rad/s^2;(2)第 10 s 末时圆盘边缘一点的线速度为 12.5 m/s。

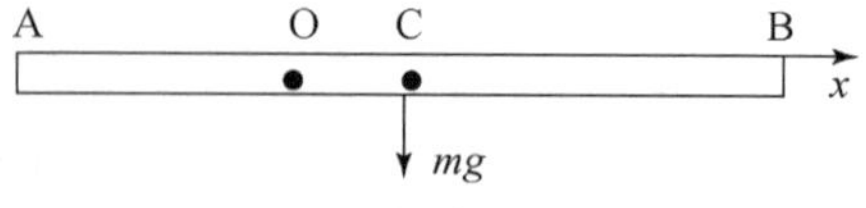

题 1-10 图

1-10. 一根质量为 m,长为 L 的均匀细棒 AB,可绕一个水平光滑轴在竖直平面内转动,轴离 A 端距离为 $L/3$,今使棒从静止开始,由水平位置绕轴转动,求:

(1)棒在水平位置上刚启动时的角加速度;

(2)棒转到竖直位置时的角速度及角加速度。

已知:m,L,轴离 A 端的距离为 $L/3$;

求:(1)$\beta_{水平}=?$ (2)$\omega_{竖直}=?$ $\beta_{竖直}=?$

解:(1)如题 1-10 图所示,设轴是过 O 点垂直于纸面的,C 点是棒的质心。因 A 点与 O 点之间的距离为 $L/3$,所以 O 点与 C 点之间的距离为 $L/6$,O 点与 B 点之间的距离为 $2L/3$,此时细

棒绕轴转动的转动惯量为

$$I=\int_{-L/3}^{2L/3}x^2\frac{m}{L}\mathrm{d}x=\frac{m}{L}\cdot\frac{1}{3}x^3\Big|_{-L/3}^{2L/3}=\frac{1}{9}mL^2$$

力矩为

$$M=mg\left(\frac{L}{2}-\frac{L}{3}\right)=\frac{1}{6}mgL$$

$$M=I\beta_{水平}$$

解得

$$\beta_{水平}=\frac{M}{I}=\frac{mg\cdot\frac{L}{6}}{\frac{1}{9}mL^2}=\frac{3g}{2L}$$

(2)根据能量守恒,当棒转到竖直位置时,棒的重力势能减少了 $mg\cdot\frac{L}{6}$,这部分势能的减少应等于棒转动动能的增加,则

$$mg\cdot\frac{L}{6}=\frac{1}{2}I\omega_{竖直}^2=\frac{1}{2}\cdot\frac{1}{9}mL^2\omega_{竖直}^2$$

解得

$$\omega_{竖直}=\sqrt{\frac{3g}{L}}$$

当棒转到竖直位置时,因为 $M=0$,所以 $\beta_{竖直}=0$。

答:(1)棒在水平位置上刚起动时的角加速度为$\frac{3g}{2L}$;(2)在竖直位置时的角速度为$\sqrt{\frac{3g}{L}}$,角加速度为0。

1-11.长度为 $2l$,质量为 M 的细棒,放在光滑的水平面上,可绕过棒的质心并与水平面垂直的轴转动,轴承光滑,现有一质量为 m 的子弹以速度 v_0 沿水平方向垂直射入棒的端点,求棒和子弹绕轴转动的角速度。

已知:细棒长为 $2l$,细棒质量为 M,子弹质量为 m,子弹速度为 v_0;

求:$\omega=?$

解:将子弹和细棒看成一个系统,开始时细棒的角动量为0,子弹的角动量为 mv_0l,所以棒和子弹的角动量之和为

$$L_1=mv_0l$$

当子弹射入细棒后,细棒的角动量为 $I_{棒}\,\omega$,子弹的角动量变为 $I_{弹}\,\omega$,所以子弹和棒的角动量之和为

$$L_2=I_{棒}\,\omega+I_{弹}\,\omega$$

根据角动量守恒定律,有

$$L_1=L_2$$

即

$$mv_0l=I_{棒}\,\omega+I_{弹}\,\omega$$

因 $I_{棒}=\frac{1}{12}M(2l)^2=\frac{1}{3}Ml^2$,$I_{弹}=ml^2$,则

$$mv_0l=\left(\frac{1}{3}Ml^2+ml^2\right)\omega$$

解得

$$\omega=\frac{mv_0}{\left(\frac{1}{3}M+m\right)l}=\frac{3mv_0}{(M+3m)l}$$

答:棒和子弹绕轴转动的角速度为$\frac{3mv_0}{(M+3m)l}$。

1-12. 股骨是大腿中的主要骨骼,若某成年人股骨的最小截面积是6×10^{-4} m^2,问受压负荷为多大时将发生碎裂?该负荷是70 kg体重的多少倍?(股骨的抗压强度为17×10^7 N/m^2)

已知:$S=6\times10^{-4}$ m^2,$\sigma=17\times10^7$ N/m^2;

求:$F=?$

解:(1)根据应力与应变的关系,得

$$F=\sigma\cdot S=(17\times10^7)\times(6\times10^{-4})\text{ N}=1.02\times10^5\text{ N}$$

(2)$n=\frac{F}{G}=\frac{1.02\times10^5}{70\times10}\approx146$

答:受压负荷为1.02×10^5 N时将发生碎裂;该负荷约是70 kg体重的146倍。

1-13. 设某人的一条腿股骨长50 cm,横截面积平均为4 cm^2,当双腿支持整个60 kg的体重时,其一条腿股骨长度缩短多少?占原长的百分之几?(骨压缩时的杨氏模量近似按10^{10} $N\cdot m^{-2}$计算)

已知:$l_0=0.5$ m,$S=4\times10^{-4}$ m^2,$G=600$ N;

求:$\Delta l=?$ $\frac{\Delta l}{l_0}=?$

解:当人双脚站立时,腿股骨受到的应力为

$$\sigma=\frac{F}{2S}=\frac{600}{2\times4\times10^{-4}}\text{ Pa}=7.5\times10^5\text{ Pa}$$

$$\varepsilon=\frac{\sigma}{E}=\frac{7.5\times10^5}{10^{10}}=7.5\times10^{-5}=0.0075\%$$

$$\Delta l=\varepsilon\cdot l_0=(7.5\times10^{-5})\cdot(50\times10^{-2})=3.75\times10^{-5}\text{ m}$$

答:当双腿支持整个60 kg的体重时,其一条腿股骨长度缩短3.75×10^{-5} m,占原长的0.0075%。

✻✻ 课外练习 ✻✻

一、单选题

1-1. 有两个力作用在一个有固定轴的刚体上,下列说法正确的是(　　)。

A. 两个力的合力为零时,它们对轴的合力矩也一定为零

B. 两个力对轴的合力矩为零时,它们的合力也一定为零

C. 两个力都垂直于轴且通过转轴时，它们对轴的合力矩一定为零

D. 两个力大小不等，方向相反，它们对轴的合力矩一定不为零

1-2. 做定轴转动的刚体在一个恒定外力矩的作用下，从静止开始转动，则该刚体的运动是(　　)。

A. 匀速转动　　B. 匀加速转动

C. 匀减速转动　　D. 转动形式不能确定

1-3. 某一物体在一段时间内做匀加速定轴转动，在这段时间内该物体(　　)。

A. 一定受外力矩的作用　　B. 可能不受外力矩的作用

C. 一定不受外力矩的作用　　D. 一定有外力的作用

1-4. 质量相同、半径相同的圆环、圆盘和球体，它们对其直径轴的转动惯量满足的关系是(　　)。

A. $I_{圆环}>I_{圆盘}>I_{球体}$　　B. $I_{圆环}>I_{球体}>I_{圆盘}$　　C. $I_{球体}>I_{圆盘}>I_{圆环}$　　D. $I_{球体}>I_{圆环}>I_{圆盘}$

1-5. 在国际单位制中，弹性模量的单位是(　　)。

A. N　　B. N/m^2　　C. m^2/N　　D. N/m

二、填空题

1-1. 刚体转动惯量的物理意义是__________，它的计算公式为__________，表明转动惯量的大小取决于__________、__________和__________。

1-2. 用质量为 m、长度为 l 相同的两根均匀细杆和一个质量为 m、直径为 l 的圆环组成一个“⊗”形结构，对通过中点并垂直该结构平面的转轴而言，每根细杆的转动惯量为__________、圆环的转动惯量为__________，整个结构的转动惯量为__________。

1-3. 一个质量均匀分布的物体可以绕某定轴做无摩擦的匀角速度转动，当它受热膨胀时，角速度将__________；而受冷收缩时，角速度将__________。

1-4. 在一个光滑的套筒内穿过一根细绳，绳子的一端固定一个小球，小球以一定的角速度在水平面内做圆周运动，如课外练习图 1-1 所示。现拉动绳子的另一端，使转动圆周的半径变小，则小球的转动惯量__________，角速度__________，动能__________。

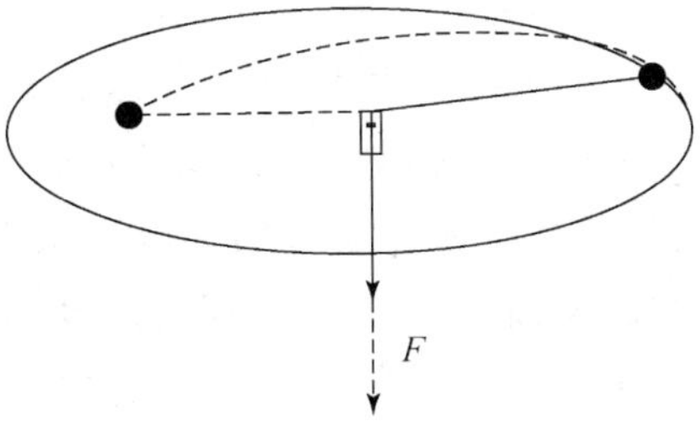

课外练习图 1-1

三、判断题

1-1. 两个刚体比较，质量大的转动惯量就一定大；同一刚体受外力作用，外力大时，其转动状态的变化就一定大。　　(　　)

课外练习图 1-2

1-2. 若把课外练习图 1-2 所示的质量不均匀的手杖竖直立于指尖,并尽可能使其平衡,形成一倒立摆,则 A 端在下时比较容易保持。 ( )

1-3. 有一个质量均匀的圆桶沿同一个斜面从同一高度无滑动摩擦地由静止落下,则滑下时和滚下时末速度相等。 ( )

1-4. 半径均为 r,质量均为 m 的一个圆环和一个圆盘,沿着同一斜面从同一位置以没有滑动的形式由静止滚下。到达底端时,圆盘的速度大在前,圆环的速度小在后。 ( )

四、简答题

1-1. 一人站在转台上随转台以一定的角速度转动(转台的转动摩擦力矩可以忽略不计),同时他两手各拿一只重量相等的哑铃,且呈双臂展开状态。在他收回双手的过程中,整个系统的转动惯量、转动角速度、转动动能都将如何变化? 试说明原因。

1-2. 将一个生鸡蛋和一个熟鸡蛋放在桌上,分别旋转它们,如何判定哪个是生的? 哪个是熟的? 为什么?

五、计算题

1-1. 在光滑的水平桌面上有一静止的木杆,其质量为 $m_1=1.0$ kg,长为 $l=40$ cm,可以围绕通过其中心并与之垂直(即与桌面垂直)的轴转动。一质量为 $m_2=10$ g 的子弹,以速度 $v=2.0\times10^2$ m/s 射入杆的一端,其方向既与杆垂直又与轴垂直,如课外练习图 1-3 所示。若射入后子弹嵌入杆中,试求:

(1)系统的角速度。

(2)射入后系统的总动能。射入前后总动能如何变化?

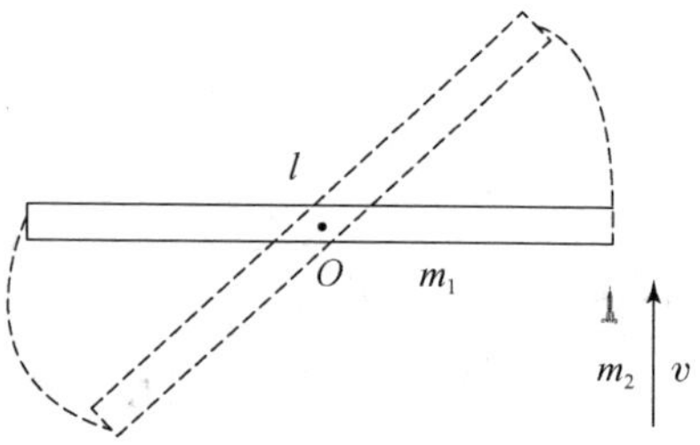

课外练习图 1-3

1-2. 假设质量为 M,长度为 L 的均匀直杆可绕垂直于杆的一端的水平光滑轴无摩擦地转动。它原来静止在平衡位置,现有一质量为 m 的小球从水平方向飞来与杆的下端发生碰撞,假设碰撞后小球的速度为零,且碰撞后使杆转至最大角度 $\theta=60°$处,小球的初速度 v_0 为多少? (如课外练习图 1-4 所示)

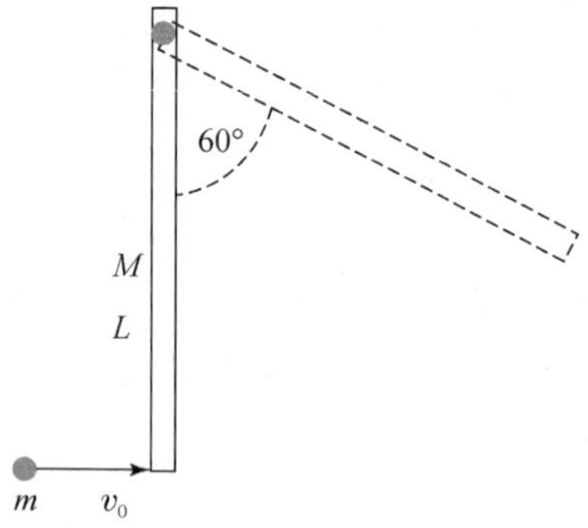

课外练习图 1-4

✻✻ 课外练习参考答案 ✻✻

一、单选题

1-1. C　1-2. B　1-3. B　1-4. B　1-5. B

二、填空题

1-1. 刚体转动惯性大小的度量；$I=\int r^2 \mathrm{d}m$；刚体的质量；质量分布(或形状)；转轴的位置

1-2. $\frac{1}{12}ml^2$；　$\frac{1}{4}ml^2$；　$\frac{5}{12}ml^2$

1-3. 减小；增大(解析：因膨胀后物体的质量分布将远离转轴，转动惯量增大，由系统的角动量守恒可知，角速度将减小；受冷收缩时情况正相反。)

1-4. 减小；增加；增加(解析：在这一过程中角动量守恒，机械能不守恒。动能的增量等于拉力做的功。)

三、判断题

1-1. ×(解析：刚体转动惯量的大小不仅与其质量有关，还与刚体的质量分布以及转轴的位置有关，因此质量大的刚体转动惯量不一定就大。由刚体转动定律 $\boldsymbol{M}=I\boldsymbol{\beta}$ 可知，刚体转动状态变化取决于刚体所受到的合外力矩。因此，刚体转动状态变化不仅取决于刚体所受到的外力，还与(由力的作用点决定的)力臂有关。)

1-2. √(解析：很明显，B 端的质量较大，直立时让它远离支点，就可以使得手杖对于通过支点并与之垂直的任一转轴的转动惯量更大，这样手杖就不容易发生转动倾斜，而容易保持平衡。)

1-3. ×(解析：滑下和滚下过程均没有摩擦力做功，整个过程中的机械能守恒，开始时的势能应等于末了时的总动能，滑下时只有平动动能，而滚下时既有平动动能又有转动动能，所以滑下时的末速度比滚下时大。)

1-4. √(解析：整个过程圆环和圆盘所受的外力矩相同，因圆环的转动惯量 $I_1=mr^2$ 大于圆盘的转动惯量 $I_2=\frac{1}{2}mr^2$，由转动定律 $M=I\beta$，圆环的角加速度就要小，角速度当然也要小。

从另一个角度考虑，因没有摩擦力做功，它们在整个过程中的机械能守恒，两者开始时的势能都等于各自末了时的总动能，即

$$E_{\mathrm{P1}}=E_{\mathrm{P2}}=\frac{1}{2}I_1\omega_1^2+\frac{1}{2}mv_1^2=\frac{1}{2}I_2\omega_2^2+\frac{1}{2}mv_2^2$$

式中，$v_1=r\omega_1$ 为圆环在底端的平动速度，$v_2=r\omega_2$ 为圆盘在底端的平动速度，则

$$\frac{1}{2}mr^2\omega_1^2+\frac{1}{2}mr^2\omega_1^2=\frac{1}{2}\cdot\frac{1}{2}mr^2\omega_2^2+\frac{1}{2}mr^2\omega_2^2\Rightarrow mr^2\omega_1^2=\frac{3}{4}mr^2\omega_2^2$$

$$\text{所以 }\omega_1=\frac{\sqrt{3}}{2}\omega_2$$

四、简答题

1-1. 答：由 $I=\sum \Delta m_i r_i^2$ 可知：在收回双手的过程中，整个系统的转动惯量减少。因为整个系统所受到的合外力矩为零，系统的角动量守恒，转动角速度将增加。系统的转动动能 $E_K=\frac{1}{2}I\omega^2=\frac{1}{2}(I\omega)\omega$，其中 $I\omega$ 保持不变，随着过程进行，ω 增加，转动动能也将随之增大。其实，在这一过程中，作为非保守内力的肌肉收缩力要做功，使整个系统动能增加。

1-2. 答：生鸡蛋与熟鸡蛋在桌上旋转时，由于生鸡蛋内部是稀状物，在旋转过程中由于离心力的作用，质量分布就会远离质心即远离转轴的位置，这样生鸡蛋的转动惯量就会变得越来越大，根据角动量守恒，生鸡蛋的转动角速度就会随着变小，所以生鸡蛋跟熟鸡蛋相比，生鸡蛋比熟鸡蛋会早些停下来，这样就可以判断生鸡蛋和熟鸡蛋了。

五、计算题

1-1. 已知：$m_1=1.0\ \mathrm{kg}, m_2=10\ \mathrm{g}=10^{-2}\ \mathrm{kg}, l=40\ \mathrm{cm}=0.4\ \mathrm{m}, v=2.0\times10^2\ \mathrm{m/s}, \omega_1=0$；

求：(1) $\omega=?$ (2) $E_K=?$

解：参考课外练习题图 1-3 所示，子弹与杆接触的瞬间，可将子弹视为绕轴转动，这样，子弹射入杆前的角速度可表示为 $\omega_2=v/(l/2)$，转动惯量为 $I_2=m_2(l/2)^2$，角动量为 $I_2\omega_2$，而这时木杆的角动量为0。子弹嵌入后，它们将一起以角速度 ω 转动。木杆对中轴的转动惯量为 $I_1=\frac{1}{12}ml^2$，若将子弹和杆作为系统，因系统在水平方向不受外力矩作用，故系统的角动量守恒。

根据角动量守恒定律，有

$$0+I_2\omega_2=(I_1+I_2)\omega$$

解得

$$\omega=\frac{I_2\omega_2}{I_1+I_2}=\frac{\frac{m_2l^2}{4}\cdot\frac{2v}{l}}{\frac{m_1l^2}{12}+\frac{m_2l^2}{4}}=\frac{6m_2v}{(m_1+3m_2)l}=\frac{6\times10^{-2}\times2.0\times10^2}{(1.0+3\times10^{-2})\times0.4}=29.1\ \mathrm{rad/s}$$

射入后系统的总动能为

$$E_K=\frac{1}{2}(I_1+I_2)\omega^2=\frac{1}{2}\frac{I_2^2\omega_2^2}{I_1+I_2}<\frac{1}{2}I_2\omega_2^2=\frac{1}{2}m_2v^2$$

这说明，子弹射入的过程是非弹性碰撞过程，由于摩擦损失了一部分机械能，所以射入后的总动能要小于射入前子弹的动能，而且木杆的质量越大，两者差值也越大。

代入数据后解得

$$E_K=\frac{1}{2}\frac{\left(m_2\frac{l^2}{4}\right)^2\cdot\left(\frac{v}{l/2}\right)^2}{\frac{m_1l^2}{12}+\frac{m_2l^2}{4}}=\frac{1}{2}\frac{3m_2^2v^2}{m_1+3m_2}=\frac{1}{2}\frac{3\times10^{-4}\times4\times10^4}{1+3\times10^{-2}}=5.83\ \mathrm{J}$$

答：射入后系统的角速度为 29.1 rad/s，系统的总动能为 5.83 J。

1-2. 已知：$M, m, L, \theta=60°$；

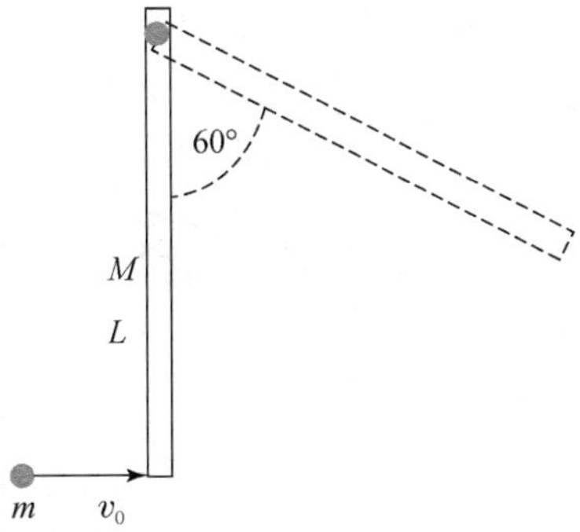

课外练习图 1-4

求：$v_0=?$

解：根据角动量守恒：$mv_0L=I_{棒}\ \omega_{棒}$

所以 $\omega_{棒}=\dfrac{mv_0L}{I_{棒}}$

根据机械能守恒，设细棒质心上升的高度为 h，则

$$Mgh=\frac{1}{2}I_{棒}\ \omega_{棒}^2$$

根据三角几何关系得：$h=\dfrac{L}{4}$，又因为 $I_{棒}=\dfrac{1}{3}ML^2$，得：

小球的初速度 $v_0=\sqrt{\dfrac{M^2gL}{6m^2}}$

答：小球的初速度 $v_0=\sqrt{\dfrac{M^2gL}{6m^2}}$。

第二章　流体动力学基础

＊＊ 内容提要 ＊＊

1. 理想流体

绝对不可压缩,而且完全没有黏性的流体称为理想流体。

2. 定常流动

如果空间任意固定点的流速不随时间而变,即同一时刻流体内各处的流速可能不同,但流体质元流经空间任意给定点的速度都是确定的,且不随时间变化,我们就说其流动状态是稳定的,这种流动称为定常流动,也称为稳定流动。

3. 流线

流线是在流体经过的空间假想的一簇曲线,曲线上每一点的切线方向和流经该点的流体质元的速度方向一致。流线的疏密程度反映流体流动速度的大小,流线密集的地方流速大,流线稀疏的地方流速小。当流体做稳定流动时,流线的形状不随时间发生改变。

4. 流管

在流体中取一个小截面,通过它周边上的各点做出相应的流线,由这些流线所围成的管状区域称为流管,当流体做稳定流动时,流管的形状不随时间发生改变。

5. 定常流动的连续性方程

设在流管上取两个和流线相垂直的截面,它们的面积分别为 S_1 和 S_2,流体通过 S_1 和 S_2 两截面的流速分别为 v_1 和 v_2,它们之间的关系如下:

$$S_1v_1 = S_2v_2 = Q \tag{2-1}$$

上式称为流体定常流动的连续性方程。它表明流体流过流管中任何截面的体积流量(单位时间内流过某一截面的流体体积,即上式中的 Q)均相等,并表明通过流管的流体的流速和流管的截面积成反比。

6. 伯努利方程

当理想流体做定常流动时,同一细流管各处的压强、高度和流速之间的关系如下:

$$P+\frac{1}{2}\rho v^2+\rho gh = 常量 \tag{2-2}$$

上式为伯努利方程。式中 P 表示压强;ρ 表示流体的密度;v 表示流速;h 表示所选截面距参考面的距离;g 表示重力加速度。

7. 小孔流速公式

若在一个大容器中盛有某种液体,假设在容器的底部或侧面开一小孔,则液体将从小孔中流出,液体从小孔流出的流速可近似等于

$$v_{孔} = \sqrt{2gh} \tag{2-3}$$

上式即为小孔流速公式，式中 h 表示小孔距液面的距离。

8. 牛顿黏滞定律

假设相邻两液层之间的距离为 $\mathrm{d}x$，它们的速度差为 $\mathrm{d}v$，相接触的面积为 S。实验发现，层与层之间的内摩擦力的大小 f 与面积 S 及速度梯度 $\mathrm{d}v/\mathrm{d}x$ 成正比，即

$$f=\eta S\frac{\mathrm{d}v}{\mathrm{d}x} \tag{2-4}$$

上式称为牛顿黏滞定律。式中比例系数 η 称为液体的黏滞系数，亦称黏度。

9. 层流

黏性流体在流速不太大时表现为分层流动，相邻各流层因速度不同而做相对滑动，彼此不相混杂，流体的这种流动状态称为层流。

10. 湍流

当黏性流体的流速达到一定程度时，流体不再保持分层流动，出现了横向的速度分量，使流层混淆，形成紊乱的流动状态，甚至出现涡旋，流体的这种流动状态称为湍流。

11. 雷诺数

在一刚性长直圆形管道中流动的流体，它的运动状态除与流速 v 有关外，还与流体的密度 ρ、黏滞系数 η 以及管道的半径 r 有关。我们把这些因素写成

$$Re=\frac{\rho vr}{\eta} \tag{2-5}$$

式中 Re 称为雷诺数，它是一个无量纲的纯数。实验结果表明，当 $Re<1000$ 时，流体做层流；当 $Re>1500$ 时，流体做湍流；当 $1000<Re<1500$ 时，流体的运动状态不稳定，有可能做层流，也有可能做湍流。

12. 泊肃叶定律

当黏滞流体在圆管道中做层流时，假设管道的长度为 L，管道的半径为 R，管两端的压强差为 ΔP，则通过圆管道中的流量 Q 为

$$Q=\frac{\pi R^4\Delta P}{8\eta L} \tag{2-6}$$

上式称为泊肃叶定律。式中 η 为流体的黏滞系数。

13. 斯托克斯定律

当固体小球在黏滞流体中运动时，由于小球的表面附着一层流体，此层流体与其相邻流层的流体之间存在着黏滞力，此黏滞力的大小 f 为

$$f=6\pi\eta vr \tag{2-7}$$

上式称为斯托克斯定律。式中 η 为流体的黏滞系数；r 为小球的半径；v 为小球运动的速度。

14. 小球的收尾速度

当小球在黏滞流体中因重力作用而下落时，最初小球做变加速运动。由于小球所受的黏滞力随小球的速度增大而增加，当小球所受的重力与浮力之差等于黏滞力时，小球将达到一恒定速度，并以这个速度匀速下落，我们把这一速度称为收尾速度或沉降速度，并用 $v_{尾}$ 表示，其计算公式如下：

$$v_{尾}=\frac{2r^2}{9\eta}(\rho-\rho_0)g \tag{2-8}$$

式中，η 为流体的黏滞系数；r 为小球的半径；ρ' 为小球的密度；ρ_0 为流体的密度。

＊＊ 习题解答 ＊＊

2-1. 什么是理想流体？

答：绝对不可压缩，完全没有黏性的流体。

2-2. 什么是稳定流动？

答：空间任意固定点的流速均不随时间发生变化的流动。

2-3. 流线和流管是客观存在吗？

答：流线是一簇假想的曲线，流管是由流线所围成的管状区域，都是为了形象地描述流体的运动情况而引入的，因此流线与流管并非客观存在。

2-4. 为什么从救火唧筒里向天空打出来的水柱，其截面积随高度的增加而变大，而用水壶向瓶中灌水时，水柱的截面积随高度的降低而变小？

答：对一条流线进行讨论，由于喷出的水柱都在大气中，压强相同，由伯努利方程，前者随着水柱高度增加，速度变小，又根据连续性方程，其截面积会变大；同理，当水柱下落时，后者速度变大，根据连续性方程，其截面积会变小。

2-5. 连续性方程成立的条件是什么？伯努利方程成立的条件是什么？

答：连续性方程成立的条件是同一流管中不可压缩流体做稳定流动。伯努利方程成立的条件是同一流线上或同一细流管中理想流体做稳定流动。

2-6. 若两只船平行前进，为什么不允许靠得很近？

答：当两只船靠近，船间水流流速较大时，根据伯努利方程，船间的压强变小，两船容易发生碰撞。

2-7. 水在同一流管中做稳定流动，截面积为 0.5 cm^2 处的流速为 12 cm/s，在流速为 4 cm/s 处的截面面积是多少？

已知：$S_1=0.5\ cm^2, v_1=12\ cm/s, v_2=4\ cm/s$；

求：$S_2=?$

解：根据连续性方程 $S_1v_1=S_2v_2$，有

$$S_2=\frac{S_1v_1}{v_2}=\frac{0.5\times12}{4}\ cm^2=1.5\ cm^2$$

答：在流速为 4 cm/s 处的截面面积为 1.5 cm^2。

2-8. 流量为 $0.012\ m^3/s$ 的水流过如题 2-8 图的管子，A 点的压强为 2.0×10^5 Pa，截面积为 100 cm^2，B 点的截面积为 60 cm^2，B 点比 A 点高 2 m。水可近似被看成理想液体，求 A、B 两点的流速和 B 点的压强。

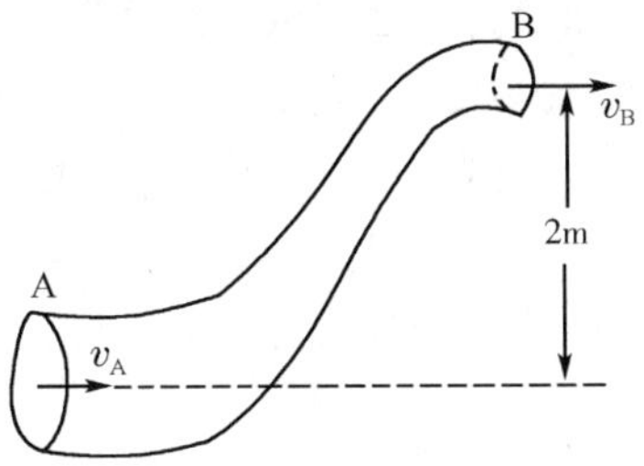

题 2-8 图

已知：$Q=0.012\ m^3/s$，$P_A=2.0\times10^5$ Pa，$S_A=100\ cm^2$，$S_B=60\ cm^2$，$h_A-h_B=-2$ m；

求：$v_A=?$　$v_B=?$　$P_B=?$

解： 根据连续性方程 $S_Av_A=S_Bv_B=Q$，有

$$v_A=\frac{Q}{S_A}=\frac{0.012}{100\times10^{-4}}\ m/s=1.2\ m/s$$

$$v_B=\frac{Q}{S_B}=\frac{0.012}{60\times10^{-4}}\ m/s=2\ m/s$$

根据伯努利方程 $P_A+\frac{1}{2}\rho v_A^2+\rho gh_A=P_B+\frac{1}{2}\rho v_B^2+\rho gh_B$，有

$$P_B=P_A+\frac{1}{2}\rho(v_A^2-v_B^2)+\rho g(h_A-h_B)$$

$$P_B=2.0\times10^5+\frac{1}{2}\times10^3\times(1.2^2-2^2)+10^3\times10\times(-2)\ Pa=1.787\times10^5\ Pa$$

答： A 点的流速为 1.2 m/s，B 点的流速为 2 m/s，B 点的压强为 1.787×10^5 Pa。

2-9. 一圆形水管的某处横截面积为 5 cm^2，有水在水管内流动，在该处流速为 2 m/s，压强比大气压大 1.5×10^4 Pa，在另一处水管的横截面积为 10 cm^2，压强比大气压大 3.3×10^4 Pa，求此点的高度与原来的高度之差。

已知：$P_A=1.5\times10^4\ Pa+P_0$，$P_B=3.3\times10^4\ Pa+P_0$，$S_A=5\ cm^2$，$S_B=10\ cm^2$，$v_A=2$ m/s；

求：$h_B-h_A=?$

解： 根据连续性方程 $S_Av_A=S_Bv_B$，有

$$v_B=\frac{S_Av_A}{S_B}=\frac{5\times10^{-4}\times2}{10\times10^{-4}}\ m/s=1\ m/s$$

根据伯努利方程 $P_A+\frac{1}{2}\rho v_A^2+\rho gh_A=P_B+\frac{1}{2}\rho v_B^2+\rho gh_B$，有

$$h_B-h_A=\frac{P_A-P_B+\frac{1}{2}\rho(v_A^2-v_B^2)}{\rho g}$$

$$h_B-h_A=\frac{1.5\times10^4-3.3\times10^4+\frac{1}{2}\times1.0\times10^3\times(2^2-1^2)}{10^3\times10}\ m=-1.65\ m$$

答： 两点间的高度差为 1.65 m。

2-10. 一盛有水的大容器，水面到底部的距离为 H，容器底部有一面积为 a 的小孔，水从小孔流出，求开始时的流量。

已知：大容器液面距底部的距离为 H，小孔的面积 $S_{孔}=a$；

求：开始时流量 $Q=?$

解：根据小孔流速公式，有

$$v_{孔}=\sqrt{2gH}$$

根据连续性方程，有

$$Q=S_{孔}\ v_{孔}=a\sqrt{2gH}$$

答：水从小孔流出开始时的流量为 $a\sqrt{2gH}$。

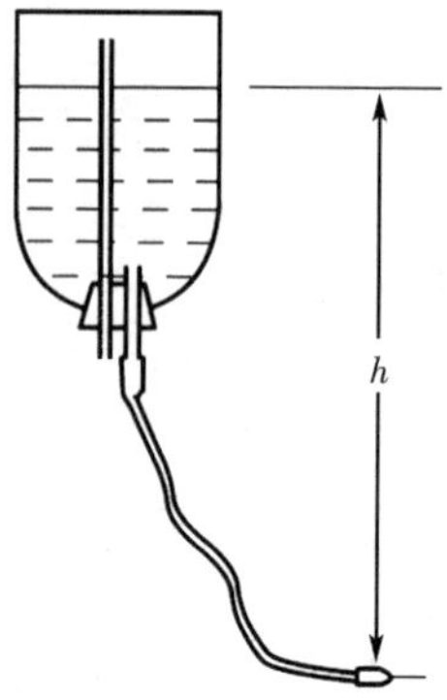

题 2–11 图

2–11. 如题 2–11 图所示吊式输液器，输液瓶的液面与注射针头之间的高度差为 1.25 m，求药液自针尖流出的速度。

已知：$h=1.25$ m；

求：$v=?$

解：根据小孔流速公式，有

$$v=\sqrt{2gH}=\sqrt{2\times10\times1.25}\ \text{m/s}=5\ \text{m/s}$$

答：药液自针尖流出的速度为 5 m/s。

2–12. 一个顶部开口的大圆形容器，在底部中心开有一横截面积为 1 cm^2的小孔，当水从圆形容器顶部以 100 cm^3/s 的流量持续注入时，容器中水面能达到的最大高度为多少？

已知：$S_{孔}=1\ cm^2$，$Q=100\ cm^3/s$；

求：水面的最大高度 $h=?$

解：当小孔流出的流体的流量等于从圆形容器顶部注入的流量时，容器的水面达到最大高度。

根据连续性方程，有

$$Q=S_{孔}\ v_{孔}$$

根据小孔流速公式，有

$$v_{孔}=\sqrt{2gh}$$

即

$$Q=S_{孔}\ v_{孔}=S_{孔}\sqrt{2gh}$$

将 $S_{孔}=1\ cm^2$，$Q=100\ cm^3/s$ 代入上式，解得

$$h=5\ \text{cm}$$

答：水面的最大高度为 5 cm。

2–13. 一根直径为 6.0 mm 的动脉内出现一硬斑块，此处有效直径为 4.0 mm，平均血流速度为 5.0 cm/s（血液体黏度 $\eta=3.0\times10^{-3}$ Pa · s，其密度 $\rho=1.05\times10^3$ kg/m^3）。求：

（1）未变窄处的平均血流速度；

（2）狭窄处会不会发生湍流？

已知：$d=6.0$ mm，$d_{窄}=4.0$ mm，$v_{窄}=5.0$ cm/s，$\eta=3.0\times10^{-3}$ Pa · s，$\rho=1.05\times10^3$ kg/m^3；

求：(1) $v=?$ 　(2)狭窄处会不会发生湍流？

解：(1)根据连续性方程，有

$$Sv=S_{窄}v_{窄}$$

即
$$v=\frac{S_{窄}v_{窄}}{S}=\frac{\pi\left(\frac{d_{窄}}{2}\right)^2 v_{窄}}{\pi\left(\frac{d}{2}\right)^2}=\frac{d_{窄}^2 v_{窄}}{d^2}=\frac{0.4^2\times5}{0.6^2}\ \text{cm/s}=2.22\ \text{cm/s}$$

(2)
$$Re=\frac{\rho v_{窄}r_{窄}}{\eta}=\frac{1.05\times10^3\times5.0\times10^{-2}\times2.0\times10^{-3}}{3.0\times10^{-3}}=35<1000$$

答：(1)未变窄处的平均血流速度为 2.22 cm/s；(2)狭窄处不会发生湍流。

2-14. 成年人主动脉的半径约为 $R=1.0\times10^{-2}$ m，长约为 $L=0.20$ m，求这段主动脉的流阻及其两端的压强差。设心排血量为 $Q=1.0\times10^{-4}\ \text{m}^3/\text{s}$，血液黏度 $\eta=3.0\times10^{-3}$ Pa·s。

已知：$R=1.0\times10^{-2}$ m，$L=0.20$ m，$Q=1.0\times10^{-4}\ \text{m}^3/\text{s}$，$\eta=3.0\times10^{-3}$ Pa·s；

求：$Z=?$ $\Delta P=?$

解：根据流阻的定义，有

$$Z=\frac{8\eta L}{\pi R^4}=\frac{8\times3.0\times10^{-3}\times0.20}{3.14\times(1.0\times10^{-2})^4}\ \text{Pa}\cdot\text{s/m}^3=1.53\times10^5\ \text{Pa}\cdot\text{s/m}^3$$

根据泊肃叶定律，有

$$Q=\frac{\pi R^4\Delta P}{8\eta L}=\frac{\Delta P}{Z}$$

即
$$\Delta P=Q\cdot Z=1.0\times10^{-4}\times1.53\times10^5\ \text{Pa}=15.3\ \text{Pa}$$

答：这段主动脉的流阻为 1.53×10^5 Pa·s/m³，其两端的压强差为 15.3 Pa。

2-15. 一个红细胞可以近似地被认为是一个半径为 2.0×10^{-6} m 的小球，它的密度为 $1.3\times10^3\ \text{kg/m}^3$，求红细胞在重力作用下，在37℃的血液中均匀下降后沉降 1.0 cm 所需的时间(已知血液黏度 $\eta=3.0\times10^{-3}$ Pa·s，密度 $\rho_{血}=1.05\times10^3\ \text{kg/m}^3$)。

已知：$r=2.0\times10^{-6}$ m，$L=1.0$ cm，$\eta=3.0\times10^{-3}$ Pa·s，$\rho_{红}=1.3\times10^3\ \text{kg/m}^3$；$\rho_{血}=1.05\times10^3\ \text{kg/m}^3$；

求：$t=?$

解：根据斯托克斯定律，有

$$v_{收尾}=\frac{2}{9\eta}r^2(\rho_{红}-\rho_{血})g$$

即

$$v_{收尾}=\frac{2}{9\times3.0\times10^{-3}}\times(2.0\times10^{-6})^2\times(1.3\times10^3-1.05\times10^3)\times10\ \text{m/s}=7.4\times10^{-7}\ \text{m/s}$$

根据 $L=v_{收尾}\cdot t$，有

$$t=\frac{L}{v_{收尾}}=\frac{1.0\times10^{-2}}{7.4\times10^{-7}}\ \text{s}=1.35\times10^4\ \text{s}$$

答:红细胞沉降 1.0 cm 所需的时间为 1.35×10^4 s。

✻✻ 课外练习 ✻✻

一、单选题

2-1. 理想流体做稳定流动时,同一流线上任意三个点处流体质点的(　　)。

A. 速度一定是不同的　　B. 速度一定是相同的

C. 速率一定是不同的　　D. 速度一定都不随时间变化

2-2. 理想流体在水平管中做稳定流动,在管半径为 3.0 cm 处的流速为 1.0 m/s,则在管半径为 1.5 cm 处的流速是(　　)。

A. 4.0 m/s　　B. 0.5 m/s　　C. 2.0 m/s　　D. 0.25 m/s

2-3. 将一虹吸管先充满水,然后把一端插入水盆中,盆外一端管口低于盆中水面 h,两管口高度差为 h_0,则水从盆外虹吸管口流出的速度为(　　)。

A. $2gh_0$　　B. $2gh$　　C. $\sqrt{2gh_0}$　　D. $\sqrt{2gh}$

2-4. 按泊肃叶定律,管道的半径与长度均增加一倍时,体积流量变为原来的(　　)。

A. 32 倍　　B. 16 倍　　C. 8 倍　　D. 4 倍

2-5. 液体中上浮的气泡,当其达到收尾速度时,气泡所受(　　)。

A. 浮力等于黏滞力与重力之和　　B. 黏滞力等于浮力与重力之和

C. 重力等于浮力与黏滞力之和　　D. 浮力大于黏滞力与重力之和

二、填空题

2-1. 理想流体指的是______________而且____________ 的流体。

2-2. 如果在流体流过的区域内,各点上的流速____________,则这种流动称为稳定流动。

2-3. 在做稳定流动的流体空间中任意一点处,两条流线__________ 。

2-4. 根据连续性方程和伯努利方程,水平管中管径细的地方__________大、压强________,喷雾器就是根据这一原理制成的。

2-5. 按牛顿黏滞性定律,实际流体做层流时,相邻两流层间的内摩擦力与这两层的接触面________、接触面所在处流体的__________ 和流体本身的__________ 成正比。

三、判断题

2-1. 理想流体做稳定流动时,空间各点的流速应处处相等。　　(　　)

2-2. 粗细不均匀的流管中做稳定流动的理想流体,比起横截面积 S_1 较小的 1 点,在截面积 S_2 较大的 2 点处,流速较小,对应的压强一定较大。　　(　　)

2-3. 流体做稳定流动时,流管内外的流体不能穿过流管侧壁进行交换。　(　　)

2-4. 速度梯度是表示流体流速对空间变化率的物理量,通常流体的黏滞系数与速度梯度有关。　(　　)

四、简答题

2-1. 在稳定流动中,流体质点能否有加速度?

2-2. 水从水龙头流出后,下落过程中水流逐渐变细,这是为什么?

五、计算题

2-1. 将内径为 2 cm 的软管连接到草坪的洒水器上,洒水器是一个有 20 个小孔的莲蓬头,每个小孔的直径为 0.1 cm,如果水在软管中的流速为 0.1 m/s,问每个小孔喷出水的速率是多少?

2-2. 在水管的某处,水的流速为 2.0 m/s、压强比大气压强大 1.0×10^4 Pa。在水管的另一处,高度上升了 1.0 m,水管截面积是前一处截面积的 2 倍。问此处水的压强比大气压强大多少?

2-3. 当水从水龙头缓慢流出而自由下落时,水流随位置的下降而变细。若水龙头管口内半径为 R,水流出的速度为 v_0,问在水龙头出口下方 h 处水流的半径 r 是多少?

2-4. 20 ℃的水以 0.5 m/s 的流速在直径为 3 mm 的管内流动,水的黏滞系数 $\eta=1.009\times10^{-3}$ Pa · s,试问:(1)雷诺数是多少? (2)是哪种类型的流动?

2-5. 液体中有一空气泡,泡的直径为 1.0 mm。已知液体的黏滞系数为 0.30 Pa · s,密度为 9.0×10^2 kg/m^3。问气泡在液体中上升的收尾速度为多少? (与该液体相比空气密度可以忽略)

✻✻ 课外练习参考答案 ✻✻

一、单选题

2-1. D　2-2. A　2-3. D　2-4. C　2-5. A

二、填空题

2-1. 完全没有黏滞性;绝对不可压缩

2-2. 大小、方向均不随时间变化

2-3. 不能相交(分析:若两条流线相交,交点处的流速不确定,不能按定义画出流线)

2-4. 流速;小

2-5. 面积;速度梯度;黏滞系数

三、判断题

2-1. ×

2-2. ×(分析:由连续性方程可知,本题前半部分阐述正确,但由伯努利方程可知,压强不仅由速度决定,而且还与未知量高度有关。)

2-3. √(分析:若流管内外的流体单元可以穿过流管的侧壁流进流出,则它们对应的运动轨迹——流线,就会与构成管壁的流线相交,从而导致交点处流速不唯一、不固定,不能画出流线。)

2-4. ×(分析:对于非牛顿流体,黏滞系数与速度梯度有关,而对于通常的牛顿流体,黏滞系数仅由流体的性质和温度决定。)

四、简答题

2-1. 答:可以有加速度。因为稳定流动时,流场中任何一点的速度矢量不随时间而变,但各点的速度不一定相同,那么流体质点是可以有加速度的。例如,同一条流线上 A、B 两点处速度矢量均恒定不变,但 $v_B>v_A$,则 $a=\dfrac{v_B-v_A}{\Delta t}>0$。

2-2. 答:下落过程中的水可被理解成在做稳定流动,流动路径上各点压强均为大气压。由伯努利方程可知,水流的速度随高度的下降逐渐增大,又由连续性方程可知,随着流速逐渐增大,水流的横截面积逐渐减小。

五、计算题

2-1. 已知:$d_1=2\ \text{cm}$, $d_2=0.1\ \text{cm}$, $v_1=0.1\ \text{m/s}$;

求:$v_2=?$

解:根据连续性方程 $S_1v_1=20S_2v_2$,有

$$v_2=\frac{S_1v_1}{20S_2}=\frac{\pi\times1^2\times0.1}{20\times\pi\times0.05^2}\ \text{m/s}=2\ \text{m/s}$$

答:每个小孔喷出的水的速率是 2 m/s。

2-2. 已知:$\dfrac{S_1}{S_2}=\dfrac{1}{2}$,$v_1=2.0\ \text{m/s}$,$h_2-h_1=1.0\ \text{m}$,$P_1-P_0=1.0\times10^4\ \text{Pa}$;

求:$P_2-P_0=?$

解:根据连续性方程 $S_1v_1=S_2v_2$,有

$$v_2=\frac{S_1v_1}{S_2}=\frac{1}{2}\times2.0\ \text{m/s}=1.0\ \text{m/s}$$

根据伯努利方程$\dfrac{1}{2}\rho v_1^2+\rho gh_1+P_1-P_0=\dfrac{1}{2}\rho v_2^2+\rho gh_2+P_2-P_0$,有

$$P_2-P_0=P_1-P_0+\frac{1}{2}\rho(v_1^2-v_2^2)-\rho g(h_2-h_1)$$

代入数据得

$$P_2-P_0=\left[1\times10^4+\frac{1}{2}\times1000\times(2.0^2-1.0^2)-1000\times9.8\times1.0\right]\ \text{Pa}=1.7\times10^3\ \text{Pa}$$

答:此处水的压强比大气压强大 1.7×10^3 Pa。

2-3. 已知:R, v_0, h;

求:$r=?$

解:根据伯努利方程,得

$$\frac{1}{2}\rho v_0^2+\rho gh+P_0=\frac{1}{2}\rho v_2^2+0+P_0$$

即

$$v_0^2+2gh=v_2^2$$

解得

$$v_2=\sqrt{v_0^2+2gh}$$

又根据连续性方程 $S_0v_0=S_2v_2$,得

$$v_0\pi R^2=v_2\pi r^2$$

解得

$$r^2=R^2\ \frac{v_0}{v_2}$$

将 $v_2=\sqrt{v_0^2+2gh}$ 代入上式,得

$$r=R\sqrt{\frac{v_0}{(v_0^2+2gh)^{1/2}}}$$

答:在水龙头出口下方 h 处水流的半径为 $R\sqrt{\frac{v_0}{(v_0^2+2gh)^{1/2}}}$。

2-4. 已知:$T=20$ ℃,$v=0.5$ m/s,$d=3$ mm$=3\times10^{-3}$ m,$\eta=1.009\times10^{-3}$ Pa·s;

求:(1)$Re=?$　(2)是哪种类型的流动状态?

解:(1)$Re=\frac{\rho vr}{\eta}=\frac{10^3\times0.5\times1.5\times10^{-3}}{1.009\times10^{-3}}=743$

(2)由于 $Re=743<1000$

所以,该流动为层流。

答:(1)雷诺数是 743;(2)该流动为层流。

2-5. 已知:$d=1.0$ mm,$\eta=0.3$ Pa·s,$\rho=9.0\times10^2$ kg/m^3;

求:$v=?$

解:在忽略空气密度的情况下,气泡所受的重力为 0。在其达到收尾速度时,浮力与黏滞阻力平衡,即

$$6\pi\eta Rv=\frac{4}{3}\pi R^3\rho g$$

代入数据,得

$$v=\frac{\frac{4}{3}\pi R^3\rho g}{6\pi\eta R}=\frac{2R^2\rho g}{9\eta}=\frac{2\times(0.0005)^2\times9.0\times10^2\times9.8}{9\times0.3}\ \text{m/s}$$

解得

$$v=1.63\times10^{-3}\ \text{m/s}$$

答:气泡在液体中上升的收尾速度为 1.63×10^{-3} m/s。

第三章　分子物理学

＊＊ 内容提要 ＊＊

1. 理想气体的压强公式

$$P=\frac{2}{3}n\left(\frac{1}{2}m\overline{v^2}\right) \tag{3-1}$$

2. 理想气体状态方程

$$PV=\frac{M}{\mu}RT \tag{3-2}$$

3. 气体分子的平均平动动能

$$\frac{1}{2}m\overline{v^2}=\frac{3}{2}kT \tag{3-3}$$

4. 阿伏伽德罗定律

$$P=nkT \tag{3-4}$$

5. 能量按自由度均分定理

(1)自由度:决定一个物体在空间的位置所需要的独立坐标数目,称为这个物体的自由度。自由度常用字母 i 表示。

(2)能量按自由度均分定理:在温度为 T 的平衡状态下,物质(气体、液体或固体)分子的每一个自由度均具有相同的平均动能,其大小为$\frac{1}{2}kT$。

(3)分子的平均总动能:

$$\bar{e}_{\mathrm{k}}=\frac{i}{2}kT=\frac{t+r+s}{2}kT \tag{3-5}$$

(4)分子的平均总能量:

$$\bar{e}=\frac{t+r+2s}{2}kT \tag{3-6}$$

(5)不同类型分子的自由度

单原子分子:$i=3$

刚性双原子分子:$i=5$

非刚性双原子分子:$i=6$

6. 理想气体的内能

(1)气体的内能:气体内所有分子各种形式的动能和势能的总和,称为气体的内能。

(2)质量为 M 的理想气体的内能:

$$E=\frac{1}{2}\frac{M}{\mu}(t+r+2s)RT \tag{3-7}$$

7. 表面张力及表面能

(1)表面张力:液体表面存在着一种收缩力,称为表面张力f。

$$f=\alpha l \tag{3-8}$$

(2)表面能:处于表面层的分子所具有的势能称为表面能。

(3)表面张力系数

$$\alpha=\frac{\Delta W}{\Delta S}=\frac{\Delta E}{\Delta S} \tag{3-9}$$

表面张力系数在数值上等于增加液体单位表面积时外力所做的功;也可定义为增加液体单位表面积时液体表面能的增量。

8. 弯曲液面的附加压强

由于液面弯曲,表面张力所产生的压强P_S,称为附加压强。

$$P_S=\frac{2\alpha}{R} \tag{3-10}$$

9. 气体栓塞

液体在细管中流动时,如果管中出现气泡,液体的流动就要受到阻碍,当气泡数量过多时,可能发生阻塞现象,称为气体栓塞。气体栓塞的产生是气体与液体间的弯曲曲面有附加压强的缘故。

10. 浸润与不浸润

液体与固体的接触面有扩大的趋势,液体易于附着固体,这种现象称为浸润现象,液体与固体的接触面有收缩的趋势,这种现象称为不浸润现象。

11. 毛细现象

浸润液体在细管里上升的现象和不浸润液体在细管里降低的现象称为毛细现象,上升或下降的高度是

$$h=\frac{2\alpha\cos\theta}{\rho g r} \tag{3-11}$$

** 习题解答 **

3-1. 若氢和氦的温度相同,物质的量相同,那么,这两种气体的:

(1)分子的平均动能是否相等?

(2)分子的平均平动能是否相等?

(3)内能是否相等?

答:(1)氦气是单原子分子,只存在平动能(没有转动和振动),而氢气是双原子分子,同时存在转动能和振动能,故温度相同时,氢气分子的平均动能比氦气分子大。

(2)根据公式$\frac{1}{2}m\overline{v^2}=\frac{3}{2}kT$知,气体分子的平均平动能只与温度有关,由于氢和氦的温度相同,所以这两种气体分子的平均平动能相等。

(3)根据公式$E=\frac{1}{2}\frac{M}{\mu}(t+r+2s)RT$知,物质的量相同的理想气体的内能只取决于分子的自由度数和气体的温度,而与气体的体积及压强无关。将这两种气体分子视为刚性分子,氢气是

双原子分子，其自由度数为 5，氦气是单原子分子，其自由度数为 3，尽管这两种气体温度相同，但其内能不相等。

3-2. 将理想气体压缩，使其压强增加 1.01×10^4 Pa，温度保持 27 ℃，问单位体积内分子数增加多少？

已知：$\Delta P=1.01\times10^4$ Pa，$T=273+27=300$ K；

求：$\Delta n=?$

解：根据阿伏伽德罗定律可得

$$\Delta P=\Delta nkT$$

即

$$\Delta n=\frac{\Delta P}{kT}=\frac{1.01\times10^4}{1.38\times10^{-23}\times300}\ \text{m}^{-3}$$

解得

$$\Delta n=2.4\times10^{24}\ \text{m}^{-3}$$

答：单位体积内分子数增加 $2.4\times10^{24}\ \text{m}^{-3}$。

3-3. 一容器储有压强为 1.33 Pa，温度为 27 ℃的气体，试求：

(1)气体分子的平均平动动能；

(2)1 cm^3 中分子具有的总的平均平动动能。

(1)已知：$P=1.33$ Pa，$T=300$ K；

求：$\frac{1}{2}m\overline{v^2}=?$

解：由公式

$$\frac{1}{2}m\overline{v^2}=\frac{3}{2}kT$$

得

$$\frac{1}{2}m\overline{v^2}=\frac{3}{2}\times1.38\times10^{-23}\times300$$

解得

$$\frac{1}{2}m\overline{v^2}=6.2\times10^{-21}\ \text{J}$$

(2)已知：$\frac{1}{2}m\overline{v^2}=6.2\times10^{-21}$ J，　$P=1.33$ Pa，　$T=300$ K，　$V=1.0\times10^{-6}\ \text{m}^3$；

求：$\sum\left(\frac{1}{2}m\overline{v^2}\right)=?$

解：由公式

$$\left(\sum\frac{1}{2}m\overline{v^2}\right)=N\cdot\left(\frac{1}{2}m\overline{v^2}\right)=nV\cdot\left(\frac{1}{2}m\overline{v^2}\right)=\frac{PV}{kT}\cdot\frac{1}{2}m\overline{v^2}$$

得

$$\sum\left(\frac{1}{2}m\overline{v^2}\right)=\frac{1.33\times1.0\times10^{-6}}{1.38\times10^{-23}\times300}\times6.2\times10^{-21}$$

解得

$$\sum\left(\frac{1}{2}m\overline{v^2}\right)=2.0\times10^{-6}\ \text{J}$$

答：(1)气体分子的平均平动动能为 6.2×10^{-21} J；(2)1 cm^3 中分子具有的总的平均平动动能为 2.0×10^{-6} J。

3-4. 1 mol 氦气，当温度增加 1 ℃时，其内能增加了多少？

已知：$\Delta T=1\ \text{K}$，　$\dfrac{M}{\mu}=1\ \text{mol}$，　$i=3$；

求：$\Delta E=?$

解：由公式

$$\Delta E=\frac{M}{\mu}\frac{i}{2}R\Delta T$$

得

$$\Delta E=\frac{M}{\mu}\frac{3}{2}R\Delta T=1\times\frac{3}{2}\times 8.31\times 1$$

解得

$$\Delta E=12.47\ \text{J}$$

答：1 mol 氦气，当温度增加 1 ℃时，其内能增加了 12.47 J。

3-5. 指出下列各式所表示的物理意义：

(1) $\dfrac{1}{2}kT$；　　(2) $\dfrac{3}{2}kT$；

(3) $\dfrac{1}{2}(t+r+s)kT$；　　(4) $\dfrac{1}{2}(t+r+2s)kT$；

(5) $\dfrac{M}{\mu}\dfrac{1}{2}(t+r+2s)RT$；　　(6) $\dfrac{M}{\mu}\dfrac{3}{2}RT$

答：(1) $\dfrac{1}{2}kT$ 表示在温度为 T 的平衡状态下，理想气体分子每一个自由度的平均能量；

(2) $\dfrac{3}{2}kT$ 表示理想气体分子的平均平动动能；

(3) $\dfrac{1}{2}(t+r+s)kT$ 表示理想气体分子的平均总动能；

(4) $\dfrac{1}{2}(t+r+2s)kT$ 表示理想气体分子的平均总能量；

(5) $\dfrac{M}{\mu}\dfrac{1}{2}(t+r+2s)RT$ 表示质量为 M、摩尔质量为 μ 的理想气体的内能；

(6) $\dfrac{M}{\mu}\dfrac{3}{2}RT$ 表示质量为 M、摩尔质量为 μ 的理想气体分子具有的总的平均平动动能或 $\dfrac{M}{\mu}$ 摩尔的单原子分子的内能。

3-6. 一个半径为 10 cm 的肥皂泡，它的内外压强差为 1.6×10^{-2} Pa，该皂液的表面张力系数是多少？

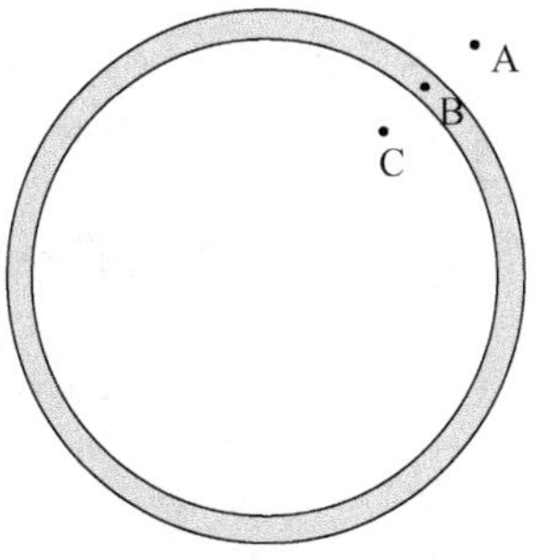

题 3-6 图

已知：$R=0.1\ \text{m}$，$P_C-P_A=1.6\times10^{-2}\ \text{Pa}$。

求：$\alpha=?$

解：如题 3-6 图所示，肥皂泡具有内外两个表面，由于液膜很薄，内外两个表面的半径可以看成相等，由附加压强公式，得

$$P_B=P_A+\frac{2\alpha}{R}$$

$$P_C=P_B+\frac{2\alpha}{R}$$

即

$$P_C-P_A=\frac{4\alpha}{R}$$

解得

$$\alpha=\frac{1}{4}\cdot(P_C-P_A)\cdot R=\frac{1}{4}\times1.6\times10^{-2}\times0.1\ \text{N/m}$$

$$\alpha=4\times10^{-4}\ \text{N/m}$$

答：该皂液的表面张力系数是 4×10^{-4} N/m。

3-7. 在一毛细管中观察到密度为 790 kg/m³ 的乙醇(表面张力系数为 2.27×10^{-2} N/m)液面升高 2.5 cm,假定接触角为 30°,问此毛细管的半径为多少?

已知:$\rho=790\ \text{kg/m}^3$, $\alpha=2.27\times10^{-2}\ \text{N/m}$, $h=2.5\times10^{-2}\ \text{m}$, $\theta=30°$;

求:$r=?$

解:代入公式

$$h=\frac{2\alpha\cos\theta}{\rho gr}$$

得

$$r=\frac{2\alpha\cos\theta}{\rho gh}=\frac{2\times2.27\times10^{-2}\times\cos30°}{790\times9.8\times2.5\times10^{-2}}$$

解得

$$r=2.03\times10^{-4}\ \text{m}$$

答:此毛细管的半径为 2.03×10^{-4} m。

3-8. 油和水形成界面的表面张力系数为 1.8×10^{-2} N/m,现将 1 g 的油在水内分裂成半径为 1.0×10^{-6} m 的小油滴,问需做多少功(设油的密度为 900 kg/m³)?

分析:已知 $\alpha=1.8\times10^{-2}$ N/m。设 $m=1.0\times10^{-3}$kg,$\rho=900$ kg/m³ 的大油滴的半径为 R,其在水内散布成了 n 个半径为 $r=1.0\times10^{-6}$ m 的小油滴,大油滴的表面积为 S_1,体积为 V_1,1 个小油滴的表面积为 S_2,体积为 V_2,则 $S_1=4\pi R^2$,$V_1=\frac{4}{3}\pi R^3$,$S_2=4\pi r^2$,$V_2=\frac{4}{3}\pi r^3$。分裂所需做的功为 $\Delta E=\alpha\Delta S=\alpha(nS_2-S_1)$。

解:由于油在水中分裂成小油滴后质量不变,则

$$m=\frac{4}{3}\pi R^3\cdot\rho=\frac{4}{3}\pi r^3\cdot\rho\cdot n$$

整理得

$$R=\left(\frac{3m}{4\pi\rho}\right)^{1/3},\quad n=\frac{3m}{4\pi r^3\rho}$$

n 个小油滴与大油滴的表面积之差为

$$\Delta S=nS_2-S_1=n4\pi r^2-4\pi R^2=\frac{3m}{4\pi r^3\rho}\cdot4\pi r^2-4\pi\cdot\left(\frac{3m}{4\pi\rho}\right)^{\frac{2}{3}}$$

整理得

$$\Delta S=\frac{3m}{r\rho}-4\pi\cdot\left(\frac{3m}{4\pi\rho}\right)^{\frac{2}{3}}$$

大油滴在水中分裂成小油滴所需做的功为

$$\Delta E=\alpha \cdot \Delta S$$

解得

$$\Delta E \approx 6.0 \times 10^{-2}\ \text{J}$$

答:将 1 g 的油在水内分裂成半径为 1.0×10^{-6} m 的小油滴所需做的功为 6.0×10^{-2} J。

3-9. 在竖直放置的 U 形管中,灌入一部分水,设 U 形管两边的内半径分别为 r_1 和 r_2,水面的接触角为零,水的表面张力系数为 α,求两管水面的高度差。

已知:r_1, r_2, $\theta=0°$, α;

求:$\Delta h=?$

解:代入公式

$$h=\frac{2\alpha\cos\theta}{\rho g r}$$

得

$$h_1=\frac{2\alpha\cos 0°}{\rho g r_1},\quad h_2=\frac{2\alpha\cos 0°}{\rho g r_2}$$

由上面两式作差,得

$$\Delta h=h_2-h_1=\frac{2\alpha}{\rho g}\left(\frac{1}{r_2}-\frac{1}{r_1}\right)$$

答:两管水面的高度差为$\frac{2\alpha}{\rho g}\left(\frac{1}{r_2}-\frac{1}{r_1}\right)$。

✻✻ 课外练习 ✻✻

一、单选题

3-1. 两瓶不同的理想气体,它们的温度和压强相同,但体积不同,则(　　)。

A. 两瓶理想气体单位体积内的分子数相等

B. 体积小的理想气体单位体积内的分子数大

C. 体积大的理想气体单位体积内的分子数大

D. 两瓶理想气体单位体积内的分子数是否相等无法确定

3-2. 两瓶不同种类的理想气体,若分子的平均平动动能相同,则(　　)。

A. 温度一定相同　　B. 温度一定不相同　　C. 压强一定相同　　D. 分子数密度一定相同

3-3. 氢气和氧气的温度相等时,二者分子的方均根速率之比为(　　)。

A. 2 : 1　　B. 4 : 1　　C. 8 : 1　　D. 1 : 2

3-4. 一容器内盛有两种气体,已知一种是氢气。在平衡状态下氢气与另一种气体的方均根速率之比为 2 : 1,则另一种气体的摩尔质量为(　　)。

A. 4 g　　B. 8 g　　C. 16 g　　D. 32 g

3-5. 若以$\sqrt{\overline{v^2}}$表示理想气体分子的方均根速率，ρ 表示气体的质量体密度，则由气体动理论可知，气体的压强为(　　)。

A. $\frac{2}{3}\rho\,\overline{v^2}$　　B. $\frac{1}{3}\rho\,\overline{v^2}$　　C. $\frac{3}{2}\rho\,\overline{v^2}$　　D. $\frac{\overline{v^2}}{3\rho}$

3-6. 若 P、ρ、m 和 T 分别表示理想气体的压强、密度、分子质量和温度，则下列式子中表示气体分子方均根速率的是(　　)。

A. $\sqrt{\frac{2kT}{m}}$　　B. $\sqrt{\frac{3RT}{m}}$　　C. $\sqrt{\frac{3P}{\rho}}$　　D. $\sqrt{\frac{3T}{\rho}}$

3-7. 对应于理想气体的某一状态，其内能有(　　)个数值。

A. 不一定　　B. 一个　　C. 两个　　D. 三个

3-8. 若 1 mol 氮气处在温度为 T 的平衡态下，则氮气分子(视为刚性分子)的平均总动能$\bar{e}_k$和氮气的内能 E 分别为(　　)。

A. $\bar{e}_k=\frac{3}{2}kT$,　$E=\frac{3}{2}RT$　　B. $\bar{e}_k=\frac{5}{2}kT$,　$E=\frac{3}{2}RT$

C. $\bar{e}_k=\frac{5}{2}kT$,　$E=\frac{5}{2}RT$　　D. $\bar{e}_k=3kT$,　$E=\frac{1}{2}RT$

3-9. 在给定液体表面上取一段长度为 L 的分界线，作用在 L 上的表面张力为 f，则(　　)。

A. f 与 L 成正比，方向指向液体内部

B. f 与 L 成反比，方向指向液体内部

C. f 与 L 成正比，方向与 L 垂直且沿液面的切线方向

D. f 与 L 成反比，方向与 L 垂直且沿液面的切线方向

3-10. 某一种固定的液体，在温度不变、表面积增加的情况下，其表面张力系数(　　)，表面能(　　)。

A. 不变、不变　　B. 增加、增加　　C. 减少、减少　　D. 不变、增加

3-11. 有一半径为 R 的球形肥皂泡，其内、外的压强差为(　　)。

A. $\frac{2\alpha}{R}$　　B. $\frac{4\alpha}{R}$　　C. $\frac{\alpha}{R}$　　D. $\frac{\alpha}{2R}$

3-12. 弯曲液面所产生附加压强的方向(　　)。

A. 指向液体内部　　B. 指向液体外部

C. 沿液体的表面　　D. 指向液面的曲率中心

3-13. 将半径为 r 与半径为 $3r$ 的同种玻璃毛细管插入水中，则(　　)。

A. 粗管中水面上升的高度是细管中的 3 倍　　B. 两管中水面上升的高度相同

C. 粗管中水面上升的高度是细管中的 $\sqrt{3}$ 倍　　D. 细管中水面上升的高度是粗管中的 3 倍

3-14. 把一半径为 r 的毛细管插入密度为 ρ 的液体中，毛细管中液面上升高度为 h，若接触角为 θ，则液体的表面张力系数为(　　)。

A. $\dfrac{\rho gh}{2r}$　　B. $\dfrac{\rho grh}{2\cos\theta}$　　C. $\dfrac{\rho gh}{2r\cos\theta}$　　D. $\dfrac{2\rho gh}{r\cos\theta}$

3-15. 在液体 II 的表面上滴一滴密度较小的另一种液滴 I，若液滴 I 在液体 II 的表面上伸展成薄膜，则(　　)。(已知液滴 I 与空气接触的上表面，其表面张力系数为 α_1；液体 II 与空气接触的表面，其表面张力系数为 α_2)

A. $\alpha_1<\alpha_2$　　B. $\alpha_1>\alpha_2$　　C. $\alpha_1=\alpha_2$　　D. $\alpha_1\gg\alpha_2$

二、填空题

3-1. 容器中盛有温度为 T 的理想气体，则该气体分子的平均速度为__________。

3-2. 容器内储有氧气，其压强为 2.026×10^5 Pa，温度为 17 ℃，则单位体积内的分子数为__________，每个分子的质量为__________。

3-3. 1 mol 的氧气和 1 mol 的氦气混合，温度为 T 时的总平均平动动能是__________。

3-4. 理想气体的温度为 T，则它的分子的平均平动动能为__________，1 mol 气体的内能为__________。(设气体分子是刚性的双原子分子)

3-5. 理想气体处于热平衡状态时，其分子沿任何方向运动的机会__________。

3-6. 吹一个表面张力系数为 α、半径为 R 的肥皂泡，所需做的功为__________。

3-7. __________的主要特征是可以降低吸附剂的表面能或表面张力系数。

3-8. 将一枚硬币轻轻地放在水的表面上，它将在水面上漂浮，原因在于水面具有__________；若在水中滴几滴肥皂液，硬币将沉入水中，这是由于皂液使得水的__________减少了；此处皂液起着__________的作用。

3-9. 一连通管两端各有一个肥皂泡，左端的 A 泡大，右端的 B 泡小。打开连通管活门后，__________泡将变大。

3-10. 吸气时肺泡增大，肺泡表面活性物质的浓度随之__________，从而使肺泡不至于过分膨胀。

3-11. 当接触角为锐角时，称液体__________固体；当接触角为钝角时，称液体__________固体。

3-12. 浸润与不浸润现象的产生，取决于__________和__________的相对大小。

3-13. 将毛细管插入装有水银的容器中，管子里水银面呈__________面，管子里的水银面__________容器里的水银面，管子越细，管子里的水银面越__________。

3-14. 在地球上，毛细管中液面上升高度为 h。如果将同样的实验移到月球上做(设温度相同)，则毛细管中液面上升高度一定__________ h。这是由于月球上的__________比地球上的小。

三、判断题

3-1. 对于个别气体分子来说，气体的压强也有意义。 ( )

3-2. 温度是气体分子平均平动动能的量度。 ( )

3-3. 一个分子的平均平动动能越大，则该分子的温度就越高。 ( )

3-4. 在相同体积的两个容器中，分别盛有温度相同的 1 g 氢和 16 g 氧，它们的压强应该相同。 ( )

3-5. 在平衡态的条件下，每个气体分子的平均总动能为$\frac{3}{2}kT$。 ( )

3-6. 一定质量的理想气体温度越高，则内能越大。 ( )

3-7. 在毛细管中，紧邻弯曲液面下方的 A 处压强 P_A 一定小于液面上方的大气压强 P_0。 ( )

3-8. 池塘里，在气泡从水底升至水面的过程中，气泡内压强不断减小，同时，其表面能在不断增加。 ( )

3-9. 当附着层内的任一液体分子受到的内聚力大于附着力时，液体跟固体接触的面积就有扩大的趋势，也就是液体浸润固体。 ( )

3-10. 将两个相同的毛细管插入表面张力系数为 α_1 和 $\alpha_2=2\alpha_1$ 的液体中，液体完全浸润毛细管，则两毛细管中液体上升的高度 $h_1=2h_2$ ( )

四、简答题

3-1. 什么是液体的表面张力？能否说某种液体的表面张力比另一种液体的表面张力大？

3-2. 潜水员从深水处上浮时，为什么要控制上浮速度？

3-3. 医院中所用的棉签、绷带等，为什么要用脱脂棉制成？

3-4. 将毛细管插入液体，在什么条件下管中液面上升？在什么条件下管中液面下降？上升或下降的高度由哪些因素决定？

3-5. 将毛细管插入水中，在下列情形中，水在毛细管中上升的高度有何不同？

(1)将毛细管加长；

(2)减小毛细管直径；

(3)使水温升高。

五、计算题

3-1. 某气体在 273 K 时，压强为 1.01×10^3 Pa，密度为 1.24×10^{-2} kg/m^3。试求：这种气体的摩尔质量。

3-2. 一个能量为 1.6×10^{-7} J 的宇宙射线粒子射入一氖管中,氖管中含有 0.10 mol 的氖气,如果射线粒子的能量全部被氖分子所吸收,试问氖气的温度升高多少?

3-3. 长方形金属框水平放置,其一边 AB 可在框上滑动,AB 长为 5.0 cm。框上浸上一层肥皂液膜,皂液的表面张力系数为 2.0×10^{-2} N/m,若在 AB 边加上外力 F,并使液膜被匀速地拉长 5.0 cm,求:此外力所做的功。

3-4. 表面张力系数为 7.27×10^{-2} N/m 的水($\rho_1=999$ kg/m^3),在毛细管中上升了 2.5 cm,丙酮($\rho_2=792$ kg/m^3)在同样的毛细管中上升 1.4 cm,假设二者都完全浸润毛细管,问丙酮的表面张力系数是多大?

❋❋ 课外练习参考答案 ❋❋

一、单选题

3-1. A　3-2. A　3-3. B　3-4. B　3-5. B　3-6. C　3-7. B　3-8. C　3-9. C　3-10. D　3-11. B　3-12. D　3-13. D　3-14. B　3-15. A

二、填空题

3-1. 0(分析:在平衡态,分子具有各种可能的速度,而每个分子向各个方向运动的概率是相等的,沿各个方向运动的分子数也相同,所以从统计结果来看气体分子的平均速度是 0。)

3-2. 5.06×10^{25} m^{-3};5.31×10^{-26} kg

3-3. $3RT$

3-4. $\frac{3}{2}kT$;$\frac{5}{2}RT$

3-5. 均等

3-6. $8\pi\alpha R^2$

3-7. 表面活性物质

3-8. 表面张力;表面张力系数;表面活性物质

3-9. A

3-10. 减小

3-11. 浸润;不浸润

3-12. 液体自身分子的吸引力(即内聚力);固体与液体两种分子间的吸引力(即附着力)

3-13. 凸;低于;低

3-14. 大于;重力加速度

三、判断题

3-1. ×　3-2. √　3-3. ×(分析:温度是大量分子热运动的集体表现,它是一个统计量,对个别分子来说温度是没有意义的。） 3-4. √ 3-5. × 3-6. × 3-7. ×（分析：因为毛细管中的弯曲液面有上凸和下凹两种情况。） 3-8. √（分析：这里应该注意的是，气泡内压强的大小随气泡上浮过程而减小由两重因素决定，一是所在处液体深度的减小，导致周围液体压强减小；二是随着周围液体压强不断减小，气泡体积不断增大，使得附加压强 $P_S=\frac{2\alpha}{R}$减小。上浮过程中，由于气泡表面积不断增大，由 $\Delta E=\alpha\cdot\Delta S$ 可知，其表面能不断增大。） 3-9. × 3-10. ×

四、简答题

3-1. 答：液体表面所具有的，方向沿着液体表面，使液面具有收缩趋势的力，称为表面张力。液面上某线段两侧的表面张力不仅由液体的性质（表面张力系数）决定，而且还由线段长度决定，所以，不能说某种液体的表面张力比另一种液体的大。

3-2. 答：潜水员在深水处时，由于周围压强较大，血液中溶解了较多的空气（主要是氮气）。上浮时随着压强的减少，空气将从血液中析出。若上浮速度较快，这些很快析出的空气来不及被吸收，在血管中以气泡的形式存在，将导致血管中的气体栓塞，对潜水员构成威胁。

3-3. 答：通常的棉花纤维表面带有一层油脂，这层油脂使得棉絮很难被浸润，将这层油层脱去制成脱脂棉后，棉花就很容易被润湿了，用其制成的棉签、绷带等的吸附能力大大增加。

3-4. 答：当液体能够浸润毛细管内壁时，管中液面上升；反之，液面下降。毛细管中液面上升和下降的高度取决于液体与管内壁的接触角、毛细管的内半径、液体的密度和表面张力系数。

3-5. 答：根据 $h=\frac{2\alpha\cos\theta}{\rho gr}$可知，水沿毛细管上升的最大高度 h 与毛细管的半径 r 和水的密度 ρ 成反比，与水的表面张力系数 α 成正比。所以，(1) 在原毛细管的长度大于 h 的条件下，再将毛细管加长，水在毛细管中上升的高度不会变；(2) 减小毛细管的直径，水在毛细管中上升的高度增大；(3) 使水温升高，会使 α 和 ρ 都减小，但 α 减小的幅度较大，故水在毛细管中上升的高度减小。

五、计算题

3-1. 已知：$T=273\ \text{K}, P=1.01\times10^3\ \text{Pa}, \rho=1.24\times10^{-2}\ \text{kg/m}^3$；

求：$\mu=?$

解：根据公式

因为 $PV=\frac{M}{\mu}RT\Rightarrow P=\frac{M}{V\mu}RT=\frac{\rho RT}{\mu}$

所以 $\mu=\frac{\rho RT}{P}=\frac{1.24\times10^{-2}\times8.314\times273}{1.01\times10^3}=2.786\times10^{-2}\ \text{kg}=27.86\ \text{g}$

答：这种气体的摩尔质量为 27.86 g。

3-2. 已知：$\frac{M}{\mu}=0.10\ \text{mol}$，$\Delta E=1.6\times10^{-7}\ \text{J}$，氖气自由度 $i=3$；

求：$\Delta T=?$

解：由 $\Delta E=\frac{M}{\mu}\frac{i}{2}R\Delta T$，得

$$\Delta E=\frac{3}{2}\frac{M}{\mu}R\Delta T$$

即

$$\Delta T=\frac{2\Delta E}{3\frac{M}{\mu}R}=\frac{2\times1.6\times10^{-7}}{3\times0.10\times8.31}\ \text{K}$$

解得

$$\Delta T=1.28\times10^{-7}\ \text{K}$$

答：氖气的温度升高 1.28×10^{-7} K。

3-3. 已知：$\overline{\text{AB}}=5.0\times10^{-2}\ \text{m}$，$\alpha=2.0\times10^{-2}\ \text{N/m}$，$\Delta l=5.0\times10^{-2}\ \text{m}$；

求：$A=?$

解：外力使肥皂膜匀速地被拉长，意味着它与上、下两个表面的表面张力平衡，则

$$F=2f=2\alpha\ \overline{\text{AB}}$$

该外力所做的功为

$$A=\Delta W=F\Delta l$$

即

$$A=\Delta W=2\alpha\ \overline{\text{AB}}\Delta l=2\times2.0\times10^{-2}\times5.0\times10^{-2}\times5.0\times10^{-2}\ \text{J}$$

解得

$$A=\Delta W=1.0\times10^{-4}\ \text{J}$$

答：此外力所做的功为 1.0×10^{-4} J。

3-4. 已知：$\alpha_1=7.27\times10^{-2}\ \text{N/m}$，$\rho_1=999\ \text{kg/m}^3$，$\rho_2=792\ \text{kg/m}^3$，$h_1=2.5\times10^{-2}\ \text{m}$，$h_2=1.4\times10^{-2}\ \text{m}$，$\theta_1=\theta_2$，$r_1=r_2$；

求：$\alpha_2=?$

解：由公式

$$h_1=\frac{2\alpha_1\cos\theta_1}{\rho_1 g r_1},\quad h_2=\frac{2\alpha_2\cos\theta_2}{\rho_2 g r_2}$$

比较上面两式得

$$\alpha_2=\frac{h_2\rho_2\alpha_1}{h_1\rho_1}$$

即

$$\alpha_2=\frac{h_2\rho_2\alpha_1}{h_1\rho_1}=\frac{1.4\times10^{-2}\times792\times7.27\times10^{-2}}{2.5\times10^{-2}\times999}$$

解得

$$\alpha_2=3.23\times10^{-2}\ \text{N/m}$$

答：丙酮的表面张力系数 3.23×10^{-2} N/m。

第四章　热力学基础

＊＊ 内容提要 ＊＊

1. 热力学系统

在热力学中，一般把所研究的物体(或一组物体)称为热力学系统，简称系统。

2. 平衡态

如果一个系统的所有状态参量都不随时间发生改变，我们称系统处于平衡状态，简称平衡态。

3. 准静态平衡过程

系统在过程进行的每一时刻，总是无限接近于平衡态(或者说系统所经历的过程是由一个个平衡态所组成的)，简称准静态过程。

4. 功

若系统的压强为 P，经一微小过程后，系统体积增加了 $\mathrm{d}V$，则系统对外界所做的元功 $\mathrm{d}A$ 为

$$\mathrm{d}A=P\mathrm{d}V \tag{4-1}$$

式中，$\mathrm{d}V$ 为负值时，外界对系统做功。

若系统初始状态时的体积为 V_1，终了状态时的体积为 V_2，则过程中系统对外界所做的总功为

$$A=\int_{V_1}^{V_2}P\mathrm{d}V \tag{4-2}$$

在准静态变化过程中，系统对外界所做的功可以用 $P-V$ 图表示，即系统对外所做的功的大小就是过程曲线下面所覆盖的面积。

5. 热量

能使热力学系统状态发生改变的另一种方式是热力学系统与环境之间热量的传递，当系统由状态 a 到达状态 b 时，系统从环境所获取的热量 Q 一般写成

$$Q=\frac{M}{\mu}C(T_b-T_a) \tag{4-3}$$

式中，M 表示气体的质量；μ 表示气体的摩尔质量；C 表示气体的摩尔热容，单位为 J/(mol · K)；T_a 表示系统初态时的温度；T_b 表示系统末态时的温度。

6. 热力学第一定律

热力学第一定律是包括热能在内的普遍的能量转化和守恒定律。它表示一个系统在经历一个过程后，系统所吸收的热量 Q，一部分使系统的内能增加了 ΔE，另一部分转变为系统对外界所做的功 A。可用下式表示

$$Q=A+\Delta E \tag{4-4}$$

各量的符号规定是：若系统从外界吸收热量，则 Q 取正；若系统对外界做功，则 A 取正；若系统内能增加，则 ΔE 取正，反之取负。

7. 定容摩尔热容

定容摩尔热容 C_V 表示 1 mol 理想气体在等容过程中，当温度升高或降低 1 ℃时所吸收或放出的热量。其单位为 J/(mol·K)，其值为

$$C_V=\frac{i}{2}R \tag{4-5}$$

式中 $i=t+r+2s$，对于刚性气体分子，i 为自由度数。

8. 定压摩尔热容、迈耶公式

定压摩尔热容 C_P 表示 1 mo1 理想气体在等压过程中，当温度升高或降低 1 ℃时所吸收或放出的热量。其单位为 J/(mol·K)，其值为

$$C_P=\frac{i}{2}R+R=C_V+R \tag{4-6}$$

上式称为迈耶公式。

9. 绝热方程、泊松公式、比热比

若系统在整个过程中始终与外界没有热量交换，这样的过程称为绝热过程。绝热过程系统将满足下面等式：

$$PV^{\gamma}=\text{常量} \tag{4-7}$$

$$V^{\gamma-1}T=\text{常量} \tag{4-8}$$

$$P^{\gamma-1}T^{-\gamma}=\text{常量} \tag{4-9}$$

γ 称为气体的比热比，其值为

$$\gamma=\frac{C_P}{C_V}=\frac{C_V+R}{C_V}=\frac{i+2}{i} \tag{4-10}$$

从上式可知，气体的比热比 $\gamma>1$，所以在 $P-V$ 图上绝热线要比等温线陡一些。

10. 循环过程

一个热力学系统从某一状态出发，经历一系列过程后，又回到原来的状态，这样周而复始的变化过程称为循环过程，简称循环。

在 $P-V$ 图上，循环过程可以用一条闭合曲线来表示，若循环过程是沿着顺时针方向进行的，则称这个循环为正循环；若循环是沿着逆时针方向进行的，则称这个循环为逆循环。

11. 卡诺热机、卡诺循环

卡诺热机是以理想气体为工作物质，历经一个准静态的循环过程。循环是由两个等温过程及两个绝热过程组成的，我们把这种热机称为卡诺热机，它所经历的循环称为卡诺循环。

12. 可逆过程和不可逆过程

一个系统从某一状态开始，经过一系列的变化过程过渡到另一状态，如果系统能够沿着原来的路径反方向地从终了状态返回到初始状态，同时消除了原过程对外界的一切影响，即能使系统与外界环境完全复原，那么原来的过程就是一个可逆过程；反之，如果无论如何都不能使系统和外界完全复原，则原来的过程就称为不可逆过程。

13. 热机效率

$$\eta=\frac{A_{有用功}}{Q_1}\%=\frac{Q_1-|Q_2|}{Q_1}\% \tag{4-11}$$

式中，Q_1是指在整个循环过程中系统从外界吸收的热量之和；$|Q_2|$是指系统在整个循环过程中向外界放出的热量之和；$A_{有用功}$是指系统经一循环后对外界所做的有用功的大小。

14. 卡诺循环效率

$$\eta_{卡}=1-\frac{T_2}{T_1} \tag{4-12}$$

式中，T_1是高温热源的温度；T_2是低温热源的温度。

15. 热力学第二定律

热力学第二定律在文字表述上有很多种形式，最常见的是开尔文表述和克劳修斯表述。

(1)开尔文表述：不可能实现这样一种循环，其最后结果仅仅是从单一热源获得热量并将其完全转变为有用功，而不产生其他影响。

(2)克劳修斯表述：不可能把热量从低温物体传递到高温物体，而不引起其他变化。或者说热量不可能自动地由低温物体传递到高温物体。

热力学第二定律的统计意义：对于一个孤立的热力学系统，其内部发生的过程总是由概率小的状态向概率大的状态进行。即从微观形式上看，一个孤立的热力学系统，其内部发生的过程是由包含微观状态数目少的宏观状态向包含微观状态数目多的宏观状态方向进行。

16. 卡诺定理

(1)在相同的高温热源和相同的低温热源之间工作的一切可逆热机，其效率都相等，与工作物质无关。

(2)在相同的高温热源和相同的低温热源之间工作的一切不可逆热机，其效率都小于工作在同样条件下的可逆热机的效率。

17. 熵

熵是一个只和系统状态有关的函数，一般情况下，对于一个热力学系统来说，具有实际意义的是初、终两态的熵的变化量，即熵变或熵差，用 ΔS 表示。

$$\Delta S=S_b-S_a=\int_a^b\frac{\mathrm{d}Q}{T} \tag{4-13}$$

式中，a、b 表示的是任意给定的两个平衡态；S_a为系统初态的熵；S_b为系统终态的熵。

18. 熵增加原理

对于一个孤立的热力学系统，当它从一个平衡态到达另一个平衡态时，它的熵是绝对不会减少的，这个结论就称为熵增加原理。

✻✻ 习题解答 ✻✻

4-1. 热力学第一定律 $Q=A+\Delta E$，式中，Q、A、ΔE 的正、负号的物理意义是什么？热力学第一定律可否用 $Q+A=\Delta E$ 式来表示？若可以的话，Q、A、ΔE 的正、负号又怎么规定？

解：在式 $Q=A+\Delta E$ 中，各量的物理意义如下：

(1) $Q>0$,表示系统从外界吸热;$Q<0$,表示系统向外界放热。

(2) $A>0$,表示系统对外界做功;$A<0$,表示外界对系统做功。

(3) $\Delta E>0$,表示系统内能增加;$\Delta E<0$,表示系统内能减少。

所以热力学第一定律也可用 $Q+A=\Delta E$ 表示,Q 和 ΔE 的符号与上面一致,不同的是 A 的符号的规定正好与上面相反。

4-2. 理想气体做绝热膨胀和绝热压缩的过程中,压强 P、体积 V 和温度 T 将如何变化?

解: 理想气体做绝热膨胀时,体积 V 增大,压强 P 减小,温度 T 降低;理想气体做绝热压缩时,体积 V 减小,压强 P 增大,温度 T 升高。

4-3. 某一定量的气体,从一种状态变化到另一种状态时,吸收了 800 J 的热量,同时对外界做功 500 J,则其内能的变化量为多少?

已知:$Q=800$ J,$A=500$ J;

求:$\Delta E=?$

解: 根据热力学第一定律 $Q=A+\Delta E$,得

$$\Delta E=Q-A=800-500=300\ \text{J}$$

答: 系统的内能增加了 300 J。

4-4. 在压强为 1.5×10^5 Pa 不变的情况下,气体体积由 0.1 m^3 变化到 0.5 m^3,系统吸收热量为 9×10^4 J,问系统内能变化了多少?

已知:$P=1.5\times10^5$ Pa,$V_1=0.1\ m^3$,$V_2=0.5\ m^3$,$Q=9\times10^4$ J;

求:$\Delta E=?$

解: $A=\int_{V_1}^{V_2}P\mathrm{d}V=P(V_2-V_1)=1.5\times10^5\times(0.5-0.1)=0.6\times10^5\ \text{J}=6\times10^4\ \text{J}$

根据热力学第一定律 $Q=A+\Delta E$,得

$$\Delta E=Q-A=9\times10^4-6\times10^4=3\times10^4\ \text{J}$$

答: 系统的内能增加了 3×10^4 J。

4-5. 设某系统经路径 l_1 从初态变化到终态,系统吸收了 400 J 的热量。当外界对系统做功 200 J 时,系统从另一路径 l_2 由终态又回到了初态,并放出 500 J 的热量,求系统在路径 l_1 中对外所做的功。

已知:$Q_{12}=400$ J,$Q_{21}=-500$ J,$A_{21}=-200$ J;

求:$A_{12}=?$

解: 根据热力学第一定律 $Q=A+\Delta E$,得

$$Q_{21}=A_{21}+\Delta E_{21}=A_{21}+(E_1-E_2)$$

则

$$E_1-E_2=Q_{21}-A_{21}=-500+200=-300\ \text{J}$$

$$E_2-E_1=300\ \text{J}$$

又由热力学第一定律 $Q=A+\Delta E$,得

$$Q_{12}=A_{12}+(E_2-E_1)$$

则
$$A_{12}=Q_{12}-(E_2-E_1)=400-300=100\ \text{J}$$

答:系统在路径 l_1 中对外所做的功是 100 J。

4-6. 试证明迈耶公式的成立。

证明:在等容过程中,因体积不发生改变,所以系统对外所做的功 $A=0$,根据热力学第一定律$Q=A+\Delta E$,有$Q=\Delta E$。

由 $Q=\frac{M}{\mu}C_V(T_2-T_1)$,$\Delta E=\frac{M}{\mu}\frac{i}{2}R(T_2-T_1)$,得

$$C_V=\frac{i}{2}R$$

在等压过程中,

$$Q=\frac{M}{\mu}C_P(T_2-T_1)$$

$$A=\int_{V_1}^{V_2}P\mathrm{d}V=P(V_2-V_1)=\frac{M}{\mu}R(T_2-T_1)$$

根据热力学第一定律 $Q=A+\Delta E$,得

$$\frac{M}{\mu}C_P(T_2-T_1)=\frac{M}{\mu}R(T_2-T_1)+\frac{M}{\mu}\frac{i}{2}R(T_2-T_1)$$

即
$$C_P=R+\frac{i}{2}R=R+C_V$$

迈耶公式得证。

4-7. 当气体体积从 V_1 膨胀到 V_2 时,该气体的压强与体积之间的关系为$\left(P+\frac{a}{V^2}\right)(V-b)=K$,其中 a、b、K 均为常数,试计算气体对外所做的功。

已知:$\left(P+\frac{a}{V^2}\right)(V-b)=K$, V_1, V_2;

求:$A=?$

解:由$\left(P+\frac{a}{V^2}\right)(V-b)=K$,得

$$P=\frac{K}{V-b}-\frac{a}{V^2}$$

则
$$A=\int_{V_1}^{V_2}P\cdot\mathrm{d}V=\int_{V_1}^{V_2}\left(\frac{K}{V-b}-\frac{a}{V^2}\right)\cdot\mathrm{d}V=K\cdot\ln\frac{V_2-b}{V_1-b}+a\left(\frac{1}{V_2}-\frac{1}{V_1}\right)$$

答:气体对外所做的功为 $K\cdot\ln\frac{V_2-b}{V_1-b}+a\left(\frac{1}{V_2}-\frac{1}{V_1}\right)$。

4-8. 如题 4-8 图所示，当系统由 A 状态开始，沿 ACB 到达 B 状态时，有 500 J 的热量传入系统，且系统对外做功 100 J。

(1) 系统若沿 ADB 进行时，系统对外做功 50 J，问有多少热量传入系统？

(2) 若 $E_D-E_A=150$ J，试求系统沿 AD 及 DB 各吸收多少热量？

(3) 当系统由 B 状态沿曲线 BA 返回到 A 状态时，外界对系统做功 70 J，问系统是吸热还是放热，传递的热量是多少？

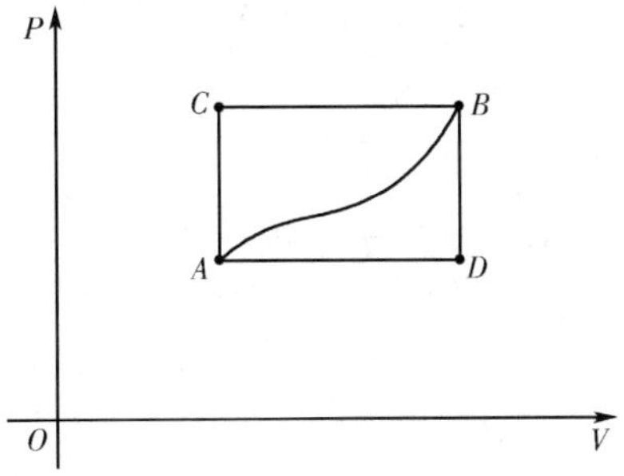

题 4-8 图

已知：$Q_{ACB}=500$ J，$A_{ACB}=100$ J，$A_{ADB}=50$ J，$E_D-E_A=150$ J，$A_{BA}=-70$ J。

求：(1) $Q_{ADB}=?$　(2) $Q_{AD}=?$ $Q_{DB}=?$　(3) $Q_{BA}=?$

解：(1) 根据热力学第一定律 $Q=A+\Delta E$，得

$$Q_{ACB}=A_{ACB}+(E_B-E_A)$$

解得

$$E_B-E_A=Q_{ACB}-A_{ACB}=500-100=400 \text{ J}$$

$$Q_{ADB}=A_{ADB}+(E_B-E_A)=50+400=450 \text{ J}$$

(2) 由 $A_{DB}=0$，得

$$A_{AD}=A_{ADB}$$

则

$$Q_{AD}=A_{AD}+(E_D-E_A)=A_{ADB}+(E_D-E_A)$$

解得

$$Q_{AD}=50+150=200 \text{ J}$$

又因

$$Q_{DB}=A_{DB}+(E_B-E_D)=E_B-E_D=(E_B-E_A)-(E_D-E_A)$$

解得

$$Q_{DB}=400-150=250 \text{ J}$$

(3) $Q_{BA}=A_{BA}+(E_A-E_B)=-70-400=-470$ J

答：系统沿 ADB 进行时，吸收了 450 J 的热量；系统沿 AD 进行时，吸收了 200 J 的热量；系统沿 DB 进行时，吸收了 250 J 的热量；当系统由 B 状态沿 BA 曲线返回到状态 A 时，系统放出了 470 J 的热量。

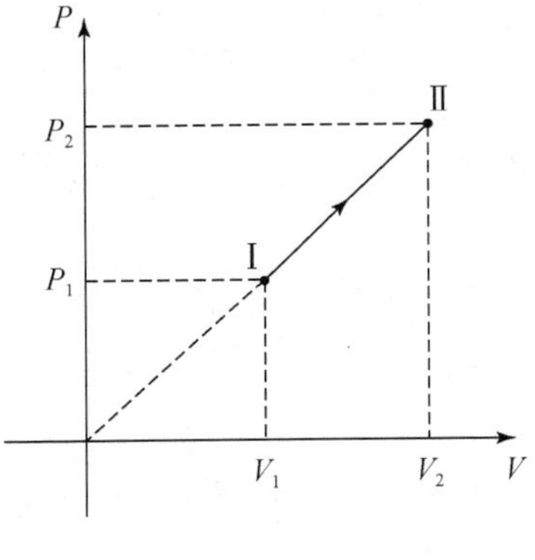

题 4-9 图

4-9. 如题 4-9 图所示，表示的是单原子分子理想气体的某一变化过程，当系统由状态 Ⅰ 沿直线到达状态 Ⅱ 时，求系统在这一过程中的摩尔热容。

已知：$i=3$，过程为直线过程。

求：$C=?$

解：由图可知，压强 P 与 V 的关系为

$$P=KV$$

式中，K 为直线的斜率，即 $K=\frac{P_1}{V_1}=\frac{P_2}{V_2}$。

$$A=\int_{V_1}^{V_2}P\mathrm{d}V=\int_{V_1}^{V_2}KV\mathrm{d}V=\frac{1}{2}K(V_2^2-V_1^2)$$

$$=\frac{1}{2}(P_2V_2-P_1V_1)=\frac{1}{2}\frac{M}{\mu}R(T_2-T_1)$$

$$\Delta E=\frac{M}{\mu}\frac{i}{2}R(T_2-T_1)$$

单原子分子理想气体 $i=3$,则

$$\Delta E=\frac{M}{\mu}\frac{3}{2}R(T_2-T_1)$$

$$Q=\frac{M}{\mu}C(T_2-T_1)$$

根据热力学第一定律 $Q=A+\Delta E$,得

$$\frac{M}{\mu}C(T_2-T_1)=\frac{1}{2}\frac{M}{\mu}R(T_2-T_1)+\frac{M}{\mu}\frac{3}{2}R(T_2-T_1)$$

解得

$$C=\frac{1}{2}R+\frac{3}{2}R=2R$$

答:此过程的摩尔热容为 $2R$。

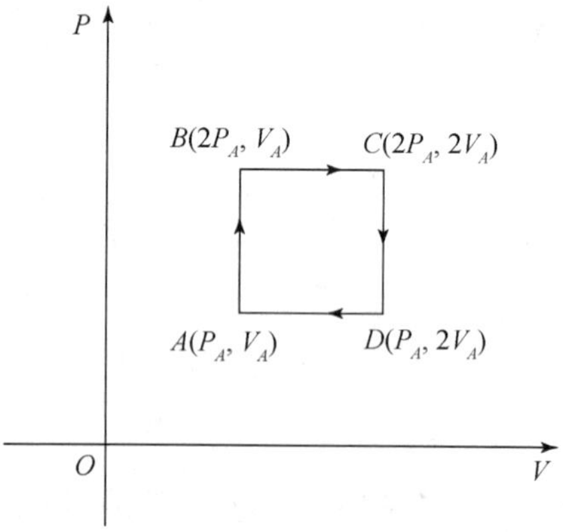

题 4-10 图

4-10. 设 1 mol 单原子理想气体按如题 4-10 图所示的路线 $ABCDA$ 进行准静态循环,已知气体的定容摩尔热容 $C_V=\frac{3}{2}R$,求这一循环的效率。

已知:$C_V=\frac{3}{2}R$, $V_A=V_B$, $V_C=V_D=2V_A$, $P_A=P_D$, $P_B=P_C=2P_A$;

求:$\eta=?$

解:(1)$A\to B$ 过程,因为是等容过程,由图可知:$P_B=2P_A$,所以 $T_B=2T_A$。

$$Q_{AB}=\frac{M}{\mu}C_V(T_B-T_A)=\frac{M}{\mu}C_VT_A>0$$

因为 $Q_{AB}>0$,所以系统由 $A\to B$ 的过程是吸热。

(2)$B\to C$ 过程,因为是等压过程,由图可知:$V_C=2V_B$,所以 $T_C=2T_B=4T_A$。

$$Q_{BC}=\frac{M}{\mu}C_P(T_C-T_B)=\frac{M}{\mu}C_P2T_A>0$$

因为 $Q_{BC}>0$,所以系统由 $B\to C$ 的过程是吸热。

(3)$C\to D$ 过程,因为是等容过程,由图可知:$P_C=2P_D$,所以 $T_C=2T_D=4T_A$, $T_D=2T_A$。

$$Q_{CD}=\frac{M}{\mu}C_V(T_D-T_C)=-\frac{M}{\mu}C_V2T_A<0$$

因为 $Q_{CD}<0$,所以系统由 $C\to D$ 的过程是放热。

(4)$D\to A$ 过程,因为是等压过程,由图可知:$V_D=2V_A$,所以 $T_D=2T_A$。

$$Q_{DA}=\frac{M}{\mu}C_P(T_A-T_D)=-\frac{M}{\mu}C_PT_A<0$$

因为 $Q_{DA}<0$,所以系统由 $D\to A$ 的过程是放热。

$$\eta=\frac{Q_{吸}-|Q_{放}|}{Q_{吸}}$$

$$=\frac{\frac{M}{\mu}C_VT_A+\frac{M}{\mu}C_P2T_A-\frac{M}{\mu}C_V2T_A-\frac{M}{\mu}C_PT_A}{\frac{M}{\mu}C_VT_A+\frac{M}{\mu}C_P2T_A}$$

$$=\frac{C_V+2C_P-2C_V-C_P}{C_V+2C_P}$$

$$=\frac{2(C_P-C_V)-(C_P-C_V)}{C_V+2C_P}$$

$$=\frac{R}{\frac{3}{2}R+\frac{10}{2}R}$$

$$=15.4\%$$

答:此循环的效率为15.4%。

4-11. 一卡诺热机工作在温度300 K和1000 K之间,求其热机效率。如果高温热源的温度提高到1100 K或低温热源的温度降低到200 K,问热机的效率各增加到多少?

已知:$T_1=1000\ \text{K}, T_2=300\ \text{K}, T_1'=1100\ \text{K}, T_2'=200\ \text{K}$;

求:(1) $\eta=?$ (2) $\eta_1'=?$ (3) $\eta_2'=?$

解:(1) $\eta=1-\frac{T_2}{T_1}=1-\frac{300}{1000}=70\%$

(2) $\eta_1'=1-\frac{T_2}{T_1'}=1-\frac{300}{1100}=72.7\%$

(3) $\eta_2'=1-\frac{T_2'}{T_1}=1-\frac{200}{1000}=80\%$

答:原卡诺热机的效率为70%;当高温热源的温度升高到1100 K时,效率提高到72.7%;当低温热源的温度降低到200 K时,效率提高到80%。

4-12. 一卡诺热机,低温热源的温度为300 K,效率为40%,今将该热机的效率提高到50%,

(1)若低温热源的温度不变,高温热源的温度应提高多少?

(2)若高温热源的温度不变,低温热源的温度应降低多少?

已知:$T_2=300\ \text{K}, \eta=40\%, \eta'=50\%$;

求:(1) $\Delta T_1=?$ (2) $\Delta T_2=?$

解:由 $\eta=1-\frac{T_2}{T_1}=1-\frac{300}{T_1}=40\%$,得

$$T_1=500\ \text{K}$$

当效率提高到50%时,

(1)由 $\eta'=50\%=1-\frac{T_2}{T_1'}=1-\frac{300}{T_1'}$,得

$$T_1'=600\ \text{K}$$

则
$$\Delta T_1=T_1'-T_1=600-500=100\ \text{K}$$

(2)由 $\eta'=50\%=1-\frac{T_2'}{T_1}=1-\frac{T_2'}{500}$,得

$$T_2'=250\ \text{K}$$

则
$$\Delta T_2=T_2-T_2'=300-250=50\ \text{K}$$

答:若低温热源的温度不变,则高温热源的温度应升高 100 K;若高温热源的温度不变,则低温热源的温度应降低 50 K。

4-13. 一卡诺热机,高温热源的温度为 373 K,低温热源的温度为 273 K,经一循环后,系统对外所做的有用功是 800 J。今维持低温热源温度不变,提高高温热源的温度,使有用功增加到 1600 J,求:(1)高温热源的温度应升高到多少?

(2)效率提高到多少(两个循环均工作于相同的两绝热线之间)?

已知:$T_1=373\ \text{K}$,$T_2=273\ \text{K}$,$A_{有用功}=800\ \text{J}$,$A'_{有用功}=1600\ \text{J}$;

求:(1)$T_1'=?$ (2)$\eta'=?$

解:(1)因为
$$\eta=1-\frac{T_2}{T_1}=\frac{A_{有用功}}{Q_{吸}}$$

所以
$$1-\frac{273}{373}=\frac{800}{Q_{吸}}$$

解得
$$Q_{吸}=2984\ \text{J}$$

因为
$$A_{有用功}=Q_{吸}-|Q_{放}|$$

所以
$$|Q_{放}|=Q_{吸}-A_{有用功}=2984-800=2184\ \text{J}$$

因低温热源温度不变,则新的循环效率为
$$\eta'=1-\frac{T_2}{T_1'}=\frac{A'_{有用功}}{Q'_{吸}}$$

上式中
$$Q'_{吸}=|Q_{放}|+A'_{有用功}=2184+1600=3784\ \text{J}$$

所以
$$1-\frac{273}{T_1'}=\frac{1600}{3784}$$

解得
$$T_1'=473\ \text{K}$$

(2)
$$\eta'=1-\frac{T_2}{T_1'}=1-\frac{273}{473}=42.3\%$$

答:高温热源的温度应升高到 473 K;效率提高到 42.3%。

4-14. 1 kg 的水,温度由 20 ℃冷却到 0 ℃,问其熵变是多少?已知水的定压比热
$$C_P=4.18\times10^3\ \text{J/(kg}\cdot\text{K)}$$

已知:$m=1\ \text{kg}$,$T_1=273+20=293\ \text{K}$,$T_2=273\ \text{K}$,$C_P=4.18\times10^3\ \text{J/(kg}\cdot\text{K)}$;

求:$\Delta S=?$

解：$\Delta S=\int\frac{dQ}{T}=\int_{T_1}^{T_2}\frac{C_P m dT}{T}=mC_P\ln\frac{T_2}{T_1}=1\times4.18\times10^3\times\ln\frac{273}{293}=-2.95\times10^2\ \mathrm{J/K}$

答：系统的熵变为-2.95×10^2 J/K。

4-15. 把0 ℃、0.5 kg的冰与一热源相接触，当冰完全熔解时，问：

(1)冰的熵变是多少？

(2)如果热源是温度为20 ℃的庞大的物体，那么此物体的熵变是多少？

(3)冰和热源的总熵变是多少？其结果说明了什么(已知水的熔解热$\lambda=3.35\times10^5$ J/kg)？

已知：$m=0.5$ kg，$\lambda=3.35\times10^5$ J/kg，$T_1=273$ K，$T_2=293$ K；

求：(1)$\Delta S_{冰}=?$　(2)$\Delta S_{热源}=?$　(3)$\Delta S_{总}=?$

解：(1) $\Delta S_{冰}=\int\frac{dQ}{T}=\int\frac{dQ}{T_1}=\frac{Q}{T_1}=\frac{m\cdot\lambda}{T_1}=\frac{0.5\times3.35\times10^5}{273}=6.14\times10^2\ \mathrm{J/K}$

(2) $\Delta S_{热源}=\int\frac{dQ}{T}=\frac{-m\lambda}{T_2}=-\frac{0.5\times3.35\times10^5}{293}=-5.72\times10^2\ \mathrm{J/K}$

(3) $\Delta S_{总}=\Delta S_{冰}+\Delta S_{热源}=6.14\times10^2-5.72\times10^2=42\ \mathrm{J/K}$

此结果说明熵增加原理，即一孤立系统内部发生不可逆过程时，其熵值是增加的。此处把冰及热源看成一个系统。

答：(1)冰的熵变为6.14×10² J/K；(2)热源的熵变为-5.72×10^2 J/K；(3)冰和热源的总熵变为42 J/K。

4-16. 设有$\frac{M}{\mu}$mol的理想气体，由初态(P_1,V_1,T_1)变化到终态(P_2,V_2,T_2)。试：

(1)用V、T表示熵变；(2)用P、T表示熵变。

解：(1)根据热力学第一定律的微分式

$$dQ=dA+dE\ 及\ dE=\frac{M}{\mu}C_V dT,\ dQ=TdS,\ dA=PdV,得$$

$$TdS=PdV+\frac{M}{\mu}C_V dT$$

即

$$dS=\frac{PdV}{T}+\frac{M}{\mu}C_V\frac{dT}{T}$$

将$P=\frac{M}{\mu}RT\frac{1}{V}$代入上式，得

$$dS=\frac{M}{\mu}R\frac{dV}{V}+\frac{M}{\mu}C_V\frac{dT}{T}$$

将上式两边同时积分，得

$$\int dS=\Delta S=\int_{V_1}^{V_2}\frac{M}{\mu}R\frac{dV}{V}+\int_{T_1}^{T_2}\frac{M}{\mu}C_V\frac{dT}{T}$$

解得

$$\Delta S=\frac{M}{\mu}R\ln\frac{V_2}{V_1}+\frac{M}{\mu}C_V\ln\frac{T_2}{T_1}$$

(2)将理想气体状态方程 $PV=\frac{M}{\mu}RT$ 两边同时微分,得

$$PdV+VdP=\frac{M}{\mu}RdT$$

即

$$PdV=\frac{M}{\mu}RdT-VdP$$

将上式代入 $dS=\frac{PdV}{T}+\frac{M}{\mu}C_V\frac{dT}{T}$,得

$$dS=\frac{\frac{M}{\mu}RdT-VdP}{T}+\frac{M}{\mu}C_V\frac{dT}{T}=\frac{M}{\mu}R\frac{dT}{T}-\frac{V}{T}dP+\frac{M}{\mu}C_V\frac{dT}{T}$$

将 $V=\frac{M}{\mu}RT\frac{1}{P}$ 代入上式,得

$$dS=\frac{M}{\mu}R\frac{dT}{T}-\frac{M}{\mu}R\frac{dP}{P}+\frac{M}{\mu}C_V\frac{dT}{T}=\frac{M}{\mu}C_P\frac{dT}{T}-\frac{M}{\mu}R\frac{dP}{P}$$

将上式两边同时积分,得

$$\int dS=\Delta S=\int_{T_1}^{T_2}\frac{M}{\mu}C_P\frac{dT}{T}-\int_{P_1}^{P_2}\frac{M}{\mu}R\frac{dP}{P}$$

解得

$$\Delta S=\frac{M}{\mu}C_P\ln\frac{T_2}{T_1}-\frac{M}{\mu}R\ln\frac{P_2}{P_1}$$

答:用 V、T 表示熵变为 $\Delta S=\frac{M}{\mu}R\ln\frac{V_2}{V_1}+\frac{M}{\mu}C_V\ln\frac{T_2}{T_1}$;用 P、T 表示熵变为 $\Delta S=\frac{M}{\mu}C_P\ln\frac{T_2}{T_1}-\frac{M}{\mu}R\ln\frac{P_2}{P_1}$。

✻✻ 课外练习 ✻✻

一、单选题

4-1. 一定量的理想气体,从同一初态分别经历等温可逆膨胀、绝热可逆膨胀到具有相同体积的终态,在绝热过程中的压强变化 $\Delta P_{绝热}$ 与等温过程中的压强变化 $\Delta P_{等温}$ 的关系为(　　)。

A. $\Delta P_{绝热}<\Delta P_{等温}$　　B. $\Delta P_{绝热}>\Delta P_{等温}$　　C. $\Delta P_{绝热}=\Delta P_{等温}$　　D. 无法确定

4-2. 理想气体系统的状态改变了,则其内能值(　　)。

A. 必定改变　　B. 必定不变　　C. 不一定改变　　D. 与状态无关

4-3. 将 5 mol 的氦气在不与外界交换热量的情况下,从 17 ℃升至 27 ℃,则气体系统内能的变化与外界对系统做的功为(　　)。

A. $\Delta E=6.23\times10^2$ J, $A=6.23\times10^2$ J　　B. $\Delta E=6.23\times10^2$ J, $A=6.23\times10^3$ J

C. $\Delta E=6.23\times10^2$ J, $A=0$　　D. $\Delta E=0$, $A=0$

4-4. 将温度为 300 K，压强为 10^5 Pa 的氮气分别进行绝热压缩与等温压缩，使其体积变为原来的 1/5，则绝热压缩与等温压缩后的压强和温度的关系分别为(　　)。

A. $P_{绝热}>P_{等温}$，$T_{绝热}>T_{等温}$　　B. $P_{绝热}<P_{等温}$，$T_{绝热}<T_{等温}$

C. $P_{绝热}<P_{等温}$，$T_{绝热}>T_{等温}$　　D. $P_{绝热}>P_{等温}$，$T_{绝热}<T_{等温}$

4-5. 质量为 m 的物体在温度为 T 时发生相变过程(设该物质的相变热为 λ)，则熵变为(　　)。

A. $\Delta S=\frac{m\lambda}{T}$　　B. $\Delta S>\frac{m\lambda}{T}$　　C. $\Delta S<\frac{m\lambda}{T}$　　D. $\Delta S=0$

4-6. 质量一定的理想气体，从相同状态出发，分别经历不同的过程，使其体积增加一倍，然后又回到初态，则(　　)。

A. 内能变大　　B. 内能变小

C. 内能不变　　D. 内能的变化无法确定

4-7. 一定量的理想气体，经历某一过程后，温度升高了。则根据热力学定律可以断定：(1)该系统在此过程中吸热；(2)外界一定对该系统做功；(3)该系统的内能增加了；(4)在此过程中系统从外界吸热，又对外做正功。以上正确的断言是(　　)。

A. (1)　　B. (2)　　C. (3)　　D. (4)

4-8. 系统分别经过等压过程和等容过程，如果两过程中的温度增加值相等，那么(　　)。

A. 等压过程吸收的热量大于等容过程吸收的热量

B. 等压过程吸收的热量小于等容过程吸收的热量

C. 等压过程吸收的热量等于等容过程吸收的热量

D. 等压过程内能的增量大于等容过程内能的增量

4-9. 某一热力学系统经历一个过程后，吸收了 400 J 的热量，并对环境做功 300 J，则系统的内能(　　)。

A. 减少了 100 J　　B. 增加了 100 J　　C. 减少了 700 J　　D. 增加了 700J

4-10. 某一理想气体的热力学系统经历等温过程后，为零的物理量是(　　)。

A. 吸收的热量　　B. 对外做功　　C. 内能变化量　　D. 熵变

4-11. 某一热力学系统经历一个过程后，吸收了一定的热量，则此系统(　　)。

A. 内能一定增加　　B. 内能一定减少

C. 内能不变　　D. 内能的变化无法确定

4-12. 对于一个绝热热力学系统，其熵的变化量必定为(　　)。

A. $\Delta S\geqslant 0$　　B. $\Delta S\leqslant 0$　　C. ΔS 一定为零　　D. 一定不为零

二、填空题

4-1. 系统从外界所获取的热量，一部分用来__________，另一部分用来对外界做功。

4-2. 理想气体的比热比用 γ 表示。对于单原子分子气体 $\gamma=$__________，对于刚性双原子分子 $\gamma=$__________，对于刚性多原子分子 $\gamma=$__________。

4-3. 系统的内能是状态的__________。

4-4. 理想气体的比热比 γ 仅与__________有关。

4-5. 在相同的高温热源和低温热源之间的一切不可逆热机的效率都__________可逆热机的效率。

4-6. 不可能从单一热源吸取热量并将它__________而不产生其他影响。

4-7. 内能是由系统状态决定的量，是状态函数；而热量和功不仅决定于系统的__________，而且与过程有关，即反映了过程的特征，是过程量。

4-8. 热机以理想气体为工作物质，它只与两个不同温度的恒温热源交换热量，即没有散热、漏气等因素存在，这种热机称为__________。

4-9. 经过可逆过程，系统的熵变 dS 与对应温度 T 和系统在该过程中吸收的热量 dQ 的关系为__________。

4-10. 一个孤立系统或绝热系统的熵永远不会减小：对于可逆过程，熵__________；对于不可逆过程，熵总是__________。

三、判断题

4-1. 在等温膨胀过程中，理想气体吸收的热量全部用于对外做功。 (　　)

4-2. 不可能将热量从低温物体传到高温物体。 (　　)

4-3. 系统内能变化 ΔE，只与系统的初始状态和末状态有关，与系统所经历的中间过程无关。 (　　)

4-4. 系统经历从初态 a 到末态 b 的过程，其熵的变化完全由 a、b 两个状态所决定，而与从初态到末态经历怎样的过程无关。 (　　)

四、简答题

4-1. 简述为什么在绝热膨胀过程中降低的压强比等温膨胀过程中降低的压强多。

4-2. 简述绝热过程的绝热线为什么要比等温过程的等温线陡峭一些。

4-3. 理想气体系统的状态改变了，其内能值也一定要发生变化吗？

4-4. 热机效率是如何定义的？

4-5. 理想气体可逆等温膨胀，则该过程的 ΔE 、ΔS 如何变化？

五、计算题

4-1. 把 0 ℃的 14 g 氮气压缩至原来体积的一半，试分别求出在下列过程中气体内能的变化、传递的热量和外界对系统做的功：

(1) 等温过程；

(2) 绝热过程。

4-2. 证明一条绝热线与一条等温线不能有两个交点。

4-3. 压强为 1.013×10^5 Pa，体积为 8.2×10^{-3} m^3 的氮气，从 27 ℃加热到 127 ℃，如果加热时体积不变或压强不变，那么各需热量多少？哪一过程需要的热量大？为什么？

4-4. 质量为 100 g 的理想气体氧气，温度从 10 ℃升到 60 ℃，如果变化过程是：

(1) 体积不变；

(2) 压强不变；

(3) 绝热压缩。

那么，系统的内能变化如何？三个过程的终态是否是同一状态？

4-5. 一定量的氮气，温度为 300 K，压强为 1.013×10^5 Pa，将它绝热压缩，使其体积为原来体积的 $\frac{1}{5}$，问绝热压缩后的压强和温度各为多少？

4-6. 现有质量为 1.20 kg、温度为 0 ℃的冰，吸热后融化并变为 10 ℃的水。求熵变，并对结果作简要讨论。已知冰的熔解热 $\lambda=3.34\times10^5$ J/kg，水的定压比热容 $c=4.18\times10^3$ J/(kg · K)。

4-7. 现有 10.6 mol 理想气体，在等温过程中体积膨胀到原来的 2 倍，求熵变。

4-8. 压强为 1.0×10^5 Pa，体积为 1.0×10^{-3} m^3 的氧气从 0 ℃加热到 100 ℃。试求：

(1) 当压强不变时，需要多少热量？当体积不变时，需要多少热量？

(2) 在等压和等容过程中各做了多少功？

✻✻ 课外练习参考答案 ✻✻

一、单选题

4-1. B（分析：因为绝热线比等温线陡，当系统从同一初状态膨胀后，绝热线在等温线之下，故在同样体积的末态处，绝热过程的压强小于等温过程的压强，所以绝热过程的压强变化量大于等温过程的压强变化量。）

4-2. C（分析：对于理想气体，当温度由 T_1 变为 T_2 时，气体内能的增量为 $\Delta E = \frac{M}{\mu}\frac{i}{2}R(T_2 - T_1)$，理想气体的内能只与温度有关，所以，系统的状态改变了，但温度不一定改变，其内能值也不一定改变。）

4-3. A（分析：不与外界交换热量，即绝热过程系统吸收的热量为 $Q=0$，系统内能的变化为 $\Delta E = \frac{M}{\mu}\frac{i}{2}R(T_2 - T_1) = 6.23\times10^2$ J，由 $Q=\Delta E+A=0$，得系统对外界做功为 $A=-\Delta E=-6.23\times10^2$ J 所以外界对系统做功为 6.23×10^2 J。即在绝热条件下，系统与外界无热量交换，外界对系统所做的功全部用于内能的增加。）

4-4. A（分析：由绝热过程方程及 $\gamma = \frac{C_P}{C_V} = 1.4$，得

$$P_2 = P_1\left(\frac{V_1}{V_2}\right)^{\gamma} = 10^5 \times (5)^{1.4} = 9.5\times10^5\ \text{Pa}\ ;\ T_2 = T_1\left(\frac{V_1}{V_2}\right)^{\gamma-1} = 300\times(5)^{0.4} = 571\ \text{K}$$

对于等温压缩：$P_2 = P_1\frac{V_1}{V_2} = 10^5\times5 = 5\times10^5$ Pa，所以 $T_2 = 300$ K。

由上可知，绝热压缩后，压强和温度均显著升高。

4-5. A（分析：物体相变时的熵变是：质量为 m 的物体在温度为 T 时，其吸热 Q 与温度 T 之比，即熵变为 $\Delta S = \frac{Q}{T} = \frac{m\lambda}{T}$。）

4-6. C（分析：因为内能是状态的单值函数，初态和终态是同一状态，所以内能不变。）

4-7. C ［分析：因为内能是状态的单值函数，理想气体内能只与温度有关，即 $\Delta E = \frac{M}{\mu}\frac{i}{2}R(T_2 - T_1)$。］

4-8. A（分析：因为在等压过程中，理想气体在内能改变的同时，还要对环境做功。）

4-9. B（分析：因为 $Q = \Delta E + A$，所以 $\Delta E = Q - A = 400 - 300 = 100$ J。）

4-10. C（分析：对于理想气体，当温度由 T_1 变为 T_2 时，气体内能的增量为 $\Delta E = \frac{M}{\mu}\frac{i}{2}R(T_2 - T_1)$。

当系统经历等温过程后，因为 $T_1=T_2$，所以 $\Delta E = 0$。）

4-11. D

4-12. A

二、填空题

4-1. 增加系统的内能　4-2. 1.67；1.40；1.33　4-3. 单值函数

4-4. 分子的自由度　4-5. 小于　4-6. 完全转变为功　4-7. 始、末状态

4-8. 卡诺热机　4-9. $dS=\frac{dQ}{T}$　4-10. 保持不变；增加的

三、判断题

4-1. √（分析：等温过程的特点是系统的温度不变，因而内能也不变，即 $dE=0$。由热力学第一定律知在等温膨胀过程中，理想气体吸收的热量全部用于对外做功。）

4-2. ×（分析：不可能将热量从低温物体传到高温物体而不产生其他影响。）

4-3. √（分析：热力学系统的内能是系统状态的单值函数。）

4-4. √（分析：因为熵是态函数，完全由状态所决定。）

四、简答题

4-1. 答：根据 $P=nkT$，在等温膨胀过程中压强的降低仅由 n 的减小而引起；而在绝热膨胀过程中，压强的降低是 n 减小和 T 降低这两个因素导致的。

4-2. 答：设绝热线与等温线的交点为 A，因为 $\gamma=\frac{C_P}{C_V}=\frac{i+2}{i}$，由于 $\gamma>1$，即绝热线在 A 点斜率为 $\frac{dP}{dV}=-\gamma\frac{P_A}{V_A}$ 的绝对值，大于等温线在 A 点斜率 $\frac{dP}{dV}=-\frac{P_A}{V_A}$ 的绝对值，所以绝热线要比等温线陡峭一些。

4-3. 答：理想气体的内能只与温度有关，所以，系统的状态改变了，但温度不一定改变，其内能值也不一定改变。

4-4. 答：循环过程中工作物质对环境所做的净功与它从环境中所吸收热量的总和之比称为热机效率，以 η 表示。

$$\eta=\frac{A_{净}}{Q_1}=1-\frac{|Q_2|}{Q_1}$$

式中，Q_1 为吸热总和，$|Q_2|$ 为放热总和。

4-5. 答：因理想气体等温膨胀，则该过程中的 $\Delta E=0$，由 $dQ=dE+PdV$，得 $dQ=PdV$

则 $dS=\frac{dQ}{T}=\frac{PdV}{T}$，因为 $PV=\frac{M}{\mu}RT$，所以 $dS=\frac{M}{\mu}R\frac{dV}{V}$，即 $\Delta S=S_2-S_1=\int_{V_1}^{V_2}\frac{M}{\mu}R\frac{dV}{V}=\frac{M}{\mu}R\ln\frac{V_2}{V_1}$，由于 $V_2>V_1$，所以气体的熵增加。

五、计算题

4-1. 已知：$M = 1.4 \times 10^{-2}$ kg， $\frac{V_2}{V_1} = \frac{1}{2}$， $T = 273$ K；

求：(1) 等温过程时，ΔE，Q，A；

(2) 绝热过程时，ΔE，Q，A。

解：(1) 等温过程时，$\Delta E = 0$。

$$Q = A = \frac{M}{\mu}RT\ln\frac{V_2}{V_1} = \frac{1.4 \times 10^{-2}}{2.8 \times 10^{-2}} \times 8.31 \times 273 \times \ln\frac{1}{2} = -786 \text{ J}$$

外界对系统做功为 786 J。

系统放热为 786 J。

(2) 绝热过程时，$A = -\Delta E = \frac{M}{\mu}C_V(T_1 - T_2) = \frac{M}{\mu}C_V T_1\left(1 - \frac{T_2}{T_1}\right)$

根据绝热过程方程，得

$$T_1 V_1^{\gamma-1} = T_2 V_2^{\gamma-1}$$

则 $A = \frac{M}{\mu}C_V T_1\left[1 - \left(\frac{V_1}{V_2}\right)^{\gamma-1}\right] = \frac{1.4 \times 10^{-2}}{2.8 \times 10^{-2}} \times \frac{5}{2} \times 8.31 \times 273 \times (1 - 2^{1.4-1}) \text{ J} = -906 \text{ J}$

热量交换 $Q = 0$ J。

外界对系统做功 为 906 J。

系统内能变化 $\Delta E = 906$ J。

答：(1) 等温过程时，气体内能的变化、系统放出的热量和外界对系统做的功分别为 0 J、786 J 和 786 J；(2) 绝热过程时，气体内能的变化、传递的热量和外界对系统做的功分别为 906 J、0 J 和 906 J。

4-2. **证明**：

采用反证法，如果一条绝热线与一条等温线有两个交点，那么一定可以利用这两个交点之间的封闭区域作循环，在此循环中只有一个热源，即从单一热源吸热而对外界做功。每经过一次循环，系统的内能不变，根据热力学第一定律，有

$$Q = A$$

这表示，每经过一个循环，系统都会把从外界吸收的热量全部用于对外做功。这是违背热力学第二定律的，因而是不可能实现的。所以，一条绝热线与一条等温线不能有两个交点。

证毕。

4-3. 已知：$P = 1.013 \times 10^5$ Pa，$V = 8.2 \times 10^{-3}$ m^3，$T_1 = 300$ K，$T_2 = 400$ K，氮气 $i = 5$；

求：(1) $Q_V = ?$ (2) $Q_P = ?$

解：由理想气体状态方程，得

$$\frac{M}{\mu} = \frac{PV}{RT_1} = \frac{1.013 \times 10^5 \times 8.2 \times 10^{-3}}{8.31 \times 300} = \frac{1}{3} \text{ mol}$$

(1)等容过程

因为 V = 恒量，$A = 0$，所以

$$Q_V = \frac{M}{\mu}C_V(T_2 - T_1) = \frac{1}{3} \times \frac{5}{2}R(T_2 - T_1) = \frac{1}{3} \times \frac{5}{2} \times 8.31 \times (400 - 300) = 692.5 \text{ J}$$

(2)等压过程

$$Q_P = \frac{M}{\mu}C_P(T_2 - T_1) = \frac{1}{3} \times \frac{7}{2}R(T_2 - T_1) = \frac{1}{3} \times \frac{7}{2} \times 8.31 \times (400 - 300) = 969.5 \text{ J}$$

答:加热时体积不变,需要692.5 J热量;加热时压强不变,需要969.5 J热量;等压过程需要的热量大,因为在等压过程中,理想气体在内能改变的同时,还要对环境做功。

4-4. 已知: $M = 100$ g，$\Delta T = 60 - 10 = 50$ K;

求: $\Delta E = ?$

解:因为内能是状态函数,所以三个过程系统的内能变化相同,则

$$\Delta E = \frac{M}{\mu}C_V\Delta T = \frac{100}{32} \times \frac{5}{2} \times 8.31 \times 50 = 3.25 \times 10^3 \text{ J}$$

但是,三个过程的终态不是同一状态。

答:系统的内能变化相同为 3.25×10^3 J,但是三个过程的终态不是同一状态。

4-5. 已知: $T_1 = 300$ K，$P_1 = 1.013 \times 10^5$ Pa，$\frac{V_1}{V_2} = 5$;

求: $P_2 = ?$ $T_2 = ?$

解:由绝热方程 PV^γ = 常量、$V^{\gamma-1}T$ = 常量可得

氮气经绝热压缩后的压强与温度分别为

$$P_2 = \left(\frac{V_1}{V_2}\right)^\gamma P_1 = 5^{1.4} \times 1.013 \times 10^5 = 9.64 \times 10^5 \text{ Pa}$$

$$T_2 = \left(\frac{V_1}{V_2}\right)^{\gamma-1} T_1 = 5^{0.4} \times 300 = 5.71 \times 10^2 \text{ K}$$

以上计算结果表明,气体经绝热压缩,外界对气体做正功,气体升温升压。

答:绝热压缩后的压强和温度各为 9.64×10^5 Pa、5.71×10^2 K。

4-6. 已知: $m = 1.20$ kg，$T_1 = 273$ K，$T_2 = 283$ K，$c = 4.18 \times 10^3$ J/(kg·K)，$\lambda = 3.34 \times 10^5$ J/kg;

求: $\Delta S = ?$

解:0 ℃的冰吸热后融化成0 ℃的水时的熵变为

$$\Delta S_1 = \int \frac{dQ}{T} = \frac{1}{T}\int dQ = \frac{1}{T_1}m\lambda = \frac{1.2 \times 3.34 \times 10^5}{273} = 1.47 \times 10^3 \text{ J/K}$$

0 ℃的水变为10 ℃的水时的熵变为

$$\Delta S_2 = \int \frac{dQ}{T} = \int \frac{mc\,dT}{T} = mc\ln\frac{T_2}{T_1} = 1.2 \times 4.18 \times 10^3 \times \ln\frac{283}{273} = 0.18 \times 10^3 \text{ J/K}$$

则总的熵变为

$$\Delta S = \Delta S_1 + \Delta S_2 = 1.47 \times 10^3 + 0.18 \times 10^3 = 1.65 \times 10^3 \text{ J/K}$$

从上可知,冰融化成水和水的温度上升都是熵增加的过程。

答:质量为 1.20 kg、温度为 0 ℃的冰,吸热后融化并变为 10 ℃的水,它的熵变是 1.65×10^3 J/K 。

4-7. 已知:$\dfrac{M}{\mu} = 10.6$ mol , $\Delta T = 0$, $\dfrac{V}{V_0} = 2$;

求:$\Delta S = ?$

解:根据理想气体在等温过程中的熵变公式 $\Delta S = \dfrac{M}{\mu} R \ln \dfrac{V}{V_0}$,得

$$\Delta S = 10.6 \times 8.31 \times \ln \frac{2V_0}{V_0} = 61.05 \text{ J/K}$$

答:10.6 mol 理想气体在等温过程中体积膨胀到原来的 2 倍时,熵变为 61.05 J/K。

4-8. 已知:$P_1 = 1.0 \times 10^5$ Pa , $V_1 = 1.0 \times 10^{-3}$ m^3, $T_1 = 273$ K , $T_2 = 373$ K;

求:(1) $Q_P = ?$; $Q_V = ?$ (2) $A_P = ?$; $A_V = ?$

解:根据题目所给条件,得

$$\frac{M}{\mu} = \frac{P_1 V_1}{R T_1} = \frac{1.0 \times 10^5 \times 1.0 \times 10^{-3}}{8.31 \times 273} = 4.41 \times 10^{-2} \text{ mol}$$

把氧气分子视为刚性双原子分子,其定压摩尔热容 $C_P = \dfrac{7}{2} R = 29.1$ J/(mol · K),定容摩尔热容 $C_V = \dfrac{5}{2} R = 20.8$ J/(mol · K)。

(1) $Q_P = \dfrac{M}{\mu} C_P (T_2 - T_1) = 4.41 \times 10^{-2} \times 29.1 \times 100 = 1.28 \times 10^2$ J

所以,该等压过程系统是吸热的。

$$Q_V = \frac{M}{\mu} C_V (T_2 - T_1) = 4.41 \times 10^{-2} \times 20.8 \times 100 = 91.7 \text{ J}$$

所以,该等容过程系统也是吸热的。

(2)根据公式 $Q = \Delta E + A_P$,得

$$A_P = Q - \Delta E = Q_P - Q_V = 1.28 \times 10^2 - 91.7 = 36.3 \text{ J}$$

$$A_V = 0 \text{ J}$$

答:(1)当压强不变时,需要 1.28×10^2 J 热量,当体积不变时,需要 91.7 J 热量;(2)在等压、等体过程中系统对外分别做功 36.3 J、0 J。

第五章　静电场与生物电现象

＊＊ 内容提要 ＊＊

1. 电场强度

(1)库仑定律:在真空中,电量分别为 q_1和 q_2的两个静止的点电荷之间存在着相互作用力,作用力的方向沿着这两个点电荷的连线方向,且同号电荷相斥,异号电荷相吸,作用力的大小与电荷 q_1和 q_2的乘积成正比,与这两个点电荷之间的距离 r 的平方成反比。

库仑定律矢量表达式为

$$\boldsymbol{F} = \frac{1}{4\pi\varepsilon_0}\frac{q_1 q_2}{r^2}\hat{\boldsymbol{r}} \tag{5-1}$$

式中,$\hat{\boldsymbol{r}}$ 表示从 q_1指向 q_2的单位矢量。

(2)电场强度定义矢量表达式:

$$\boldsymbol{E} = \frac{\boldsymbol{F}}{q_0} \tag{5-2}$$

(3)电场强度叠加原理:

$$\boldsymbol{E} = \boldsymbol{E}_1 + \boldsymbol{E}_2 + \cdots + \boldsymbol{E}_n = \sum \boldsymbol{E}_i \tag{5-3}$$

(4)场强的计算:

点电荷所激发电场的场强为

$$\boldsymbol{E} = \frac{1}{4\pi\varepsilon_0}\frac{q}{r^2}\hat{\boldsymbol{r}} \tag{5-4}$$

点电荷系电场的场强为

$$\boldsymbol{E} = \sum_{i=1}^{n}\boldsymbol{E}_i = \frac{1}{4\pi\varepsilon_0}\sum_{i=1}^{n}\frac{q_i}{r_i^2}\hat{\boldsymbol{r}}_i \tag{5-5}$$

线电荷电场的场强为

$$\boldsymbol{E} = \frac{1}{4\pi\varepsilon_0}\int_L \frac{\lambda \mathrm{d}l}{r^2}\hat{\boldsymbol{r}} \tag{5-6}$$

面电荷电场的场强为

$$\boldsymbol{E} = \frac{1}{4\pi\varepsilon_0}\iint_S \frac{\sigma \mathrm{d}S}{r^2}\hat{\boldsymbol{r}} \tag{5-7}$$

体电荷电场的场强为

$$\boldsymbol{E} = \frac{1}{4\pi\varepsilon_0}\iiint_V \frac{\rho \mathrm{d}V}{r^2}\hat{\boldsymbol{r}} \tag{5-8}$$

2. 静电场中的高斯定理

(1)通过电场中某一面积的电力线的条数称为通过该面积的电通量,用 Φ 表示。在均匀电场中,通过与场强垂直的平面 S 的电通量为 $\Phi=\boldsymbol{E}\cdot\boldsymbol{S}$,如果平面的法线方向 $\boldsymbol{n}$ 与 $\boldsymbol{E}$ 成 θ 角,则通过 $\boldsymbol{S}$ 的电通量应为

$$\Phi = ES\cos\theta = \boldsymbol{E}\cdot\boldsymbol{S} \tag{5-9}$$

(2)通过任意曲面 S 的电通量

$$\Phi = \iint_S \mathrm{d}\Phi = \iint_S E\cos\theta\mathrm{d}S = \iint_S \boldsymbol{E}\cdot\mathrm{d}\boldsymbol{S} \tag{5-10}$$

(3)高斯定理:穿过电场中任一闭合曲面的电通量等于该闭合曲面内电荷的代数和除以 ε_0,而与闭合曲面外的电荷无关,这个结论称为静电场中的高斯定理。该闭合曲面 S 称为高斯面,其数学表达式为

$$\Phi = \oiint_S \boldsymbol{E}\cdot\mathrm{d}\boldsymbol{S} = \frac{1}{\varepsilon_0}\sum_{i=1}^{n} q_i \tag{5-11}$$

3. 电场力所做的功电势

(1)电场力所做的功:试验电荷 q_0 在点电荷 $+q$ 产生的电场中从 A 点经任一路径到达 B 点,电场力所做的功为

$$A_{\mathrm{AB}} = \frac{qq_0}{4\pi\varepsilon_0}\left(\frac{1}{r_{\mathrm{A}}} - \frac{1}{r_{\mathrm{B}}}\right) \tag{5-12}$$

在点电荷系或任意带电体的电场中,试验电荷 q_0 从 A 点经任一路径到达 B 点电场力所做的功为

$$A_{\mathrm{AB}} = \sum_{i=1}^{n} \frac{q_0 q_i}{4\pi\varepsilon_0}\left(\frac{1}{r_{\mathrm{A}i}} - \frac{1}{r_{\mathrm{B}i}}\right) \tag{5-13}$$

(2)场强环路定理:静电场的场强 $\boldsymbol{E}$ 沿任一闭合曲线的环路积分等于零。

$$\oint_L \boldsymbol{E}\cdot\mathrm{d}\boldsymbol{l} = 0 \tag{5-14}$$

(3)电势能:电荷在电场中的任一位置都具有一定的势能,这个势能称为电势能。试验电荷 q_0 在点电荷 q 激发的电场中任意一点 A 的电势能为

$$W_{\mathrm{A}} = \int_{\mathrm{A}}^{\infty} q_0\boldsymbol{E}\cdot\mathrm{d}\boldsymbol{l} = \frac{qq_0}{4\pi\varepsilon_0 r_{\mathrm{A}}} \tag{5-15}$$

(4)电势:电场中任意一点(A 点)的电势

$$U_{\mathrm{A}} = \frac{W_{\mathrm{A}}}{q_0} = \int_{\mathrm{A}}^{\infty} \boldsymbol{E}\cdot\mathrm{d}\boldsymbol{l} \tag{5-16}$$

点电荷 q 激发的电场中某点的电势为

$$U = \frac{W}{q_0} = \frac{q}{4\pi\varepsilon_0}\int_r^{\infty}\frac{\mathrm{d}r}{r^2} = \frac{q}{4\pi\varepsilon_0 r} \tag{5-17}$$

(5)电势的叠加原理:在点电荷系激发的电场中,空间某点的电势等于各个点电荷单独存在时在该点产生的电势的代数和。其数学表达式为

$$U = \sum_{i=1}^{n}\frac{q_i}{4\pi\varepsilon_0 r_i} \tag{5-18}$$

4. 静电场中的电介质

(1)电偶极子:两个相距很近的等量异号的点电荷所组成的带电体系。

(2)电偶极矩矢量表达式：

$$\boldsymbol{p}=q\boldsymbol{l}\quad(\boldsymbol{l}\text{ 的方向从负电荷指向正电荷})\tag{5-19}$$

(3)电极化强度矢量表达式：

$$\boldsymbol{P}=\frac{\sum \boldsymbol{p}_i}{\Delta V}\tag{5-20}$$

(4)各向同性的均匀介质中，每一点的极化强度 $\boldsymbol{P}$ 与该点的合场强 $\boldsymbol{E}$ 方向相同且大小成正比，即

$$\boldsymbol{P}=\varepsilon_0\chi\boldsymbol{E}\tag{5-21}$$

式中，χ 称为电介质的电极化率，它取决于电介质的性质，是一个没有单位的纯数。

(5)电介质中的场强

$$E=\frac{E_0}{1+\chi}=\frac{E_0}{\varepsilon_r}\tag{5-22}$$

$$E=\frac{\sigma}{\varepsilon_0\varepsilon_r}=\frac{\sigma}{\varepsilon}\tag{5-23}$$

5. 生物电现象

(1)能斯特方程

$$\varepsilon=\pm\frac{kT}{Ze}\ln\frac{C_1}{C_2}=\pm 2.3\frac{kT}{Ze}\lg\frac{C_1}{C_2}\quad(\text{V})\tag{5-24}$$

(2)静息电位：细胞在不受外界干扰时，细胞膜内外两侧存在的膜电位。

(3)动作电位：膜电位在静息电位的基础上发生一次迅速而短暂的、可向周围扩布的电位变化，这一电位变化称为动作电位。动作电位分为两个过程，即除极和复极过程。

6. 心电图波形成的基本原理

(1)电偶极子电场的电位

$$U=U_++U_-=K\left(\frac{q}{r_1}-\frac{q}{r_2}\right)=Kq\frac{r_2-r_1}{r_1r_2}\tag{5-25}$$

设 r 为电偶极子轴线中点到电场中待求电位点的距离，此连线 r 与电偶极矩 $\boldsymbol{p}$ 的夹角为 θ。当 r_1，r_2和 r 都远远大于 l 时，

$$U=Kq\frac{l\cos\theta}{r^2}=K\frac{p\cos\theta}{r^2}\tag{5-26}$$

(2)心电向量：心肌在某一瞬间所合成的总电矩矢量 $\boldsymbol{p}$ 称为瞬间综合心电向量，简称心电向量。

(3)心电向量环：在某一心动周期内，连接各瞬间心电向量矢量的箭头所形成的空间轨迹形成了一个环，此环称为心电向量环。

(4)心电图：随心动周期而变化的体表电位，用平面图表示出来称为心电图。

✻✻ 习题解答 ✻✻

5-1. 按照点电荷周围的电场公式 $\boldsymbol{E}=\dfrac{1}{4\pi\varepsilon_0}\dfrac{q}{r^2}\hat{\boldsymbol{r}}$ 可以得出下面的说法：当 $r\to 0$ 时，$E\to\infty$，

然而场强不可能有无穷大的情况,试说明其中的道理。

答:在研究带电体间的相互作用时,若带电体的尺寸远小于它们之间的距离,就可以把带电体看成点电荷,点电荷是一种理想模型。当 $r\to 0$ 时,带电体不能被看成是点电荷,所以点电荷的场强公式不适用。

5-2. 简述无极分子组成的电介质和有极分子组成的电介质产生极化的过程。

答:电介质在外电场的作用下,与电场方向对应的表面上出现极化电荷的现象称为电介质的极化。

(1)无极分子组成的电介质的极化过程:在外电场 $\boldsymbol{E}_0$ 的作用下,无极分子的正、负电荷的中心向相反的方向做一个微小的位移,正、负电荷的中心不再重合,形成一个电偶极子。对于整块电介质来说,每一个分子都形成了电偶极子,电偶极子的电矩方向与外电场 $\boldsymbol{E}_0$ 的方向一致。从宏观看来,在电介质表面上一边出现了正电荷,另一边出现了负电荷,它们不能在电介质中自由移动,这些正、负电荷即为极化电荷。由于电子的质量比原子核质量小得多,在外电场作用下,主要是电子的位置发生移动,所以把无极分子的这种极化称为电子位移极化。

(2)有极分子组成的电介质产生极化的过程:在外电场力的作用下,每个有极分子受到力矩的作用,电场力使分子的电矩转向外电场方向,尽管分子的转向由于分子的无规则热运动的干扰而不能整齐地依照外电场的方向使分子排列起来,但总体趋势一致,对整个电介质来说,其表面也产生了极化电荷,这种就是有极分子的极化现象。由于有极分子的极化主要取决于分子本身电偶极子方向的改变,所以把有极分子的这种极化称为取向极化。

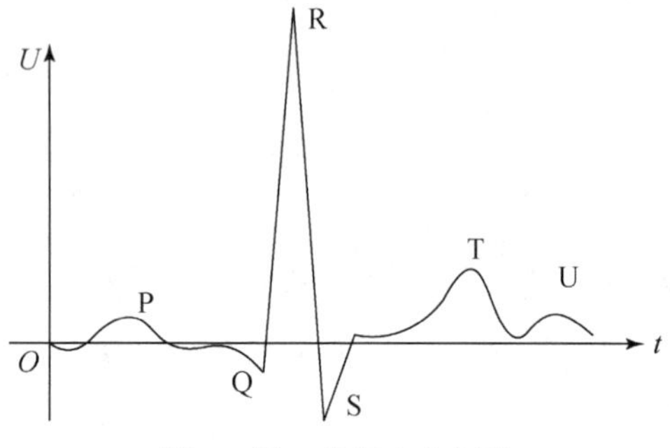

题 5-3 图　常规心电图波

5-3. 简述人体心电图波产生的机理。

答:心肌激动时,在每一瞬间都有心电向量的产生,瞬间综合心电向量等效成一个电偶极子的电矩,这个电偶极子电矩的变化将引起体表电位的改变,电位的变化可依据 $U=K\dfrac{p\cos\theta}{r^2}$ 求得,式中 p 是瞬间综合心电向量(等效电偶的电矩),r 是电偶中心到探测点的距离。这种随心动周期而变化的体表电位,用平面图表示出来就称为心电图(ECG)。如题 5-3 图所示,纵轴表示电位的大小,横轴表示时间,曲线显示出体表某点各瞬间的电位大小。

5-4. 在题 5-4 图中,长度为 l 的直导线 AB 上均匀分布有正电荷,电荷线密度为 λ,问在导线的延长线上与导线 B 端相距为 a 处的 P 点的场强。

已知:l, λ;

求:$\boldsymbol{E}_{\mathrm{P}}=?$

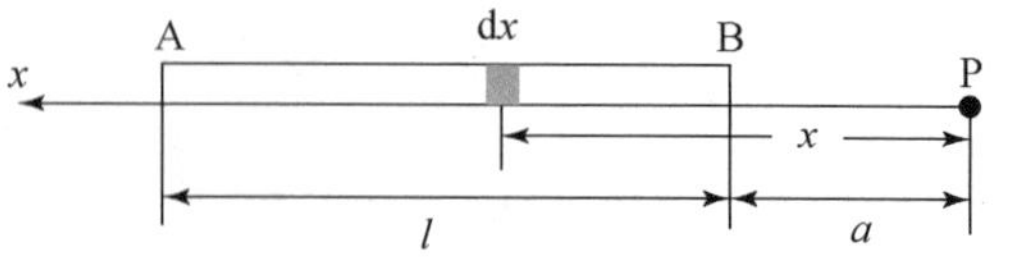

题 5-4 图

解:如题 5-4 图所示,取 P 点为坐标原点,x 轴水平向左为正方向。在 AB 上取长度为 $\mathrm{d}x$ 的电荷元,带电量为 $\mathrm{d}q=\lambda\mathrm{d}x$,该电荷元到 P 的距离为 x,

则其在 P 点处产生的场强为

$$dE_P = \frac{1}{4\pi\varepsilon_0}\frac{\lambda dx}{x^2}$$

积分可得带电直导线在 P 点处产生的场强为

$$E_P = \int dE_P = \frac{\lambda}{4\pi\varepsilon_0}\int_a^{a+l}\frac{dx}{x^2} = \frac{\lambda}{4\pi\varepsilon_0}\left(\frac{1}{a} - \frac{1}{a+l}\right)$$

E_P方向向右。

答：P 点处的场强大小为 $E_P = \frac{\lambda}{4\pi\varepsilon_0}\left(\frac{1}{a} - \frac{1}{a+l}\right)$，方向向右。

5-5. 一质量为 1.0×10^{-6} kg 的小球，带有电量 2.0×10^{-11} C，悬于一丝线下端，现将其放在一块很大的竖直放置的均匀带电平板附近，这时丝线与带电平板成 30°角，试求该带电平板的面电荷密度。

已知：$m=1.0\times10^{-6}$ kg，$q=2.0\times10^{-11}$ C，$\theta=30°$；

求：$\sigma=$？

解：均匀无限大带电平板在其周围产生匀强电场，场强大小为 $E=\frac{\sigma}{2\varepsilon_0}$，方向与带电平面垂直水平向右。如题 5-5 图所示，小球受到水平向右的电场力 $F(=Eq)$ 竖直向下的重力 mg 和细线的拉力 T 的作用而处于平衡状态。

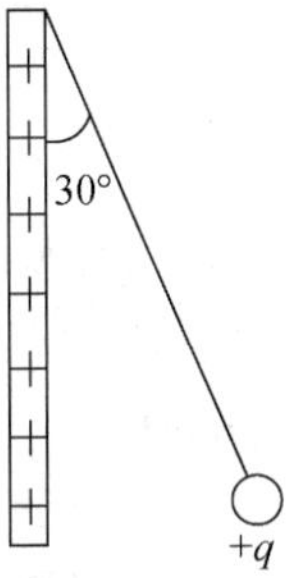

题 5-5 图

对小球受力分析：

水平方向　$T\sin 30° = Eq$　(1)

竖直方向　$T\cos 30° = mg$　(2)

$$E = \frac{\sigma}{2\varepsilon_0} \quad (3)$$

解方程组得

$$\sigma = \frac{2\varepsilon_0 mg\tan 30°}{q}$$

$$= \frac{2\times8.85\times10^{-12}\times1.0\times10^{-6}\times9.8\times\frac{\sqrt{3}}{3}}{2.0\times10^{-11}} = 5.0\times10^{-6}\,\text{C/m}^2$$

答：带电平板的面电荷密度为 5.0×10^{-6} C/m^2。

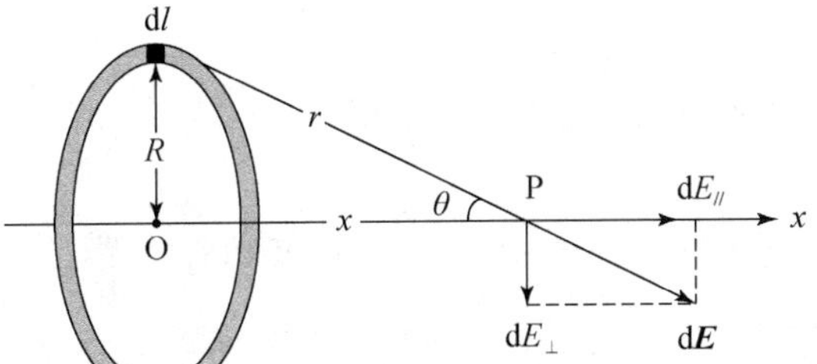

题 5-6 图(a)

5-6. (1)一半径为 R、线电荷密度为 λ 的均匀带电圆环，试求环的中心轴线上与环心 O 点距离为 x 的 P 点的场强；

(2)利用(1)问的结果试求一半径为 R、面电荷密度为 σ 的均匀带电圆盘的中心轴线上距盘心 O 为 x 的 P 点的场强。

解：(1)如题 5-6 图(a)所示建立 x 坐标，将环心 O 作为坐标原点。在环上取一段线元 dl,其电量为 $dq=\lambda dl$,dq 在 P 点所产生的场强大小为 $dE=\frac{1}{4\pi\varepsilon_0}\frac{\lambda dl}{r^2}$。将圆环分割成多个这样的电荷元,各电荷元在点 P 产生的 $d\boldsymbol{E}$ 方向各不相同,根据对称性,各电荷元在垂直于 x 轴方向上所产生的场强分矢量 $d\boldsymbol{E}_\perp$ 相互抵消,P 点场强 $\boldsymbol{E}$ 是平行于 x 轴的分矢量 $d\boldsymbol{E}_{/\!/}$ 之和。

在环上取一段线元 dl,其电量为 $dq=\lambda dl$,dq 在 P 点所产生的场强大小为

$$dE=\frac{1}{4\pi\varepsilon_0}\frac{\lambda dl}{x^2+R^2}$$

P 点场强 $\boldsymbol{E}$ 是平行于 x 轴的分矢量 $d\boldsymbol{E}_{/\!/}$ 之和,即

$$E=\int dE_{/\!/}=\int dE\cos\theta=\frac{1}{4\pi\varepsilon_0}\int\frac{\lambda dl}{x^2+R^2}\frac{x}{\sqrt{x^2+R^2}}$$

$$=\frac{1}{4\pi\varepsilon_0}\frac{\lambda x}{(x^2+R^2)^{\frac{3}{2}}}\int_0^{2\pi R}dl=\frac{2\pi R\lambda x}{4\pi\varepsilon_0(x^2+R^2)^{\frac{3}{2}}}$$

$$=\frac{R\lambda x}{2\varepsilon_0(x^2+R^2)^{\frac{3}{2}}}$$

若已知圆环的总电量 q,则

$$E=\frac{2\pi R\lambda x}{4\pi\varepsilon_0(x^2+R^2)^{\frac{3}{2}}}=\frac{qx}{4\pi\varepsilon_0(x^2+R^2)^{\frac{3}{2}}}$$

(2)如题 5-6(b)所示,将盘心 O 设为 x 轴坐标原点,轴线上 P 点到 O 点距离为 x,将圆盘分割成许多同心的细圆环,任取一半径为 r,宽度为 dr 的细圆环,其电量 $dq=\sigma 2\pi r dr$。由本题中(1)的结果可知,该圆环在 P 点所产生的场强为

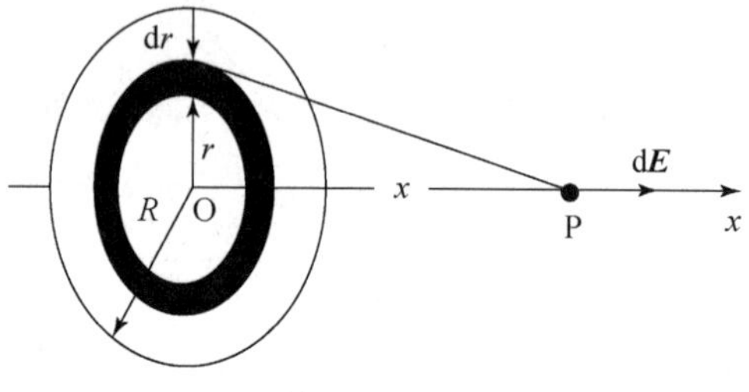

题 5-6 图(b)

$$dE=\frac{1}{4\pi\varepsilon_0}\frac{x dq}{(x^2+r^2)^{\frac{3}{2}}}$$

$$dE=\frac{1}{4\pi\varepsilon_0}\frac{x\sigma 2\pi r dr}{(x^2+r^2)^{\frac{3}{2}}}$$

方向沿 x 轴正方向。每个细圆环在 P 点产生的场强方向均指向 x 轴的正向,圆盘上所有细圆环在该点产生的合场强即为该点场强,有

$$E=\int dE=\frac{2\pi x\sigma}{4\pi\varepsilon_0}\int_0^R\frac{r dr}{(x^2+r^2)^{\frac{3}{2}}}=\frac{x\sigma}{2\varepsilon_0}\left(\frac{1}{x}-\frac{1}{\sqrt{x^2+R^2}}\right)$$

$$E=\frac{\sigma}{2\varepsilon_0}\left(1-\frac{x}{\sqrt{x^2+R^2}}\right)$$

场强 $\boldsymbol{E}$ 的方向为 x 轴的正方向。

答:(1)一半径为 R,线电荷密度为 λ 的均匀带电圆环,环的中心轴线上离环心 O 距离为 x 的 P 点的场强为 $\frac{R\lambda x}{2\varepsilon_0(x^2+R^2)^{\frac{3}{2}}}$,方向为 x 轴的正方向;(2)利用(1)问的结果,一半径为 R,面

电荷密度为 σ 的均匀带电圆盘的中心轴线上，距盘心 O 为 x 的 P 点的场强为 $\frac{\sigma}{2\varepsilon_0}\left(1-\frac{x}{\sqrt{x^2+R^2}}\right)$，方向为 x 轴的正方向。

5-7. 求半径为 R、面电荷密度为 σ 的无限长直圆管的内、外场强的大小。

已知：R；σ；

求：$E_{内}=?$ $E_{外}=?$

解：圆管电荷分布是轴对称的，这样电场的分布具有轴对称性。即到圆管轴距离相等的各点场强大小相等，方向垂直于圆管轴向外辐射。

任取到圆管轴距离为 r 的一点 P，通过 P 做与无限长圆管共轴的封闭圆柱面 S 为高斯面，如题 5-7 图所示，其半径为 r，高度为 l。高斯面 S 的上、下底面的法线方向与场强方向垂直，通过高斯面两底面的电通量为零；高斯面侧面上各点的场强大小相等，各处法线方向与该点场强方向相同，有 $\cos\theta=1$，通过侧面的电通量，就是通过整个高斯面的电通量 Φ 为

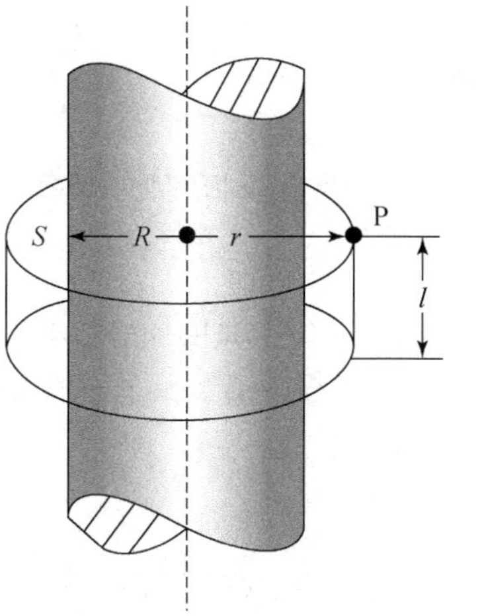

题 5-7 图

$$\Phi=\oiint_s E\mathrm{d}S\cos\theta=ES_{侧}\cos\theta=2\pi rlE$$

（1）圆管内的情况（$r<R$）。

高斯面所包围的电量为零，根据高斯定理 $\Phi=\frac{\sum q_i}{\varepsilon_0}$，得

$$\Phi=2\pi rlE_{内}=\frac{\sum q_i}{\varepsilon_0}=0$$

即

$$E_{内}=0$$

（2）圆管外的情况（$r\geqslant R$）。

高斯面所包围的电量 $q=\sigma 2\pi Rl$，根据高斯定理 $\Phi=\frac{\sum q_i}{\varepsilon_0}$，得

$$\Phi=2\pi rlE_{外}=\frac{\sigma 2\pi Rl}{\varepsilon_0}$$

即

$$E_{外}=\frac{\sigma R}{r\varepsilon_0}$$

答：半径为 R、面电荷密度为 σ 的无限长直圆管的内、外场强的大小分别为 0 和 $\frac{\sigma R}{r\varepsilon_0}$。

5-8. 求线电荷密度为 λ 的均匀带电无限长直细棒周围的场强大小。

已知：λ；

求：$E=?$

解：该电场的分布具有以细棒为轴的对称性，场强的方向垂直于细棒向外辐射，到细棒距离

相等的各点场强大小相等。以细棒为轴做一个半径为 r、高为 h 的圆柱面为高斯面,其内部包围的电量 $\sum q = \lambda h$,通过高斯面上、下底面的电通量为零,通过侧面的电通量就是通过高斯面总的电通量 Φ 为

$$\Phi = \oint\!\!\!\oint_s \boldsymbol{E} \cdot \mathrm{d}\boldsymbol{S} = \oint\!\!\!\oint_s E\mathrm{d}S = E2\pi rh = \frac{\sum q}{\varepsilon_0}$$

所以有

$$E2\pi rh = \frac{\lambda h}{\varepsilon_0}$$

即

$$E = \frac{\lambda}{2\pi\varepsilon_0 r}$$

答:线电荷密度为 λ 的均匀带电无限长直细棒周围的场强大小为 $\frac{\lambda}{2\pi\varepsilon_0 r}$。

5-9. 在一面电荷密度为 σ 的无限大均匀带电平板上,挖一半径为 R 的圆孔,圆心为 O,求垂直于平板距 O 点距离为 x 的 P 点的场强大小。

已知:σ, R, x;

求:$E_P = ?$

解:无限大均匀带电平板的场强大小为 $E_1 = \frac{\sigma}{2\varepsilon_0}$,方向垂直于带电平板。半径为 R 的圆盘中心轴线上距盘心为 x 处 P 点的场强,由 5-6 题结果可知,$E_2 = \frac{\sigma}{2\varepsilon_0}\left(1 - \frac{x}{\sqrt{x^2 + R^2}}\right)$,方向垂直于圆盘。因此无限大带电平板上挖了一个半径为 R 的圆孔,P 点的场强应为两者之差。

因此,P 点的场强为

$$E_P = E_1 - E_2 = \frac{\sigma}{2\varepsilon_0} - \frac{\sigma}{2\varepsilon_0}\left(1 - \frac{x}{\sqrt{x^2 + R^2}}\right) = \frac{\sigma}{2\varepsilon_0}\frac{x}{\sqrt{x^2 + R^2}}$$

答:垂直于平板距 O 点距离为 x 的 P 点的场强大小为 $\frac{\sigma}{2\varepsilon_0}\frac{x}{\sqrt{x^2 + R^2}}$。

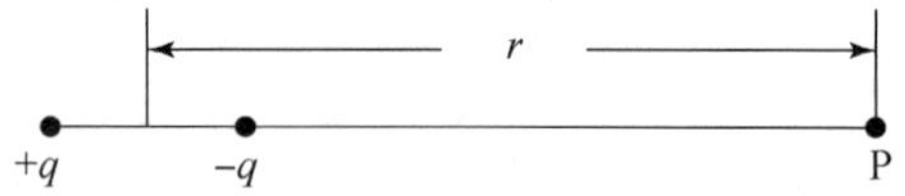

题 5-10 图

5-10. 求在电偶极子的连线上,距电偶极子中心距离为 r 处 P 点的场强,如题 5-10 图所示。(电偶极子正负电荷 $\pm q$ 之间的距离为 l。)

已知:q, l, r

求:$E_P = ?$

解:设 P 为电偶极子轴线延长线上任意一点,P 点的场强大小为 $+q$ 和 $-q$ 在 P 点所产生的合场强。如题 5-10 图所示,它到电偶极子中心的距离为 r,$+q$ 和 $-q$ 在 P 点所产生的场强大小分别为

$$E_+ = \frac{1}{4\pi\varepsilon_0}\frac{q}{\left(r + \frac{l}{2}\right)^2}$$

$$E_- = \frac{1}{4\pi\varepsilon_0}\frac{q}{\left(r - \frac{l}{2}\right)^2}$$

E_+的方向向右，E_-的方向向左，因此，电偶极子在P点的总场强为

$$E_P = E_- - E_+ = \frac{q}{4\pi\varepsilon_0}\left[\frac{1}{\left(r - \frac{l}{2}\right)^2} - \frac{1}{\left(r + \frac{l}{2}\right)^2}\right] = \frac{q}{4\pi\varepsilon_0}\frac{2rl}{\left(r^2 - \frac{l^2}{4}\right)^2}$$

若 $r \gg l$，则上式中 $\frac{l^2}{4}$ 与 r^2 相比可忽略不计，即

$$E_P = \frac{q}{4\pi\varepsilon_0}\frac{2l}{r^3} = \frac{1}{4\pi\varepsilon_0}\frac{2p}{r^3} = \frac{p}{2\pi\varepsilon_0 r^3}$$

E_P方向与电偶极矩 $\boldsymbol{p}$ 的方向相同。

答：在电偶极子的连线上，距电偶极子中心距离为 r 处P点的场强为 $\frac{1}{4\pi\varepsilon_0}\frac{2p}{r^3}$，方向与 $\boldsymbol{p}$ 的方向相同。

5-11. 设有一半径为 R 的球体，均匀带电，电量为 q，体电荷密度为 ρ，求球体内部和外部各点的场强。

已知：R, q, ρ；

求：$E_内 = ?$　$E_外 = ?$

解：均匀带电球体的场强分布具有球对称性，即和带电球体同心的同一球面上各点的场强大小相等，场强的方向沿着球的半径方向。取半径为 r 的同心球面为高斯面，通过高斯面的电通量为

$$\Phi = \oint_S \boldsymbol{E}\cdot \mathrm{d}\boldsymbol{S} = E\oint_S \mathrm{d}S = E4\pi r^2$$

(1)求球体外场强($r>R$)。

高斯面内所包围的电荷为 q，根据高斯定理可得

$$\Phi = E_外 4\pi r^2 = \frac{q}{\varepsilon_0},$$

$$E_外 = \frac{1}{4\pi\varepsilon_0}\frac{q}{r^2}$$

场强 $E_外$方向沿着半径方向。

(2)求球体内场强($r \leqslant R$)。

高斯面所包围的电量为 $q' = \frac{4}{3}\pi r^3\rho$，其中 $\rho = \frac{q}{\frac{4}{3}\pi R^3}$，根据高斯定理可得

$$E_内 4\pi r^2 = \frac{q'}{\varepsilon_0} = \frac{\frac{4}{3}\pi r^3\rho}{\varepsilon_0} = \frac{1}{\varepsilon_0}\frac{\frac{4}{3}\pi r^3 q}{\frac{4}{3}\pi R^3}$$

$$E_{内} = \frac{1}{4\pi\varepsilon_0}\frac{q}{R^3}r$$

场强 $E_{内}$方向沿半径方向。

答:球体外部各点的场强大小为 $\frac{1}{4\pi\varepsilon_0}\frac{q}{r^2}$，场强方向沿着半径方向;球体内部各点的场强大小为 $\frac{1}{4\pi\varepsilon_0}\frac{q}{R^3}r$，场强方向沿半径方向。

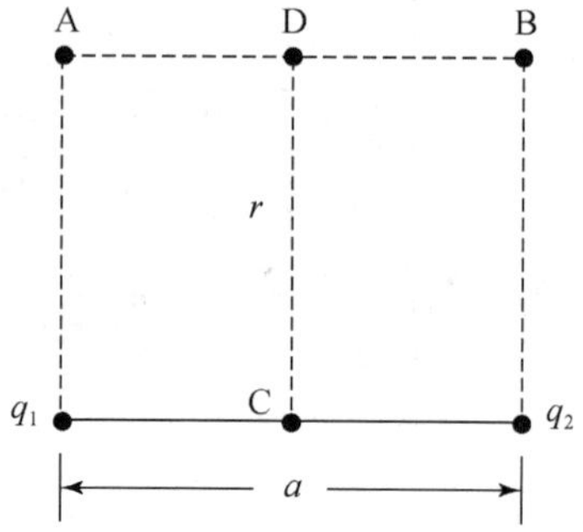

题 5-12 图

5-12. 如题 5-12 图所示，已知 $r=8.0$ cm，$a=12$ cm，$q_1=q_2=1.3\times10^{-8}$ C，电荷 $q_0=10^{-9}$ C，求:

(1) q_0从 A 点移到 B 点时电场力所做的功;

(2) q_0从 C 点移到 D 点时电场力所做的功。

解:两点间的电势差等于单位正电荷从其中一点移到另一点时电场力所做的功，则 $A=q_0\Delta U$。

(1) 因为 $q_1=q_2$，由 A、B 两点位置的对称性(如题 5-12 图所示)，可知 $U_A=U_B$，$A_{AB}=q_0U_{AB}=q(U_A-U_B)=0$。

(2) 由对称性，得

$$U_C=\frac{2q_1}{4\pi\varepsilon_0\frac{a}{2}}\quad U_D=\frac{2q_1}{4\pi\varepsilon_0\sqrt{r^2+\left(\frac{a}{2}\right)^2}}$$

$$A_{CD}=q_0U_{CD}=q_0(U_C-U_D)=q_0\left[2\times\frac{q_1}{4\pi\varepsilon_0\frac{a}{2}}-2\times\frac{q_1}{4\pi\varepsilon_0\sqrt{r^2+\left(\frac{a}{2}\right)^2}}\right]=1.56\times10^{-6}\ \text{J}$$

答:(1) q_0从 A 点移到 B 点时电场力所做的功为 0;(2) q_0从 C 点移到 D 点时电场力所做的功为 1.56×10^{-6} J。

** 课外练习 **

一、单选题

5-1. 关于 $\boldsymbol{E}=\frac{\boldsymbol{F}}{q_0}$ 与 $\boldsymbol{E}=\frac{1}{4\pi\varepsilon_0}\frac{q}{r^2}\hat{\boldsymbol{r}}$ 两个公式，下面说法正确的是(　　)。

A. 两者适用范围相同　　B. 前者与 q_0 有关，后者与 q_0 无关

C. 前者是后者的一个特例　　D. 后者是前者的一个特例

5-2. 以下说法哪一种是正确的(　　)。

A. 电场中某点电场强度的大小就是试验电荷在该点所受的电场力的大小

B. 电场中某点电场强度的大小和方向均可由 $\boldsymbol{E}=\boldsymbol{F}/q_0$ 确定，其中 q_0 为试验电荷的电量，$\boldsymbol{F}$ 为试验电荷所受的电场力

C. 在以点电荷为中心的球面上，由该点电荷所产生的电场强度方向处处相同

D. 在以点电荷为中心的球面上，由该点电荷所产生的电场强度大小处处不同

5-3. 将一点电荷由静止状态放置到任一电场中，则有（　　）。

A. 点电荷一定沿着电力线运动　　B. 点电荷一定逆着电力线运动

C. 点电荷静止不动　　D. 点电荷运动的方向取决于电荷的正负

5-4. 均匀带电的球面，假设此带电球面以球心为中心，均匀缩小，在缩小的过程中，其球面外部某一定点的场强将（　　）。

A. 变大　　B. 变小　　C. 不变　　D. 为零

5-5. 利用高斯定理判断以下说法正确的是（　　）。

A. 高斯面上各点电场强度都为零时，高斯面内必定没有电荷

B. 高斯面上各点电场强度都为零时，穿过高斯面的电通量一定为零

C. 穿过高斯面的电通量为零时，高斯面上各点的电场强度必为零

D. 高斯面内净电荷数为零时，高斯面上各点的电场强度必为零

5-6. 均匀电场的场强为 $\boldsymbol{E}$，如课外练习图 5-1 所示，有一半径为 R 的半球面置于电场中，场强 $\boldsymbol{E}$ 的方向与半球面的对称轴平行，穿过该半球面的电通量为（　　）。

A. $\frac{1}{2}\pi R^2 E$　　B. $2\pi R^2 E$

C. $\pi R^2 E$　　D. $\sqrt{2}\pi R^2 E$

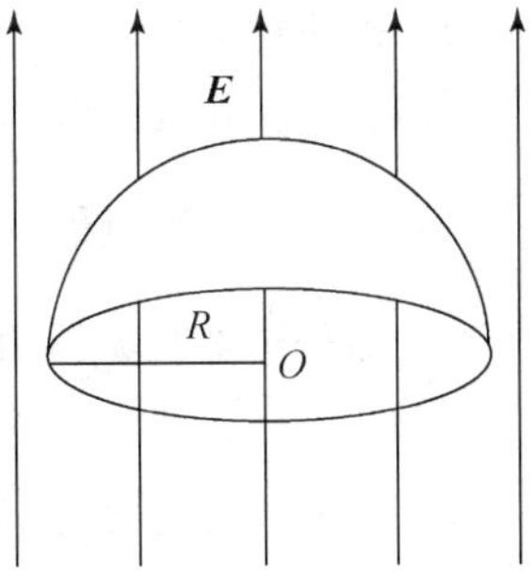

课外练习图 5-1

5-7. 如课外练习图 5-2 所示，在半径为 R 的“无限长”均匀带电圆筒的静电场中，某点电场强度 E 的大小与该点到轴线距离 r 之间的关系曲线为（　　）。

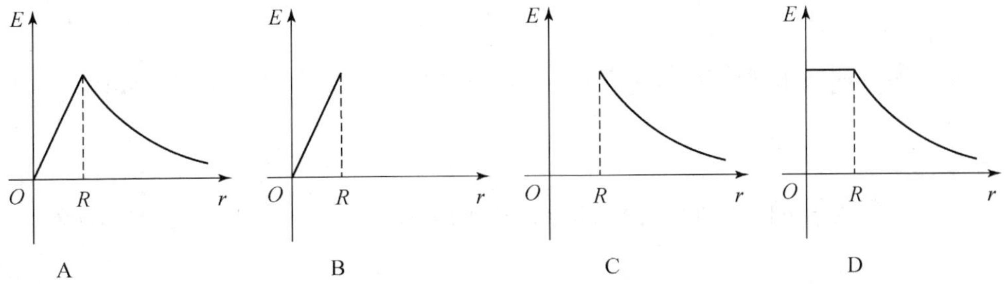

课外练习图 5-2

5-8. 以下关于电介质极化说法正确的是（　　）。

A. 极化后，电介质中的电场有所加强　　B. 电极化强度仅由外电场决定

C. 电极化强度仅由电介质的性质决定　　D. 电极化率χ只与电介质有关

二、填空题

5-1. 两个电量相等的同种点电荷距离一定，在它们连线的中点处场强为__________。

5-2. 电力线的疏密可以反映电场强度的强弱。如果在电场中某处取一个与电力线垂直的面元$\Delta S_{\perp}$，设穿过这个面元的电力线的条数为$\Delta\Phi$，则该处场强$\boldsymbol{E}$的大小规定为__________。

5-3. 电场力所做的功只取决于运动电荷的始末位置，而与路径无关，静电力是__________力，静电场是__________力场。

5-4. 电介质分为两类：有一类电介质的分子，它的正负电荷的中心重合在一起，这种分子称为无极分子，由无极分子组成的电介质称为____________________。

5-5. 电介质的极化分为__________极化和__________极化两种。

5-6. 当各向同性的电介质处于极化状态时，在垂直于外电场的两端面上所产生的极化电荷的面密度在数值上等于该处__________的大小。

5-7. 细胞膜电位的形成必须具备两个条件：其一是膜内外存在着离子浓度差；其二是细胞膜对离子具有__________的通透性。

5-8. 随心动周期而变化的体表电位，用平面图表示出来称为__________。

三、判断题

5-1. 两个电量相等、符号相反的点电荷距离一定，在它们连线的中点处场强为零。（　　）

5-2. 均匀带正电的无限大平面附近的场强为$\dfrac{\sigma}{2\varepsilon_0}$。（　　）

5-3. 静电场中场强的环流等于零说明静电力是保守力。（　　）

5-4. 若通过闭合曲面的电通量为零，则闭合曲面上各点的场强一定为零。（　　）

5-5. 以一点电荷为中心，以R为半径做的球面上各处的场强一定相同。（　　）

5-6. 在应用高斯定理时，通常取闭合曲面的外法线方向为正。（　　）

四、简答题

5-1. 简述点电荷和试验电荷的区别。

5-2. 简述闭合曲面上场强$\boldsymbol{E}$处为零时，该闭合曲面内一定没有净电荷的原因。

五、计算题

5-1. 一个半径为R的半球面，其上均匀带电，面电荷密度为σ，求球心处的场强。

5-2. 已知电荷面密度为σ，半径为R的均匀带电球面，求球面内、外电场强度。

5-3. 均匀带正电球面半径为R，面电荷密度为σ，求下列三种情况中，距离球心r处的P点的电势。(1)P点在球面内；(2)P点在球面上；(3)P点在球面外。

＊＊ 课外练习参考答案 ＊＊

一、单选题

5-1. D　5-2. B　5-3. D　5-4. C　5-5. B　5-6. C　5-7. C　5-8. D

二、填空题

5-1. 0　5-2. $E=\frac{\Delta\Phi}{\Delta S_{\perp}}$　5-3. 保守;保守　5-4. 无极分子电介质　5-5. 电子位移;取向

5-6. 电极化强度　5-7. 选择性　5-8. 心电图

三、判断题

5-1. ×(分析:在距离不变,电量相同、符号相反的两个点电荷连线的中点上,两点电荷产生的场强方向相同,根据场强叠加原理,该点场强一定不为零。)

5-2. √

5-3. √(分析:试验电荷 q_0 经一个闭合回路回到初始位置时,电场力所做的功 $A=q_0\oint_L \boldsymbol{E}\cdot \mathrm{d}\boldsymbol{l}$,根据静电场的场强环流定理得 $\oint_L \boldsymbol{E}\cdot \mathrm{d}\boldsymbol{l}=0$, $A=0$,即试验电荷在静电场中移动时,电场力所做的功仅与试验电荷的电量大小以及所移动路径的起点和终点位置有关,而与试验电荷所经历的路径无关。这说明静电场力是保守力。)

5-4. ×(分析:通过闭合曲面的电通量为零,说明闭合曲面内的电量的代数和为零,无法确定曲面上各点的场强。)

5-5. ×(分析:以一点电荷为中心,R 为半径做的球面上各处的场强的大小相同,方向不同。)

5-6. √

四、简答题

5-1. 答:如果在研究的问题中实际带电体的形状、大小以及电荷分布可以忽略不计,可将它看成是带有其全部电量的几何点,即点电荷。点电荷是实际带电体对应的一种理想模型,但它本身并不一定很小,所带电量也不一定小。试验电荷是为了研究电场的性质而引入的,为了不影响原有电场的分布,要求所带电量和实际几何线度必须足够小,以至于不会影响原有电场的分布。

5-2. 答:通过闭合曲面的电通量 $\Phi=\oiint_S \boldsymbol{E}\cdot \mathrm{d}\boldsymbol{S}$,如果闭合曲面上的场强 $\boldsymbol{E}$ 处处为零,则 $\Phi=0$。根据高斯定理可得 $\Phi=\frac{\sum_{i=1}^{n}q_i}{\varepsilon_0}=0$, $\sum_{i=1}^{n}q_i=0$,即闭合曲面内一定没有净电荷。

五、计算题

5-1. 已知：半球面均匀带电，R，σ；

求：球心处的 E=？

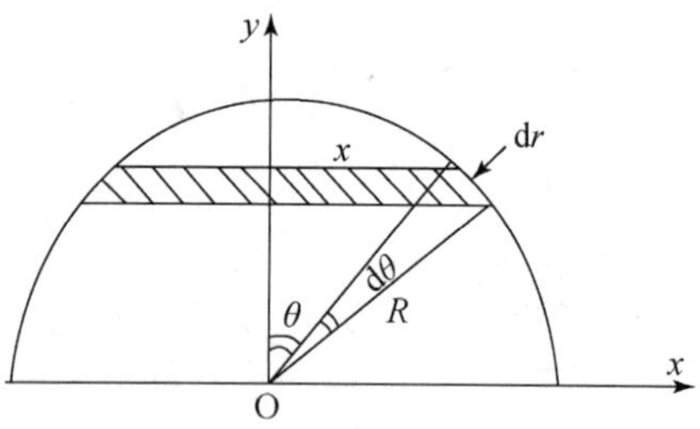

课外练习图 5-3

解：如课外练习图 5-3 所示建立坐标轴，球心为坐标原点。在半球面上取一个宽度为 $\mathrm{d}r$、半径为 x 的细环带，其面积为 $\mathrm{d}S=2\pi x\mathrm{d}r$，带电量 $\mathrm{d}q=2\pi x\mathrm{d}r\sigma$，相当于一个带电圆环。$\mathrm{d}q$ 在球心 O 点产生的场强为

$$\mathrm{d}E=\frac{1}{4\pi\varepsilon_0}\frac{\mathrm{d}qR\cos\theta}{(R^2)^{\frac{3}{2}}}=\frac{1}{4\pi\varepsilon_0}\frac{\mathrm{d}q\cos\theta}{R^2}$$

$$=\frac{1}{4\pi\varepsilon_0}\frac{2\pi x\mathrm{d}r\sigma\cos\theta}{R^2}$$

因为

$$x=R\sin\theta,\quad \mathrm{d}r=R\mathrm{d}\theta$$

所以

$$\mathrm{d}E=\frac{1}{4\pi\varepsilon_0}\frac{2\pi R\sin\theta R\mathrm{d}\theta\sigma\cos\theta}{R^2}=\frac{\sigma}{4\varepsilon_0}\sin2\theta\mathrm{d}\theta$$

$\mathrm{d}q$ 在 O 点产生的场强沿 y 轴方向，球面上分割出的各细环带在 O 点产生的总场强 $\boldsymbol{E}$ 的方向也是沿 y 轴方向，其大小为

$$E=\int_0^{\frac{\pi}{2}}\frac{\sigma}{4\varepsilon_0}\sin2\theta\mathrm{d}\theta=\frac{\sigma}{4\varepsilon_0}$$

答：球心处的场强为 $\dfrac{\sigma}{4\varepsilon_0}$。

5-2. 已知：R，σ；

求：$E_{内}$=？ $E_{外}$=？

解：均匀带电球面电荷分布具有球对称性，场强分布也是球对称的。取半径为 r 的同心球面作高斯面，高斯面上各点的场强大小相等，方向沿着球的半径方向。通过高斯面的电通量为

$$\Phi=\oint_S\boldsymbol{E}\cdot\mathrm{d}\boldsymbol{S}=E\oint_S\mathrm{d}S=E4\pi r^2$$

(1) 求球面外的场强($r>R$)。

高斯面内所包围的电量为 $q=4\pi R^2\sigma$，根据高斯定理，可得

$$\Phi=\frac{\sum q_i}{\varepsilon_0}=\frac{4\pi R^2\sigma}{\varepsilon_0}$$

因为

$$\Phi=E_{外}4\pi r^2$$

所以

$$E_{外}=\frac{\sigma R^2}{\varepsilon_0 r^2}$$

$E_{外}$ 方向沿着球的半径方向。

(2) 求球面内的场强($r<R$)。

高斯面所包围的电量为 $\sum q_i=0$，根据高斯定理得

$$\Phi = \frac{\sum q_i}{\varepsilon_0} = 0$$

因为
$$\Phi = 4\pi r^2 E_{内}$$

所以
$$E_{内} = 0$$

答:球面外电场强度大小为 $\frac{\sigma R^2}{\varepsilon_0 r^2}$,方向沿着球的半径方向;球面内电场强度为0。

5-3. 已知:R,σ;

求:(1)P点在球面内,U=?

(2)P点在球面上,U=?

(3)P点在球面外,U=?

解:(1)P点在球面内($r<R$)。

根据上题结果知,球面内场强 $E=0$,球面外的场强 $E=\frac{\sigma R^2}{\varepsilon_0 r^2}$,因此有

$$U = \int_r^{\infty} \boldsymbol{E}\cdot \mathrm{d}\boldsymbol{r} = \int_r^R 0\mathrm{d}r + \int_R^{\infty} \frac{\sigma R^2}{\varepsilon_0 r^2}\mathrm{d}r = \frac{\sigma R}{\varepsilon_0}$$

(2)P点在球面上($r=R$)。

球面内的点与球面上的点电势相同, $U=\frac{R\sigma}{\varepsilon_0}$。

(3)P点在球面外($r>R$)。

$$U = \int_r^{\infty} \boldsymbol{E}\cdot \mathrm{d}\boldsymbol{r} = \int_r^{\infty} \frac{R^2\sigma}{r^2\varepsilon_0}\mathrm{d}r = \frac{R^2\sigma}{\varepsilon_0 r}$$

答:(1)当P点在球面内时,距离球心 r 处的电势为 $\frac{\sigma R}{\varepsilon_0}$;(2)P点在球面上的电势为 $\frac{R\sigma}{\varepsilon_0}$;(3)P点在球面外,距离球心 r 处的电势为 $\frac{R^2\sigma}{\varepsilon_0 r}$。

第六章　直 流 电 路

** 内容提要 **

1. 电流密度

在导体中某处取一个与该处场强 $\boldsymbol{E}$ 的方向垂直的截面积 ΔS，通过 ΔS 的电流强度 ΔI 与 ΔS 的比值的极限值为该点的电流密度的大小，即

$$j=\lim_{\Delta S\to 0}\frac{\Delta I}{\Delta S}=\frac{\mathrm{d}I}{\mathrm{d}S} \tag{6-1}$$

电流密度是矢量，用 j 表示，方向和该处场强方向相同。电流密度是描述导体内部电流分布情况的物理量，单位为 $\mathrm{A/m^2}$。

2. 一段含源电路的欧姆定律

一段含源电路两端的电势差，等于这段电路中所有电源和电阻上电势降落的代数和。写成普遍形式为

$$U_{\mathrm{AB}}=U_{\mathrm{A}}-U_{\mathrm{B}}=\sum I_iR_i+\sum \varepsilon_i \tag{6-2}$$

3. 基尔霍夫定律

(1) 基尔霍夫第一定律：汇于节点的电流的代数和等于零，其数学表达式为

$$\sum_{i=1}^{n} I_i=0 \tag{6-3}$$

(2) 基尔霍夫第二定律：绕闭合回路一周，电势降落的代数和等于零，其数学表达式为

$$\sum I_iR_i+\sum \varepsilon_i=0 \tag{6-4}$$

4. 电泳　电疗

(1) 带电的有机分子或胶体粒子在电场作用下发生漂移的现象称为电泳。

(2) 直流电疗法是将直流电通入人体治疗疾病的一种方法，同时也是离子导入疗法的基础。

** 习题解答 **

6-1. 如果通过导体中各处的电流密度不相同，那么电流能否是稳恒电流？

答：可以是稳恒电流，因为 $I=\iint_S j\mathrm{d}\boldsymbol{S}$，虽然导体中各处的电流密度不相同，只要电流密度 j 对导体各截面的通量相等，通过导体的电流就恒定。

6-2. 一根铜导线，通以电流为 2 A，导线的直径为 2 cm，若每立方米铜导线中有 8.5×10^{28} 个

自由电子,求电流密度及自由电子的漂移速度。

已知: $I=2$ A , $d=2$ cm , $n=8.5\times10^{28}$;

求: $j=?$　$\bar{v}=?$

解: $j=\dfrac{\Delta I}{\Delta S}=\dfrac{\Delta I}{\pi r^2}=\dfrac{2}{3.14\times(1\times10^{-2})^2}=6.37\times10^3\ \text{A/m}^2$

根据公式 $j=nZe\bar{v}$,得

$$\bar{v}=\frac{j}{ne}=\frac{6.37\times10^3}{8.5\times10^{28}\times1.6\times10^{-19}}=4.7\times10^{-7}\ \text{m/s}$$

答: 电流密度为 6.37×10^3 A/m², 自由电子的漂移速度为 4.7×10^{-7} m/s。

6-3. 如题 6-3 图所示,已知 $\varepsilon_1=24$ V , $r_1=2\ \Omega$, $\varepsilon_2=6$ V , $r_2=1\ \Omega$, $R_1=2\ \Omega$, $R_2=1\ \Omega$, $R_3=3\ \Omega$,求:

(1)电路中的电流;

(2)A、B 两点的电势;

(3) U_{AD} 和 U_{CD}。

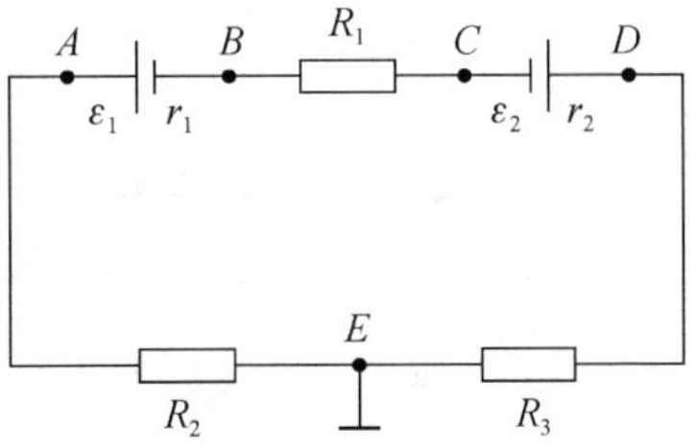

题 6-3 图

已知: $\varepsilon_1=24$ V , $r_1=2\ \Omega$, $\varepsilon_2=6$ V , $r_2=1\ \Omega$, $R_1=2\ \Omega$, $R_2=1\ \Omega$, $R_3=3\ \Omega$;

求: (1) $I=?$

(2) $U_A=?$　$U_B=?$

(3) $U_{AD}=?$　$U_{CD}=?$

解: (1) $I=\dfrac{\varepsilon_1-\varepsilon_2}{r_1+r_2+R_1+R_2+R_3}=\dfrac{24-6}{2+1+2+1+3}=2$ A

(2) $U_A=IR_2=2\times1=2$ V

$U_B=-\varepsilon_1+Ir_1+IR_2=-24+2\times2+2\times1=-18$ V

(3) $U_{AD}=\varepsilon_1-\varepsilon_2-I\cdot(r_1+R_1+r_2)=24-6-2\times(2+2+1)=8$ V

$U_{CD}=-\varepsilon_2-Ir_2=-6-2\times1=-8$ V

答: (1)电路中的电流为 2 A; (2) A、B 两点的电势分别为 2 V、−18 V; (3) U_{AD} 为 8 V, U_{CD} 为 −8 V。

6-4. 如题 6-4 图所示,已知 $\varepsilon_1=6$ V , $\varepsilon_2=\varepsilon_3=3$ V , $R_1=R_2=R_3=2\ \Omega$,求 U_{AB}、U_{AC} 和 U_{BC}。

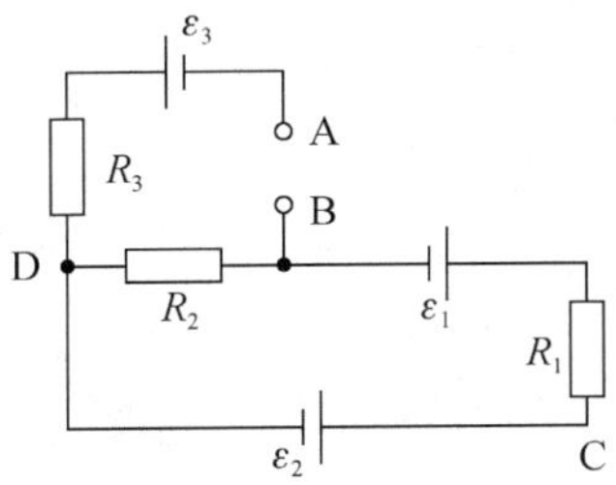

题 6-4 图

已知: $\varepsilon_1=6$ V , $\varepsilon_2=\varepsilon_3=3$ V , $R_1=R_2=R_3=2\ \Omega$;

求: $U_{AB}=?$ $U_{AC}=?$ $U_{BC}=?$

解: 因为 A、B 断路,所以 D、R_2、ε_1、R_1、C、ε_2、D 构成一个闭合回路,其电流强度为

$I=\dfrac{\varepsilon_1-\varepsilon_2}{R_1+R_2}=\dfrac{6-3}{2+2}=0.75$ A　电流方向为顺时针方向。

$U_{AB}=-\varepsilon_3+IR_2=-3+0.75\times2=-1.5$ V

$U_{AC}=-\varepsilon_3-\varepsilon_2=-3-3=-6$ V

$U_{BC}=-\varepsilon_1+IR_1=-6+0.75\times2=-4.5$ V

答:U_{AB}、U_{AC} 和 U_{BC} 分别为−1.5 V、−6 V、−4.5 V。

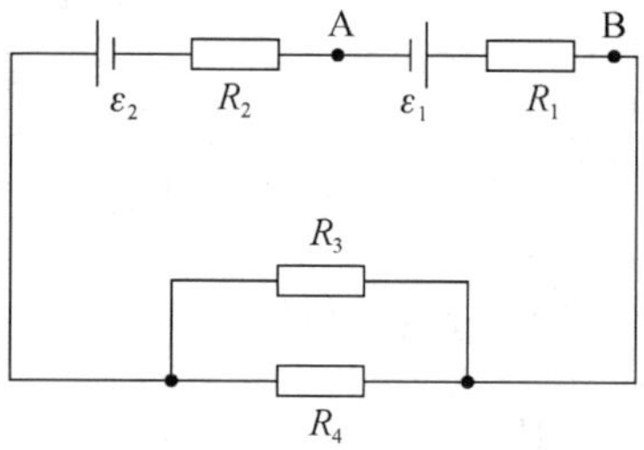

题 6-5 图

6–5. 如题 6-5 图所示,$\varepsilon_1 = 6\ V$,$\varepsilon_2 = 2\ V$,$R_1 = 6\ \Omega$,$R_2 = 2\ \Omega$,$R_3 = R_4 = 4\ \Omega$,求:(1)通过各个电阻的电流;(2)A、B 两点间的电势差 U_{AB}。

已知:$\varepsilon_1 = 6\ V$,$\varepsilon_2 = 2\ V$,$R_1 = 6\ \Omega$,$R_2 = 2\ \Omega$,$R_3 = R_4 = 4\ \Omega$;

求:(1) I_{R_1}、I_{R_2}、I_{R_3}、I_{R_4} 各为多少?

(2) U_{AB} = ?

解:(1)由电路可知,

$$I_1 = I_2 = \frac{\varepsilon_1 - \varepsilon_2}{R_1 + R_2 + \dfrac{R_3 R_4}{R_3 + R_4}} = \frac{6 - 2}{6 + 2 + \dfrac{4 \times 4}{4 + 4}} = 0.4\ A$$

因为 $R_3 = R_4 = 4\ \Omega$,所以

$$I_3 = I_4 = \frac{1}{2} I_1 = 0.2\ A$$

(2) $U_{AB} = -\varepsilon_1 + I_1 R_1 = -6 + 0.4 \times 6 = -3.6\ V$

答:(1)通过电阻 R_1、R_2、R_3、R_4 的电流分别为 0.4 A、0.4 A、0.2 A、0.2 A;(2)A、B 两点间的电势差 U_{AB} 为−3.6 V。

6–6. 如题 6-6 图所示,$\varepsilon_1 = 2\ V$,$\varepsilon_2 = 1\ V$,$R_1 = 4\ \Omega$,$R_2 = 2\ \Omega$,$R_3 = 3\ \Omega$,求:

(1)通过各个电阻的电流强度;

(2)A、B 两点间的电势差。

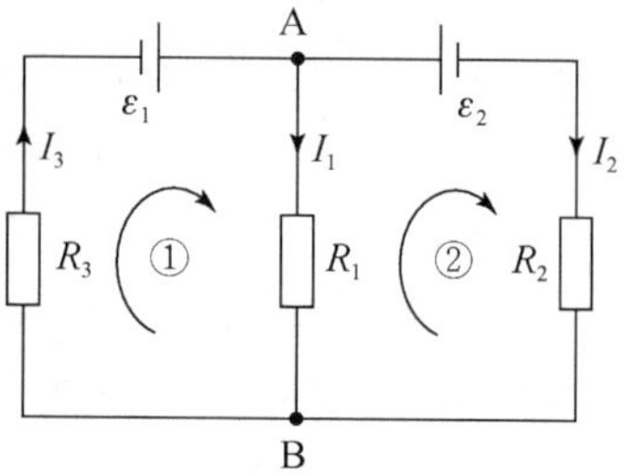

题 6-6 图

已知:$\varepsilon_1 = 2\ V$,$\varepsilon_2 = 1\ V$,$R_1 = 4\ \Omega$,$R_2 = 2\ \Omega$,$R_3 = 3\ \Omega$;

求:(1) I_2 = ? I_2 = ? I_3 = ?

(2) U_{AB} = ?

解:(1)设闭合回路①和②的绕行方向为顺时针方向,根据基尔霍夫定律列方程组,得

对于节点 A,有 $$I_3 - I_2 - I_1 = 0 \qquad (1)$$

对于回路①,有 $$I_3 R_3 - \varepsilon_1 + I_1 R_1 = 0 \qquad (2)$$

对于回路②,有 $$-I_1 R_1 + \varepsilon_2 + I_2 R_2 = 0 \qquad (3)$$

联立方程(1)、(2)、(3),解得

$$I_1 = \frac{7}{26}\ A,\quad I_2 = \frac{1}{26}\ A,\quad I_3 = \frac{4}{13}\ A$$

(2) $U_{AB} = I_1 R_1 = \dfrac{7}{26} \times 4 = \dfrac{14}{13}\ V$

答:通过电阻 R_1、R_2、R_3 的电流强度分别为 $\frac{7}{26}$ A、$\frac{1}{26}$ A、$\frac{4}{13}$ A;(2)A、B 两点间的电势差

为 $\frac{14}{13}$ V。

6-7. 如题6-7图所示，$\varepsilon_1 = 12$ V，$\varepsilon_2 = 9$ V，$\varepsilon_3 = 8$ V，$r_1 = r_2 = r_3 = 1\ \Omega$，$R_1 = R_2 = R_3 = R_4 = 2\ \Omega$，$R_5 = 3\ \Omega$。求：

(1) A、B 两点间的电势差；

(2) C、D 两点间的电势差；

(3) C、D 两点短路时，通过 R_5 的电流。

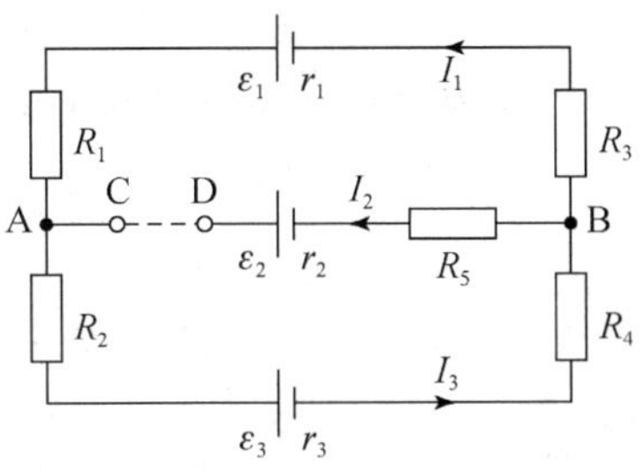

题6-7图

已知：$\varepsilon_1 = 12$ V，$\varepsilon_2 = 9$ V，$\varepsilon_3 = 8$ V，$r_1 = r_2 = r_3 = 1\ \Omega$，$R_1 = R_2 = R_3 = R_4 = 2\ \Omega$，$R_5 = 3\ \Omega$；

求：(1) $U_{AB} = ?$　(2) $U_{CD} = ?$　(3) $I_2 = ?$

解：(1) 因为 C、D 两点断路，对于回路 A、R_1、ε_1、R_3、B、R_4、ε_3、R_2、A，根据闭合电路欧姆定律，有

$$I = \frac{\varepsilon_1 - \varepsilon_3}{r_1 + r_3 + R_1 + R_2 + R_3 + R_4} = \frac{12 - 8}{1 + 1 + 2 + 2 + 2 + 2} = 0.4\ \text{A}$$

电流 I 的方向为逆时针方向。

$U_{AB} = \varepsilon_3 + I(R_2 + r_3 + R_4) = 8 + 0.4 \times (2 + 1 + 2) = 10$ V

(2) $U_{CD} = U_{AB} - \varepsilon_2 = 10 - 9 = 1$ V

(3) 若 C、D 短路，设通过支路 R_3、ε_1、R_1 的电流强度为 I_1，通过 R_5、ε_2 的电流强度为 I_2，通过 R_2、ε_3、R_4 的电流强度为 I_3，选逆时针方向为单孔回路绕行方向，根据基尔霍夫定律列方程组，得

$$I_1 + I_2 - I_3 = 0 \tag{1}$$

$$-\varepsilon_1 + I_1(R_3 + r_1 + R_1) + \varepsilon_2 - I_2(r_2 + R_5) = 0 \tag{2}$$

$$-\varepsilon_2 + I_2(R_5 + r_2) + \varepsilon_3 + I_3(R_2 + r_3 + R_4) = 0 \tag{3}$$

联立方程(1)、(2)、(3)，解得

$$I_2 = -\frac{2}{13}\ \text{A} \approx -0.15\ \text{A}$$

答：(1) A、B 两点间的电势差为 10 V；(2) C、D 两点间的电势差为 1 V；(3) C、D 两点短路时，通过 R_5 的电流为 0.15 A。

6-8. 如题6-8图所示，$\varepsilon_1 = 2$ V，$\varepsilon_2 = \varepsilon_3 = 4$ V，$R_2 = 2\ \Omega$，$R_1 = R_3 = 1\ \Omega$，$R_4 = R_5 = 3\ \Omega$，求：(1) 各个电阻上通过的电流；(2) A、B 两点间的电势差。

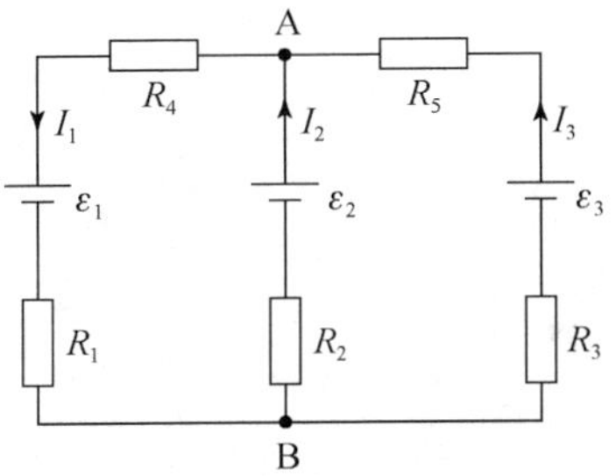

题6-8图

已知：$\varepsilon_1 = 2$ V，$\varepsilon_2 = \varepsilon_3 = 4$ V，$R_2 = 2\ \Omega$，$R_1 = R_3 = 1\ \Omega$，$R_4 = R_5 = 3\ \Omega$；

求：(1) $I_1 = ?$ $I_2 = ?$ $I_3 = ?$

(2) $U_{AB} = ?$

解：(1) 选逆时针方向为回路绕行方向，根据基尔霍夫定

律列方程组

对于节点 A,有： $I_3 + I_2 - I_1 = 0$ (1)

对于回路 $AR_4\varepsilon_1R_1R_2\varepsilon_2A$,有：

$$\varepsilon_1 + I_1(R_1 + R_4) - \varepsilon_2 + I_2R_2 = 0 \quad (2)$$

对于回路 $A\varepsilon_2R_2R_3\varepsilon_3R_5A$,有：

$$\varepsilon_2 - I_2R_2 - \varepsilon_3 + I_3(R_3 + R_5) = 0 \quad (3)$$

联立方程(1)、(2)、(3),解得

$$I_1 = \frac{3}{8}\text{ A},\quad I_2 = \frac{1}{4}\text{ A},\quad I_3 = \frac{1}{8}\text{ A}$$

(2) $U_{AB} = \varepsilon_2 - I_2R_2 = 4 - \frac{1}{4} \times 2 = 3.5\text{ V}$

答:(1)电阻 R_1、R_2、R_3 上通过的电流分别为$\frac{3}{8}$A、$\frac{1}{4}$A、$\frac{1}{8}$A;(2)A、B 两点间的电势差为 3.5 V。

＊＊ 课外练习 ＊＊

一、单选题

6-1. 两根同种金属制成的金属棒截面积不同($S_A > S_B$)。现将棒 A 和棒 B 串联起来并在两端加上一定的电压,则两棒中的电子漂移速度和电流密度的关系分别是(　　)。

A. $v_A > v_B$; $j_A < j_B$　　B. $v_A < v_B$; $j_A < j_B$

C. $v_A < v_B$; $j_A > j_B$　　D. $v_A = v_B$; $j_A < j_B$

6-2. 铜导线中的自由电子密度为 $8.5 \times 10^{28}\ m^{-3}$,横截面积是 1 mm^2,通过的电流为 1.0×10^{-10} A,电子沿导线漂移 1 cm 所需要的时间为(　　)。

A. 7.4×10^{-15} s　　B. 1.4×10^{-12} s

C. 1.4×10^{12} s　　D. 6.3×10^{8} s

6-3. 一段含源电路如课外练习图 6-1 所示, U_{AB} 为(　　)。

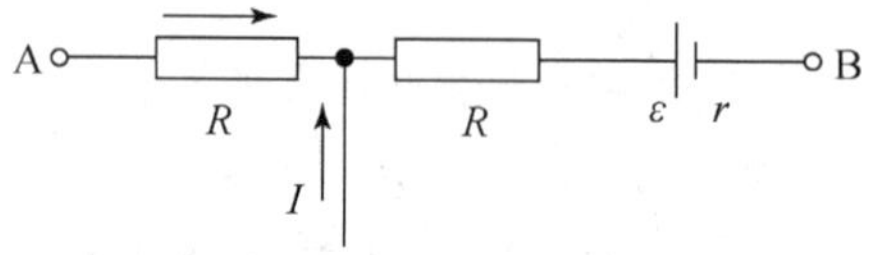

课外练习图 6-1

A. $I(5R + r) - \varepsilon$　　B. $I(5R + 3r) - \varepsilon$

C. $I(5R + 3r) + \varepsilon$　　D. $I(5R + r) + \varepsilon$

6-4. 如课外练习图 6-2 所示,该电路可列出独立的电流方程和回路电压方程的数目为(　　)。

A. 一个电流方程和三个回路电压方程

B. 两个电流方程和五个回路电压方程

C. 四个电流方程和五个回路电压方程

D. 两个电流方程和三个回路电压方程

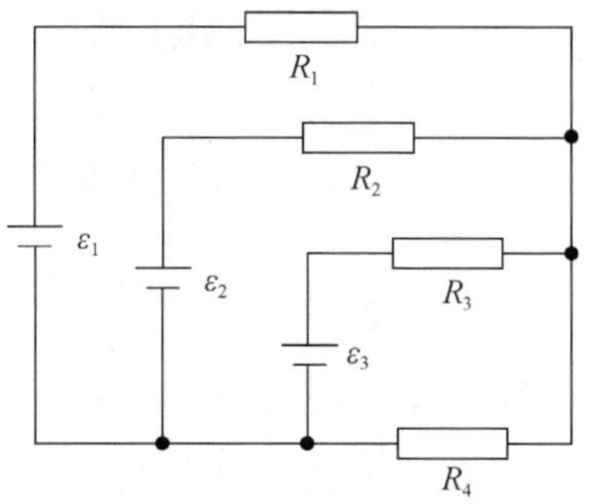

课外练习图 6-2

6-5. 用电压表测量 3 V 电池正、负极两端电压时,电压表读数一般(　　)。

A. 等于 3 V　　B. 等于 0 V

C. 小于 3 V　　D. 大于 3 V

6-6. 关于电源以下说法错误的是(　　)。

A. 电源的作用是借助非静电力来产生和维持电势差的装置

B. 电动势是标量,电动势的单位和电势的单位相同

C. 电源电动势的大小与电源本身的性质有关

D. 电源电动势的大小与外电路的连接方式有关

二、填空题

6-1. 若使导体中产生电流,必须满足导体中有大量可以自由移动的__________和导体两端有一定__________的条件。

6-2. 电源的电动势是描述电源内部__________本领的物理量。电源的电动势 ε 等于把单位正电荷从__________经电源内部移到__________时非静电力所做的功。

6-3. 如课外练习图 6-3 所示的电路连接成(a)、(b)两种情况,在(a)电路中,电流 $I=$__________,AB 两点间的电压为__________;在(b)电路中,电流 $I=$__________,AB 两点间的电压为__________。

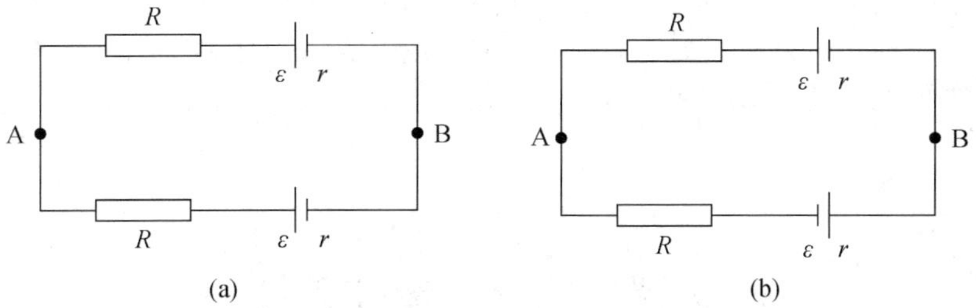

课外练习图 6-3

6-4. 电路中__________支路的汇合点称为节点,在一条支路上__________处处相等。

6-5. 如果电路中有 n 个节点,m 条支路,可列出__________个彼此独立的节点电流方程,

________个回路电压方程。

6-6. 基尔霍夫第一定律的内容是________________________。

6-7. 基尔霍夫第二定律的数学表达式为____________________。

三、判断题

6-1. 电子定向运动的平均漂移速度等于电流在导体中的传播速度(即光速)。 ( )

6-2. 应用基尔霍夫定律计算复杂电路中某支路的电流强度时,如果电流的方向无法确定,可任意假设一个方向,然后根据计算结果来确定它的实际方向。如果计算结果电流强度 I 为负值,则假设方向和实际方向相反。 ( )

6-3. 对于惠斯通电桥而言,可以利用其处于不平衡电桥的工作状态测量电阻。 ( )

6-4. 支路是两个节点之间的一段电路,不能只由一个电学元件组成。 ( )

四、简答题

6-1. 电源两端的电势差一定小于电源的电动势,这种说法是否正确?为什么?

6-2. 稳恒电流从铜球的顶上一点流入,从相对的下边一点流出。试问垂直于流进和流出两点连线的任意横截面的电流强度是否相等?各横截面上的各点电流密度是否相等?

五、计算题

6-1. 在一个横截面积为 $2.4\times10^{-6}\ \mathrm{m}^2$ 的铜导线中,通有4.5 A的电流,设铜导线中的自由电子数密度为 $8.5\times10^{28}\ \mathrm{m}^{-3}$,求电子的平均漂移速度。

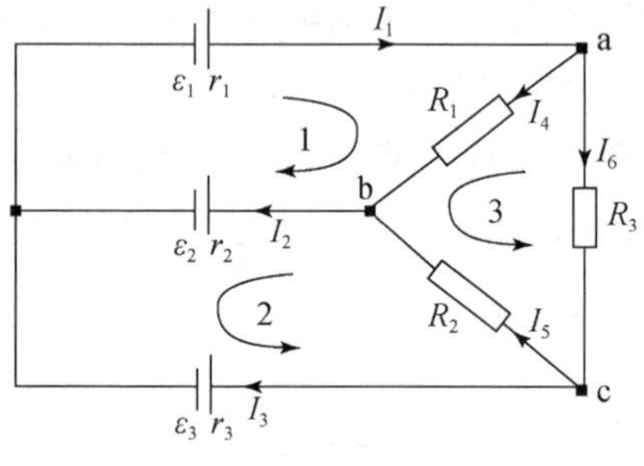

课外练习图 6-4

6-2. 给一蓄电池充电,当充电电流为 3 A 时,路端电压为 2.06 V,该蓄电池放电时,放电电流为 2 A,路端电压为 1.96 V,求这个蓄电池的电动势和内阻。

6-3. 绕行方向如课外练习图 6-4 所示的电路,已知 $\varepsilon_1=6.0\ \mathrm{V}$, $\varepsilon_2=4.5\ \mathrm{V}$, $\varepsilon_3=2.5\ \mathrm{V}$, $r_1=0.2\ \Omega$, $r_2=r_3=0.1\ \Omega$, $R_1=R_2=0.5\ \Omega$, $R_3=2.5\ \Omega$。求通过 R_1、R_2、R_3 的电流。

✻✻ 课外练习参考答案 ✻✻

一、单选题

6-1. B(分析:两根金属杆串联,通过的电流强度相等。$S_A > S_B$,由电流密度 $j=\dfrac{\Delta I}{\Delta S}$ 可知,通

过两杆的电流密度 $j_A < j_B$ 。由公式 $j = \frac{\Delta I}{\Delta S} = ne\bar{v}$ 可得 $v_A < v_B$ 。)

6-2. C(分析: $\bar{v} = \frac{j}{ne} = \frac{\Delta I}{ne\Delta s}$, $t = \frac{l}{\bar{v}}$,代入已知量可得 1.4×10^{12} s。)

6-3. C(分析:根据一段含源电路的欧姆定律有 $U_{AB} = 2IR + 3I(R+r) + \varepsilon = I(5R+3r) + \varepsilon$ 。)

6-4. A(分析:共有两个节点,三个独立回路,只能列出一个电流方程和三个回路电压方程。)

6-5. C

6-6. D(分析:电源电动势的大小只与电源本身的性质有关,与外电路的连接方式无关。)

二、填空题

6-1. 载流子;电势差或电压

6-2. 非静电力做功;负极;正极

6-3. 0; ε ; $\frac{\varepsilon}{r+R}$;0

6-4. 三条或三条以上;电流

6-5. $(n-1)$; $m-(n-1)$

6-6. 汇于节点的电流的代数和等于零

6-7. $\sum I_i R_i + \sum \varepsilon_i = 0$

三、判断题

6-1. ×(分析:电子定向运动的平均漂移速度远远小于电流在导体中的传播速度(即光速),后者是电场在导体中的传播速度。实际上电路两端加上电势差的一瞬间,电场在整个电路中就建立起来,几乎同时,在电场力的作用下导体中的自由电子开始做定向运动,形成了电流。)

6-2. √(分析:电流强度 I 为正值时,假设方向和实际方向相同;电流强度 I 为负值时,假设方向和实际方向相反。)

6-3. √(分析:不平衡电桥可以用来测量电阻。待测电阻 R_x 可变,保持电桥中的电动势和其他电阻不变,则通过电流计的电流 I_g 和 R_x 为一一对应关系。如果在电流计 G 的刻度盘上直接标明电阻值的大小,改装后的不平衡电桥就可用来测量电阻。)

6-4. ×(分析:一条支路可以由一个电学元件组成,也可以由多个电学元件组成。)

四、简答题

6-1. 答:不正确。电源充电时,如果充电电流为 I ,那么电源的端电压 U 为: $U = \varepsilon + Ir > \varepsilon$;开路时电源两端的电压则等于电动势。

6-2. 答:因为电流是连续的,所以电流强度相等;垂直于流进和流出两点连线的任意横截面积不相等,所以电流密度一定不相等。

五、计算题

6-1. 已知：$\Delta S = 2.4 \times 10^{-6}\ \text{m}^2$，$\Delta I = 4.5\ \text{A}$，$n = 8.5 \times 10^{28}\ \text{m}^{-3}$；

求：$\bar{v} = ?$

解：由公式 $j = ne\bar{v} = \dfrac{\Delta I}{\Delta S}$，得

$$\bar{v} = \frac{\Delta I}{\Delta Sne} = \frac{4.5}{2.4 \times 10^{-6} \times 8.5 \times 10^{28} \times 1.6 \times 10^{-19}} = 1.4 \times 10^{-4}\ \text{m/s}$$

答：电子的平均漂移速度为 1.4×10^{-4} m/s。

6-2. 已知：$I_1 = 3\ \text{A}$，$U_1 = 2.06\ \text{V}$，$I_2 = 2\ \text{A}$，$U_2 = 1.96\ \text{V}$；

求：$\varepsilon = ?\ r = ?$

解：

$$U_1 = 2.06 = \varepsilon + I_1 r = \varepsilon + 3r \tag{1}$$

$$U_2 = 1.96 = \varepsilon - I_2 r = \varepsilon - 2r \tag{2}$$

联立方程(1)和(2)，解得

$$\varepsilon = 2\ \text{V}, \quad r = 0.02\ \Omega$$

答：这个蓄电池的电动势为 2 V，内阻为 0.02 Ω。

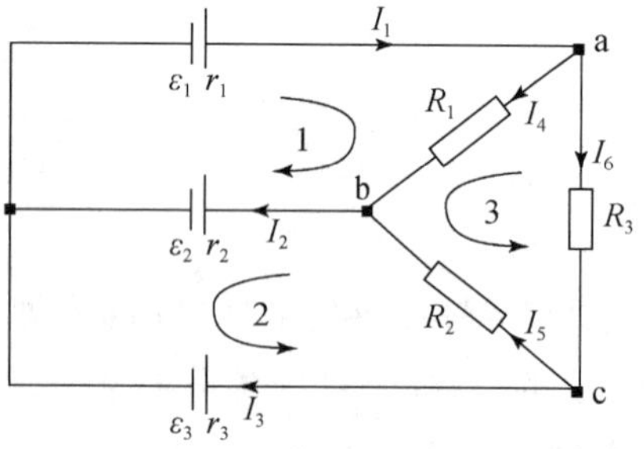

课外练习图 6-4

6-3. 已知：$\varepsilon_1 = 6.0\ \text{V}$，$\varepsilon_2 = 4.5\ \text{V}$，$\varepsilon_3 = 2.5\ \text{V}$，$r_1 = 0.2\ \Omega$，$r_2 = r_3 = 0.1\ \Omega$，$R_1 = R_2 = 0.5\ \Omega$，$R_3 = 2.5\ \Omega$；

求：$I_4 = ?\ I_5 = ?\ I_6 = ?$

解：各支路的电流方向与节点如课外练习图 6-4 所示，根据基尔霍夫定律列方程组：

节点 a $\quad I_1 - I_4 - I_6 = 0 \qquad (1)$

节点 b $\quad -I_2 + I_4 + I_5 = 0 \qquad (2)$

节点 c $\quad I_6 - I_3 - I_5 = 0 \qquad (3)$

回路 1 $\quad -\varepsilon_1 + I_1 r_1 + I_4 R_1 + \varepsilon_2 + I_2 r_2 = 0 \qquad (4)$

回路 2 $\quad \varepsilon_2 + I_2 r_2 - \varepsilon_3 - I_3 r_3 + I_5 R_2 = 0 \qquad (5)$

回路 3 $\quad I_4 R_1 - I_5 R_2 - I_6 R_3 = 0 \qquad (6)$

解方程组，得

$$I_4 = 2.0\ \text{A}, I_5 = -3.0\ \text{A}, I_6 = 1.0\ \text{A}$$

答：通过 R_1、R_2、R_3 的电流分别为 2.0 A、-3.0 A 和 1.0 A，其中通过 R_1、R_3 的电流方向与图中所设的方向相同，通过 R_2 的电流方向与图中所设的方向相反。

第七章　电 磁 现 象

＊＊ 内容提要 ＊＊

1. 磁感应强度

把试验载流导体元放入磁场中任何一点,都存在一特定的方向,当电流沿该方向流动时,此载流导体元并不受力,即 $\boldsymbol{F}=0$;当它的方向转动 90°时,载流导体元受力最大,该力大小不仅与磁场位置有关,还与载流导体元长度 $\mathrm{d}l$ 和电流强度 I 成正比,即 $F_{\max}\propto I\mathrm{d}l$,且力的方向垂直于该特定方向和 $I\mathrm{d}l$ 所决定的平面。实验表明,在磁场中同一点,比值 $\frac{F_{\max}}{I\mathrm{d}l}$ 对于不同的 $I\mathrm{d}l$ 都相同。可见这一比值反映了磁场本身的性质,我们把它定义为磁场磁感应强度 $\boldsymbol{B}$ 的大小,即

$$B=\frac{F_{\max}}{I\mathrm{d}l} \tag{7-1}$$

方向是该导线不受力的方向,指向由右手螺旋法则唯一确定。

磁感应强度的单位是特斯拉(T),在实际中又常用高斯(Gs)作单位,1 T=10^4 Gs。

2. 磁场的高斯定理

(1)在均匀磁场中有一面积为 S 的平面,其法线 $\boldsymbol{n}$ 与磁感应强度 $\boldsymbol{B}$ 的夹角为 θ,则磁通量为

$$\Phi=BS\cos\theta \tag{7-2}$$

(2)若磁场不均匀,可在曲面上取面元 $\mathrm{d}S$,若法线 $\boldsymbol{n}$ 与该处磁感应强度 $\boldsymbol{B}$ 之间的夹角为 θ,则通过有限曲面 S 的磁通量为

$$\Phi=\iint_S B\cos\theta\mathrm{d}S=\iint_S \boldsymbol{B}\cdot\mathrm{d}\boldsymbol{S} \tag{7-3}$$

磁通量的单位是韦伯(Wb)。

(3)对闭合曲面来说,进入闭合曲面的磁感应线条数必等于从闭合曲面出来的总感应线条数,即在磁场中通过任一闭合曲面的总磁感应通量为零。

$$\oiint_S \boldsymbol{B}\cdot\mathrm{d}\boldsymbol{S}=0 \tag{7-4}$$

上式称为磁场的高斯定理。由于自然界中不存在磁单极,所以通过任何闭合曲面的磁通量必等于零,说明磁场是无源场。

3. 安培环路定律

在稳恒磁场中,磁感应强度沿任何闭合环路的线积分等于该闭合环路所包围的各个电流代数和的 μ_0 倍,这个结论称为安培环路定律,其数学表达式为

$$\oint_L \boldsymbol{B}\cdot\mathrm{d}\boldsymbol{l}=\mu_0\sum_{L内} I_i \tag{7-5}$$

上式右端的 $\sum\limits_{L内} I_i$ 中只包括穿过安培环路 L 的电流,而左端的 $\boldsymbol{B}$ 却代表空间所有电流产生的磁

感应强度矢量和，其中也包括不穿过 L 的电流产生的磁场，只不过不穿过 L 的电流产生磁场的磁感应强度沿闭合环路积分的总效果等于零。电流的正负符号，由电流的流向与积分时在闭合回路上所取的回路方向是否符合右手螺旋关系而定，即二者若符合右手螺旋关系，电流为正，否则为负。

μ_0 为真空磁导率，其值为 $\mu_0 = 4\pi \times 10^{-7}$ H/m。

4. 洛伦兹力

当电荷 q 以速度 $\boldsymbol{v}$ 在磁场中与磁感应强度 $\boldsymbol{B}$ 成夹角为 θ 运动时，该运动电荷所受的洛伦兹力的矢量式为

$$\boldsymbol{f} = q\boldsymbol{v} \times \boldsymbol{B} \tag{7-6}$$

力的方向垂直于运动电荷速度 v 和磁感应强度 $\boldsymbol{B}$ 所决定的平面，且 $\boldsymbol{v}$、$\boldsymbol{B}$、$\boldsymbol{f}$ 方向之间具有矢量积的右手关系，即以右手四指由 $\boldsymbol{v}$ 经小于 180°的角度转向 $\boldsymbol{B}$，这时大拇指的指向就是运动电荷所受的洛伦兹力 $\boldsymbol{f}$；若电荷为负，则受力方向相反。由式(7-6)知，磁场力 $\boldsymbol{f}$ 总是垂直于速度 $\boldsymbol{v}$，即磁场力只改变运动电荷的速度方向，而不改变其大小，故洛伦兹力对运动电荷不做功。

5. 带电粒子在均匀磁场中的运动

若质量为 m，电量为 q 的带电粒子，以速度 $\boldsymbol{v}$ 垂直进入磁感应强度为 $\boldsymbol{B}$ 的均匀磁场，该带电粒子在磁场中做匀速圆周运动，其圆形轨道半径，即回旋半径为

$$R = \frac{mv}{qB} \tag{7-7}$$

带电粒子回旋一周所需的时间，即回旋周期为

$$T = \frac{2\pi R}{v} = \frac{2\pi m}{qB} \tag{7-8}$$

单位时间内带电粒子回旋的圈数，即回旋频率为

$$\nu = \frac{1}{T} = \frac{qB}{2\pi m} \tag{7-9}$$

式(7-8)和式(7-9)表明，周期 T 和频率 ν 与粒子的速度大小 v 和回旋半径 R 无关。

6. 安培力

载流导体在磁场中受到的磁场力，称为安培力。

设在均匀磁场中有一电流强度为 I、横截面积为 S，长为 $\mathrm{d}l$ 的电流元 $I\mathrm{d}l$，则电流元内定向运动的电子所受到的磁场力的合力，即安培力为

$$\mathrm{d}\boldsymbol{F} = I\mathrm{d}\boldsymbol{l} \times \boldsymbol{B} \tag{7-10}$$

其大小等于

$$\mathrm{d}F = I\mathrm{d}lB\sin\theta \tag{7-11}$$

其中，θ 是电流元 $I\mathrm{d}\boldsymbol{l}$ 与磁感应强度 $\boldsymbol{B}$ 之间的夹角，方向可用右手螺旋定则判定。此合力被传递给载流导体，表现为电流元所受的磁场力。

对有限长直载流导线 L 所受的安培力，等于各电流元所受安培力的矢量叠加，即

$$\boldsymbol{F} = \int_L \mathrm{d}\boldsymbol{F} = \int_L I\mathrm{d}\boldsymbol{l} \times \boldsymbol{B} \tag{7-12}$$

7. 磁场对载流线圈的作用

在磁感应强度为 $\boldsymbol{B}$ 的均匀磁场中，放置一个通以电流 I、面积为 S 的矩形线圈。设线圈平

面的法线方向 $\boldsymbol{n}_0$ 与磁场方向的夹角为 φ，该载流线圈所受力矩为

$$\boldsymbol{M}=\boldsymbol{m}\times\boldsymbol{B} \tag{7-13}$$

式中，$\boldsymbol{m}$ 的大小为 $m=INS$，称为线圈的磁矩。它由载流线圈自身的性质所决定，磁矩是矢量，其方向为载流线圈法线方向，即

$$\boldsymbol{m}=INS\boldsymbol{n}_0 \tag{7-14}$$

式(7-13)和式(7-14)，不仅对矩形线圈成立，对于在均匀磁场中任意形状的平面线圈也同样成立，甚至，由于带电粒子沿闭合回路的运动以及带电粒子的自旋所具有的磁矩，也都可以用上述公式描述。磁力矩的单位是 N·m。

8. 磁矩在外磁场中的能量

当磁矩为 $\boldsymbol{m}$ 的线圈在外磁场 $\boldsymbol{B}$ 中改变取向时，磁场或外力就对它做功，从而就有相应的势能。这个势能的零值位置可以任意选取，当选取 $\boldsymbol{m}$ 与 $\boldsymbol{B}$ 相互垂直，即 $\varphi=\dfrac{\pi}{2}$ 时势能为零值时的位置，则线圈在磁场任意位置时具有的势能表达式的矢量式为

$$\boldsymbol{E}_{\mathrm{m}}=-\boldsymbol{m}\cdot\boldsymbol{B} \tag{7-15}$$

9. 电磁感应定律

闭合回路中感应电动势的大小正比于穿过该闭合回路磁通量的变化率 $\dfrac{\mathrm{d}\Phi}{\mathrm{d}t}$。其数学表达式为

$$\varepsilon_i=-\frac{\mathrm{d}\Phi}{\mathrm{d}t}=-\frac{\mathrm{d}}{\mathrm{d}t}\iint_S\boldsymbol{B}\cdot\mathrm{d}\boldsymbol{S} \tag{7-16}$$

ε_i 的单位为伏特(V)、$\dfrac{\mathrm{d}\Phi}{\mathrm{d}t}$ 的单位为韦伯每秒(Wb/s)，式中负号表示感应电动势 ε_i 和 $\dfrac{\mathrm{d}\Phi}{\mathrm{d}t}$ 的正负总是相反，是楞次定律的数学表示。当磁铁以速度 $\boldsymbol{v}$ 向闭合回路方向运动时，穿过线圈的磁通量增加，即 $\dfrac{\mathrm{d}\Phi}{\mathrm{d}t}>0$，根据式(7-16)则 $\varepsilon_i<0$，表示感应电流 I_i 所产生的磁场 $\boldsymbol{B}_i$ 的方向与原磁场的方向相反，阻碍磁通量的增加；反之，穿过线圈的磁通量减少，即 $\dfrac{\mathrm{d}\Phi}{\mathrm{d}t}<0$，此时 $\varepsilon_i>0$，表示感应电流 I_i 所产生的磁场 $\boldsymbol{B}_i$ 的方向与原磁场的方向相同，补偿了磁通量的减少。

10. 动生电动势

任意形状导线 L 在任意磁场中运动或形变时所引起的感应电动势称为动生电动势，整个导体中产生的动生电动势为

$$\varepsilon_i=\int_L(\boldsymbol{v}\times\boldsymbol{B})\cdot\mathrm{d}\boldsymbol{l} \tag{7-17}$$

动生电动势只可能存在于在磁场中运动部分的导体上。

11. 感生电动势

变化的磁场在其周围空间产生涡旋电场又称为感生电场。导体中的自由电荷在涡旋电场作用下产生的感应电动势称为感生电动势。

$$\varepsilon_i=-\frac{\mathrm{d}\Phi}{\mathrm{d}t}=-\frac{\mathrm{d}}{\mathrm{d}t}\iint_S\boldsymbol{B}\cdot\mathrm{d}\boldsymbol{S} \tag{7-18}$$

式中面积分的区域 S 是以环路 L 为边界的曲面。当环路不变动时，可以将对时间的微商和对曲

面的积分两个运算的顺序颠倒，则得

$$\varepsilon_i = \oint_L \boldsymbol{E} \cdot \mathrm{d}\boldsymbol{l} = -\iint_S \frac{\partial \boldsymbol{B}}{\partial t} \cdot \mathrm{d}\boldsymbol{S} \tag{7-19}$$

上式表明感生电动势等于穿过该回路所包围面积的磁通量变化率的负值。

＊＊ 习题解答 ＊＊

7-1. 举例说明在一根磁感应线上，各点的磁感应强度是否一定是常矢量？

答：在一根磁感应线上，各点的磁感应强度不一定是常矢量。有下面几种情况：

(1) 磁感应强度 $\boldsymbol{B}$ 是常矢量，大小相等，方向相同，如匀强磁场中的磁感应线上各点的 $\boldsymbol{B}$；

(2) 磁感应强度 $\boldsymbol{B}$ 不是常矢量，大小相等，方向不同，如无限长载流直导线周围，距载流导线 r 处的环形磁感应线上各点的 $\boldsymbol{B}$；

(3) 磁感应强度 $\boldsymbol{B}$ 不是常矢量，大小不相等，方向相同，如载流圆环轴线上的磁感应线上各点的 $\boldsymbol{B}$；

(4) 磁感应强度 $\boldsymbol{B}$ 不是常矢量，大小不相等，方向也不相同，如载流圆环非轴线上的任一条磁感线上各点的 $\boldsymbol{B}$。

7-2. 在电子设备中，常把电流大小相等而流向相反的两根导线扭在一起来减少它们在远处产生的磁场，为什么？

答：在远处某点的磁场是两根载流导线各自产生的磁场的矢量叠加。由于两导线中电流大小相等、方向相反，所以在远处某点的磁场相互减弱。两导线扭在一起使其靠得更近，导致远处的磁场就越小。

7-3. 如题 7-3 图所示，取一闭合回路 L，使 3 根载流导线穿过它所围成的面，在下列几种情况下闭合回路积分值 $\oint \boldsymbol{B} \cdot \mathrm{d}\boldsymbol{l}$ 是否改变？路径上各点的 $\boldsymbol{B}$ 是否改变？

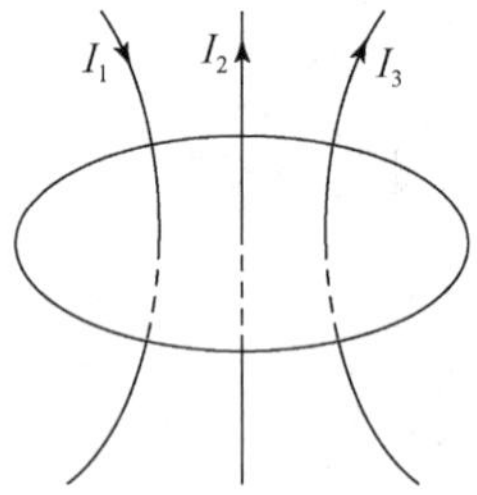

题 7-3 图

(1) 使某导线中的电流方向改变；

(2) 保持电流强度不变而使其中一根导线穿过面的角度发生变化；

(3) 改变 3 根导线之间的相互间隔，但不越过积分线路；

(4) 把其中一根导线移到闭合积分路线 L 之外。

答：安培环路定律 $\oint \boldsymbol{B} \cdot \mathrm{d}\boldsymbol{l} = \mu_0 \sum\limits_{L内} I_i$ 中的 $\boldsymbol{B}$ 是空间所有电流的磁感应强度的矢量和，对于空间某点而言，电流分布不同，在该点 $\boldsymbol{B}$ 的矢量和也不同。所以题中四种情况，路径 L 上的各点 $\boldsymbol{B}$ 都变化，但是 $\boldsymbol{B}$ 沿回路 L 的闭合积分值只由穿过闭合回路的电流的代数和决定，与未穿过闭合回路的电流无关，且 L 内电流位置改变时并不影响 $\oint \boldsymbol{B} \cdot \mathrm{d}\boldsymbol{l}$ 的值，所以上述四种情况中 (2)、(3) 的 $\oint \boldsymbol{B} \cdot \mathrm{d}\boldsymbol{l}$ 值不变，(1)、(4) 的 $\oint \boldsymbol{B} \cdot \mathrm{d}\boldsymbol{l}$ 值改变。

7-4. 在不考虑重力作用的情况下,若有一带电粒子通过空间某一区域时不偏转,能否肯定该区域中没有磁场?如果发生偏转,能否肯定该区域中存在磁场?

答:在电场和磁场同时存在的空间里,运动电荷所受的力为 $\boldsymbol{f}=q(\boldsymbol{E}+\boldsymbol{v}\times\boldsymbol{B})$,从此式知运动电荷不受力的可能是:

(1) $\boldsymbol{E}=0$, $\boldsymbol{B}=0$,即这个区域既没有电场也没有磁场;

(2) $q\boldsymbol{E}=-q\boldsymbol{v}\times\boldsymbol{B}$,在这个区域有电场和磁场,但电场力和磁场力为等大反向;

(3)在 $\boldsymbol{E}=0$ 区域, $\boldsymbol{v}/\!/\boldsymbol{B}$,电场力和磁场力都为零。

若 $\boldsymbol{B}=0$, $\boldsymbol{E}\neq 0$,带电粒子也可能偏转,不能肯定该区域一定存在磁场。

综上所述,在不考虑重力作用的情况下,若有一带电粒子通过空间某一区域时不偏转,不能肯定该区域没有磁场;如果发生偏转,也不能肯定该区域存在磁场。

7-5. 如题 7-5 图所示,一正电荷在磁场中运动到 A 点时,已知其速度 $\boldsymbol{v}$ 沿 x 轴方向,若它在磁场中所受的力为下列几种情况,试指出各种情况下磁感应强度 $\boldsymbol{B}$ 的方向:

(1)电荷不受力;

(2) $\boldsymbol{f}$ 的方向沿 z 轴方向,且知此时力的数值为最大;

(3) $\boldsymbol{f}$ 的方向沿 $-z$ 轴方向,且知此时力的数值为最大值的一半。

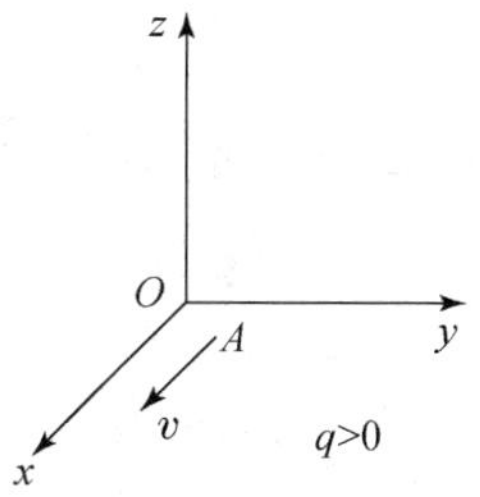

题 7-5 图

答:由 $\boldsymbol{f}=q(\boldsymbol{v}\times\boldsymbol{B})$ 知:(1)若 $\boldsymbol{f}=0$,则 $\boldsymbol{v}/\!/\boldsymbol{B}$,即 $\boldsymbol{B}$ 的方向是沿 x 轴正方向或沿 x 轴负方向;(2)因受力最大,所以 $\sin\theta=1$, $\boldsymbol{B}$ 的方向与 $\boldsymbol{v}$ 的方向垂直,又因为 $\boldsymbol{f}$ 的方向沿 z 轴方向,所以可知 $\boldsymbol{B}$ 的方向沿 y 轴方向;(3)因受力的数值为最大值的一半,所以 $\sin\theta=\dfrac{1}{2}$,即 $\theta=30°$ 或 $\theta=150°$,且 $\boldsymbol{f}$ 的方向沿 $-z$ 轴方向,所以 $\boldsymbol{B}$ 的方向应与 x 轴方向成30°或150°角与 $-y$ 轴方向成60°角。

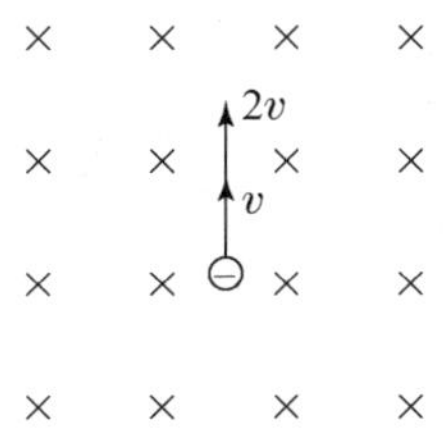

题 7-6 图

7-6. 如题 7-6 图所示,两个电子同时由电子枪射出,它们初速度方向与匀强磁场垂直,速率分别为 v 和 $2v$,经磁场偏转后,哪个电子先回到出发点?并写出半径与速度的比例关系。

答:这两个运动电子在垂直磁场的平面内运动轨迹是圆,圆周运动的周期和半径分别为

$$T=\frac{2\pi m}{qB},\quad R_v=\frac{mv}{qB},\quad R_{2v}=\frac{2mv}{qB}$$

从上式知周期 T 与速度 v 无关,因此两个不同速度的电子同时回到出发点。半径与速度成正比,即 $R_v:R_{2v}=1:2$。

7-7. 如题 7-7 图所示,均匀磁场 $\boldsymbol{B}$ 与矩形通电线框的法线成 φ 角,问线框的四边受力的大小与 φ 角有无关系?线框所受的合力与 φ 角有无关系?线框所受的合力矩与 φ 角有无关系?

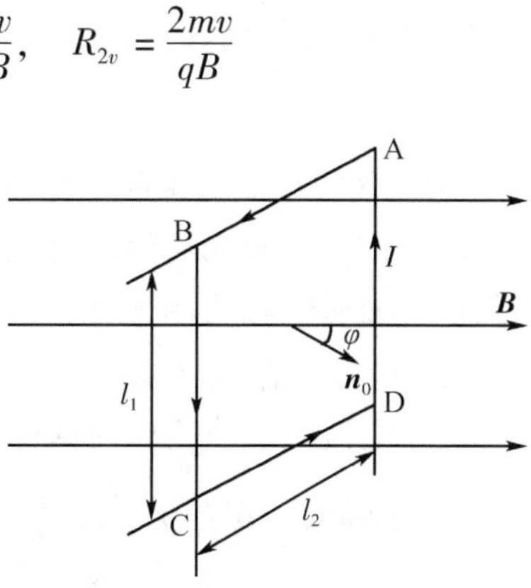

题 7-7 图

答:AB、CD 边受力大小与 φ 有关,大小为 $f=Il_2B\cos\varphi$,而 BC、DA 边受力大小与 φ 无关;线框所受的合力与 φ 无

关;线框所受的合力矩与 φ 有关,力矩 $M = BIS\sin\varphi$,其中 S 为线框面积。

7-8. 在磁感应强度 $B=2.0$ T,方向沿 x 轴正方向的空间放一个尺寸如题 7-8 图所示的棱镜型立体小盒 ABCDFE,求通过 ABCD 面及整个闭合曲面的磁通量。

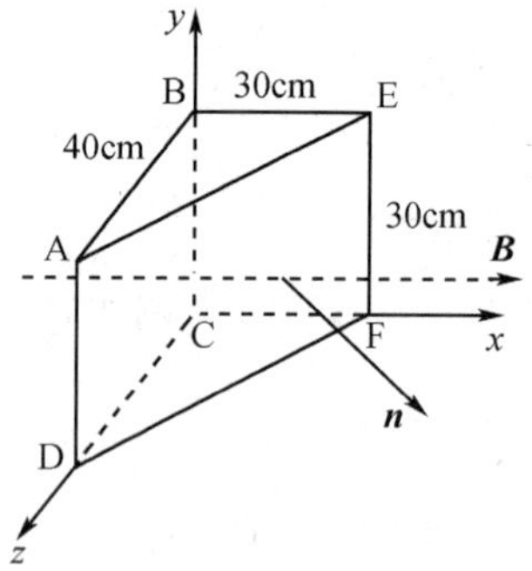

题 7-8 图

已知:$B=2.0$ T,$\overline{AB}=40$ cm,$\overline{BE}=30$ cm,$\overline{EF}=30$ cm;

求:$\Phi_{ABCD}=?$ $\Phi=?$

解:取棱镜型立体小盒的闭合曲面外法线方向为正方向,则 ABCD 面的法线与 B 方向夹角为 180°,所以

$$\Phi_{ABCD} = BS_{ABCD}\cos 180° = -0.24 \text{ Wb}$$

由高斯定理知,闭合曲面的磁通量为

$$\oiint_S \boldsymbol{B} \cdot d\boldsymbol{S} = 0$$

答:通过 ABCD 面的磁通量为-0.24 Wb,通过整个闭合曲面的磁通量为 0。

7-9. 在一通有电流 I 的无限长直载流导线侧面有边长为 b 的正方形,与导线距离为 a,如题 7-9 图所示,求通过该正方形面的磁通量。

已知:I, b, a;

求:$\Phi=?$

解:建立如题 7-9 图所示坐标,在 r 处取 $dS = b\,dr$ 。

取由纸面向外方向为正法线方向,则

$$d\Phi = BdS\cos 0°$$

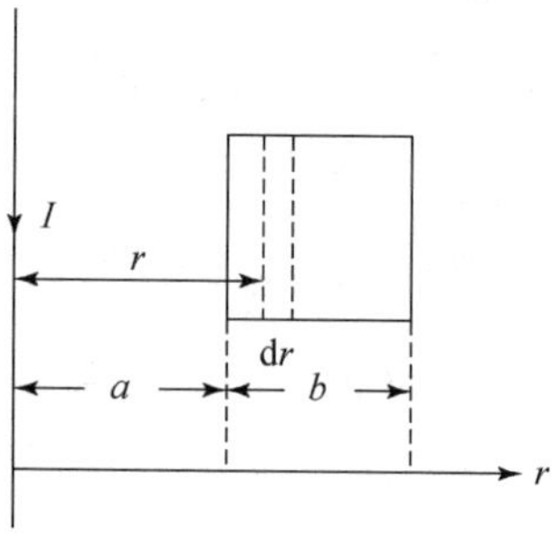

题 7-9 图

又由 $B = \dfrac{\mu_0 I}{2\pi r}$,得

$$d\Phi = BdS\cos 0° = \frac{\mu_0 I}{2\pi r} b dr = \frac{\mu_0 I b}{2\pi} \cdot \frac{dr}{r}$$

即

$$\Phi = \int d\Phi = \frac{\mu_0 I b}{2\pi} \int_a^{a+b} \frac{dr}{r} = \frac{\mu_0 I b}{2\pi} \ln\left(1 + \frac{b}{a}\right)$$

答:通过该正方形面的磁通量为 $\dfrac{\mu_0 I b}{2\pi} \ln\left(1 + \dfrac{b}{a}\right)$ 。

7-10. 沿长直空金属薄管壁有电流流动,试求管内和管外的磁感应强度分布。

已知:长直空金属薄管壁有电流流动,设 R 为金属管的半径,以金属管轴线上任一点为圆心,在垂直金属管轴线的平面内以任意长 r 为半径作一圆周回路 L。

求:$B=?$

解:因电流沿长直空金属薄管壁流动时,电流分布具有轴对称性,由安培环路定律知:

(1) $r<R$ 时,$\oint_L \boldsymbol{B} \cdot d\boldsymbol{L} = \mu_0 \sum I = 0$,所以 $B=0$。

(2) $r \geqslant R$ 时,$\oint_L \boldsymbol{B} \cdot d\boldsymbol{L} = \mu_0 \sum I = \mu_0 I$,所以 $B = \dfrac{\mu_0 I}{2\pi r}$,方向由右手螺旋定则确定。

答:当 $r<R$ 时 $B=0$,当 $r\geqslant R$ 时 $B=\dfrac{\mu_0 I}{2\pi r}$。

7–11. 有一无限长半径为 R_1 的导体柱,外套有一同轴导体圆筒,筒的内、外半径分别为 R_2、R_3,稳定电流 I 均匀地从导体柱流进,从外圆筒流出,如题 7-11 图所示,试求空间磁感应强度的分布。

已知:R_1, R_2, R_3, I;

求:$B=$?

解:由于电流分布具有轴对称性,可以根据安培环路定理求解。以任一点 P 到轴线的距离 r 为半径,以轴线上任一点为圆心,在垂直于导体柱平面内作闭合回路 L,则有:

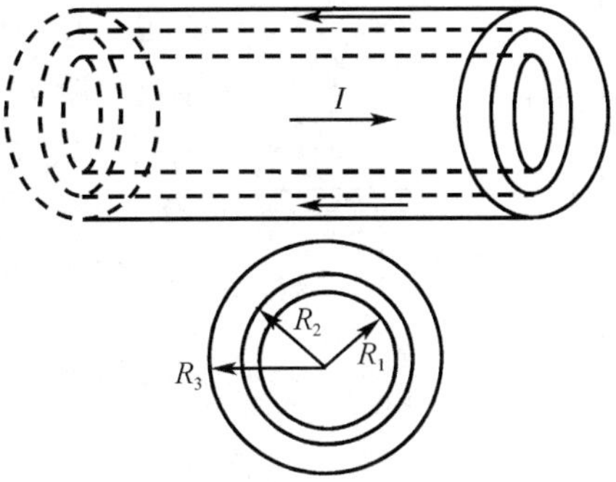

题 7-11 图

(1) $r<R_1$ 时,

$$\oint_L \boldsymbol{B}\cdot \mathrm{d}\boldsymbol{L} = B\oint_L \mathrm{d}L = 2\pi r B$$

闭合回路所包围的电流为

$$I' = \pi r^2 \frac{I}{\pi R_1^2} = \frac{r^2}{R_1^2} I$$

代入安培环路定律 $\oint_L \boldsymbol{B}\cdot \mathrm{d}\boldsymbol{L} = \mu_0 \sum I$,得

$$2\pi r B = \mu_0 \frac{r^2}{R_1^2} I,\quad 即当 r_1 < R_1 时,\quad B = \frac{\mu_0 I}{2\pi R_1^2} r$$

同理:

(2) $R_1\leqslant r<R_2$ 时, $B=\dfrac{\mu_0 I}{2\pi r}$

(3) $R_2\leqslant r<R_3$ 时, $B=\dfrac{\mu_0 I}{2\pi r}\left(1-\dfrac{r^2-R_2^2}{R_3^2-R_2^2}\right)$

(4) $r\geqslant R_3$ 时, $B=0$

$\boldsymbol{B}$ 的方向都由右手螺旋定则确定。

答:空间各点的磁感应强度分布如上解。

7–12. 两平行无限长直导线,各通以电流强度为 I 和 $4I$,相距为 d,求电流同向流动时磁感应强度为零的位置。

已知:I, $4I$, d;

求:电流同向流动时 $B=0$ 的位置在哪?

解:根据长直导线在空间产生磁场的特点知,磁感应强度为零的点一定在两平行导线所决定的平面内,且是一条平行于导线的直线。当电流同向时,磁感应强度为零的点在两导线之间。设该点与电流强度为 I 的导线的垂直距离为 x,则有

$$\frac{\mu_0 I}{2\pi x}=\frac{\mu_0}{2\pi}\cdot\frac{4I}{d-x}$$

即

$$x=\frac{d}{5}$$

答:电流同向流动时磁感应强度为零的位置离电流强度为 I 的导线的垂直距离为$\frac{d}{5}$。

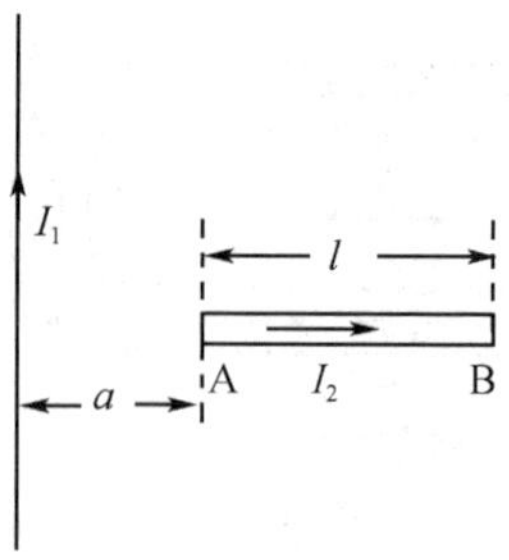

题 7-13 图

7-13. 一无限长载流直导线与另一载流直导线 AB 互相垂直放置,如题 7-13 图所示,电流强度分别为 I_1 和 I_2,AB 长为 l,A 端和无限长直导线相距为 a,证明导线 AB 所受力为

$$F_{AB}=\frac{\mu_0}{2\pi}I_1 I_2\ln\left(1+\frac{l}{a}\right)$$

证明:在 AB 上取一线元 $I\mathrm{d}r$,距无限长直导线距离为 r,则该处 B 大小为 $B=\frac{\mu_0 I_1}{2\pi r}$,方向垂直 AB 指向纸面向里,线元受力方向向上,其大小为

$$\mathrm{d}F=BI_2\mathrm{d}r=\frac{\mu_0 I_1 I_2}{2\pi}\frac{\mathrm{d}r}{r}$$

则

$$F_{AB}=\int_a^{a+l}\mathrm{d}F=\int_a^{a+l}\frac{\mu_0 I_1 I_2}{2\pi}\frac{\mathrm{d}r}{r}=\frac{\mu_0}{2\pi}I_1 I_2\ln\left(1+\frac{l}{a}\right)$$

证毕。

✻✻ 课外练习 ✻✻

一. 单选题

7-1. 下列现象中属于电磁感应现象的是(　　)。

A. 电流周围产生磁场　　B. 磁场对电流产生力的作用

C. 变化的磁场使闭合电路中产生电流　　D. 插在通电螺线管中的软铁棒被磁化

7-2. 若用条形磁铁竖直插入木质圆环,则环中(　　)。

A. 产生感应电动势,也产生感应电流　　B. 产生感应电动势,不产生感应电流

C. 不产生感应电动势,也不产生感应电流　　D. 不产生感应电动势,产生感应电流

7-3. 如课外练习图 7-1(a)、(b)所示,各有一半径相同的圆形回路 L_1 和 L_2,圆周内有电流 I_1 和 I_2,其分布相同,且均在真空中,但在图(b)中,L_2 回路外有电流 I_3,P_1、P_2 为两圆形回路上的对应点,则(　　)。

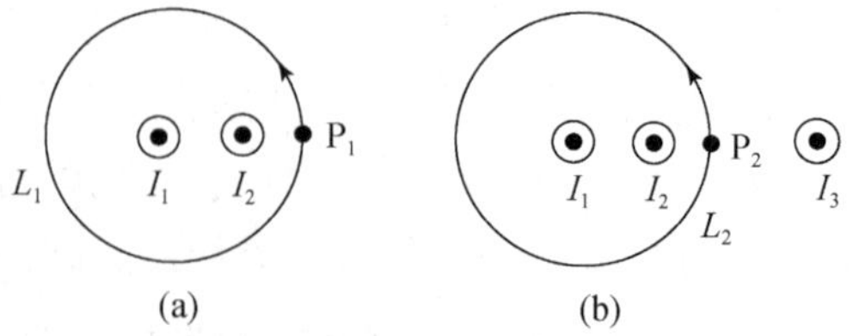

课外练习图 7-1

A. $\oint_{L_1}\boldsymbol{B}\cdot\mathrm{d}\boldsymbol{l}=\oint_{L_2}\boldsymbol{B}\cdot\mathrm{d}\boldsymbol{l},\quad \boldsymbol{B}_{P_1}=\boldsymbol{B}_{P_2}$

B. $\oint_{L_1} \boldsymbol{B} \cdot \mathrm{d}\boldsymbol{l} \neq \oint_{L_2} \boldsymbol{B} \cdot \mathrm{d}\boldsymbol{l}$，　$\boldsymbol{B}_{P_1} = \boldsymbol{B}_{P_2}$

C. $\oint_{L_1} \boldsymbol{B} \cdot \mathrm{d}\boldsymbol{l} = \oint_{L_2} \boldsymbol{B} \cdot \mathrm{d}\boldsymbol{l}$，　$\boldsymbol{B}_{P_1} \neq \boldsymbol{B}_{P_2}$

D. $\oint_{L_1} \boldsymbol{B} \cdot \mathrm{d}\boldsymbol{l} \neq \oint_{L_2} \boldsymbol{B} \cdot \mathrm{d}\boldsymbol{l}$，　$\boldsymbol{B}_{P_1} \neq \boldsymbol{B}_{P_2}$

7-4. 一带电粒子，垂直射入均匀磁场，如果粒子质量增大到原来的2倍，入射速度增大到原来的2倍，磁场的磁感应强度增大到原来的4倍，则通过粒子运动轨道包围范围内的磁通量变化到原来的(　　)。

A. 2倍　　B. 4倍　　C. 1/2倍　　D. 1/4倍

7-5. 均匀磁场如课外练习图7-2所示垂直纸面向里。在垂直磁场的平面内有一个边长为 l 的正方形金属细线框，在周长固定的条件下，当正方形变为一个圆时，则圆形回路中感应电流方向为(　　)。

A. 逆时针　　B. 顺时针

C. 无电流　　D. 无法判定

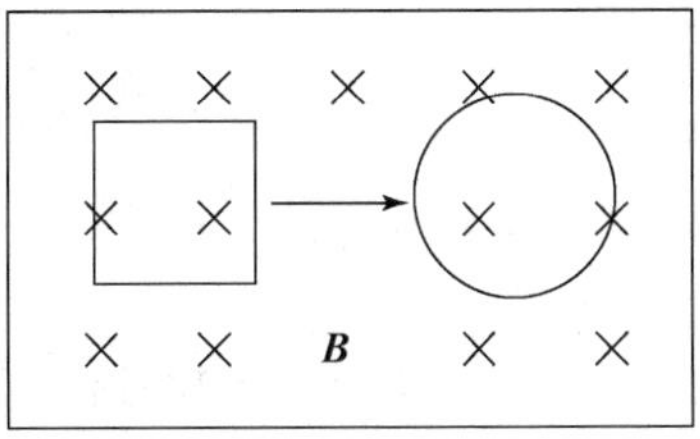

课外练习图 7-2

7-6. 无限长直圆柱体，半径为 R，沿轴向均匀流有电流。设圆柱体内($r < R$)的磁感应强度为 B_i，圆柱体外($r > R$)的磁感应强度为 B_e，则有(　　)。

A. B_i、B_e 均与 r 成正比　　B. B_i、B_e 均与 r 成反比

C. B_i 与 r 成反比，B_e 与 r 成正比　　D. B_i 与 r 成正比，B_e 与 r 成反比

7-7. 下列说法正确的是(　　)。

A. 闭合回路上各点磁感应强度都为零时，回路内一定没有电流穿过

B. 闭合回路上各点磁感应强度都为零时，回路内穿过电流的代数和必定为零

C. 磁感应强度沿闭合回路的积分为零时，回路上各点的磁感应强度必定为零

D. 磁感应强度沿闭合回路的积分不为零时，回路上任意一点的磁感应强度都不可能为零

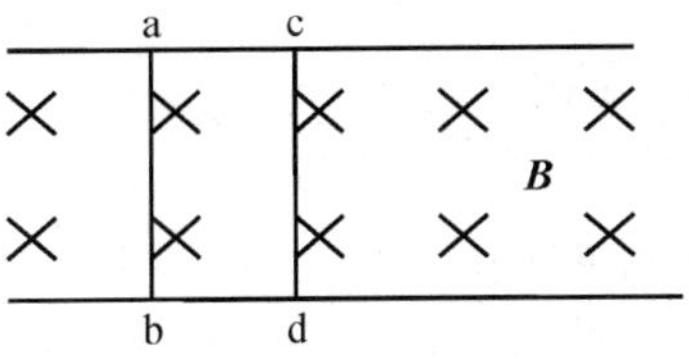

课外练习图 7-3

7-8. 如课外练习图7-3所示，有两条平行导轨，ab、cd 为跨在导轨上的两根横杆，导轨和横杆均为导体，组成一个闭合回路，有均匀磁场 $\boldsymbol{B}$ 垂直回路所在平面，方向见图，若用 I 表示回路 acdba 中的电流，下列说法正确的是(　　)。

A. 当 ab 不动而 cd 向右滑动时，$I \neq 0$ 且沿顺时针方向

B. 当 ab 向左，cd 向右滑动且速度大小相等时，$I = 0$

C. 当 ab、cd 同时以相同的速度向左滑动时，$I = 0$

D. 当 ab、cd 同时向左滑动时，且 ab 的速度小于 cd 的速度时，$I \neq 0$，沿逆时针方向

7-9. 在磁场中取一闭合回路 L，使三根载流导线穿过它所围成的面，当把其中一根导线移到闭合回路之外时，闭合回路积分值 $\oint \boldsymbol{B} \cdot \mathrm{d}\boldsymbol{l}$ 是否改变？回路上各点 $\boldsymbol{B}$ 变不变？(　　)。

A. $\oint \boldsymbol{B} \cdot \mathrm{d}\boldsymbol{l}$ 不变，B 变　　B. $\oint \boldsymbol{B} \cdot \mathrm{d}\boldsymbol{l}$ 变，$\boldsymbol{B}$ 不变

C. 都不变　　D. 都变

二、填空题

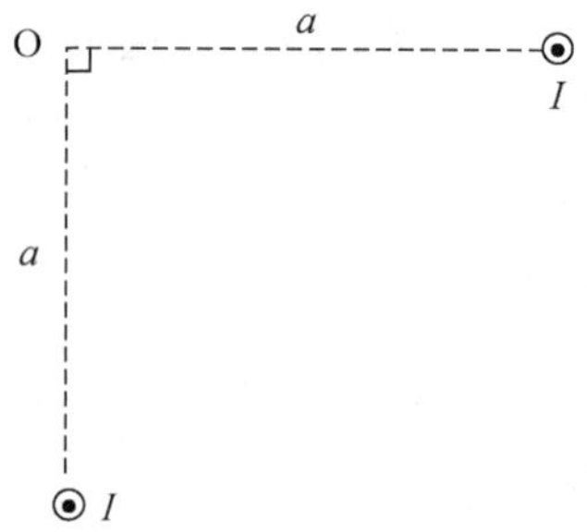

课外练习图 7-4

7-1. 在稳恒磁场中，通过某一闭合曲面的磁通量为________。

7-2. 带电粒子在磁场中做圆周运动的半径为________，周期为________。

7-3. 在课外练习图 7-4 中，I 为两个平行的无限长直电流，电流方向垂直纸面向外，则 O 点的磁感应强度 $\boldsymbol{B}$ 的大小为________，方向与水平方向成________角，斜向左下方。

7-4. 真空中磁场的安培环路定理的表达式为________。

7-5. 在均匀磁场中有两个平面线圈，其面积 $A_1 = 2A_2$，通有电流 $I_1 = 2I_2$，它们所受到的最大磁力矩之比 $M_1 : M_2$ 等于________。

三、判断题

7-1. 闭合电路在磁场中做切割磁感应线运动，电路中必定有感应电流。(　　)

7-2. 磁场中磁感应线的疏密可以表示该区域的磁感应强度的大小。(　　)

7-3. 将一磁铁推入一闭合电路线圈中，一次迅速推入，另一次缓慢推入，两次手推磁铁的力所做的功不同。(　　)

7-4. 感生电场是保守场。(　　)

7-5. 磁感应线是无头无尾的闭合曲线，磁场中任意两条磁感应线不相交。(　　)

四、简答题

7-1. 写出楞次定律，并指出楞次定律的实质。

7-2. 简述电磁感应定律，并写出其数学表达式，其中负号的物理意义是什么？

7-3. 什么叫电磁感应现象？电磁感应现象有几种电动势，它们产生的本质是什么？

五、计算题

7-1. 两平行无限长直导线，分别通以电流强度为 $2I$ 和 $3I$ 的电流，两导线相距为 l，求电流同向流动时磁感应强度为零的位置。

7-2. 如课外练习图 7-5 所示，一根长为 L 的铜棒，在均匀磁场 $\boldsymbol{B}$ 中以角速度 ω 在与磁场方向垂直的平面上做匀速转动。求棒的两端之间的动生电动势大小。

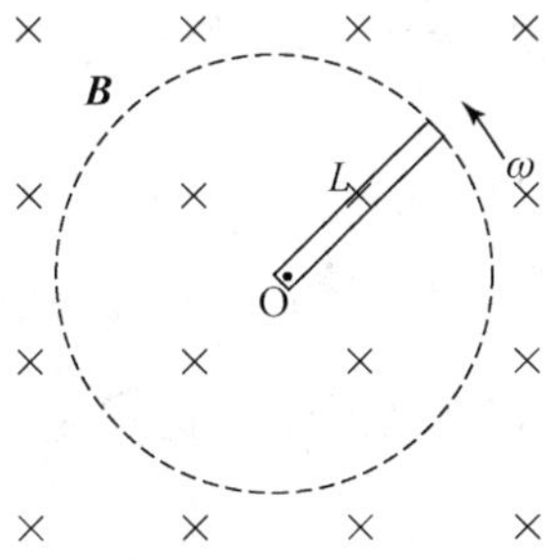

课外练习图 7-5

7-3. 一根很长的同轴电缆，由一半径为 a 的导体圆柱和一内、外半径分别为 b、c 的同轴导体圆筒构成，如课外练习图 7-6 所示。使用时，电流 I 从导体圆筒流入，从导体圆柱流出。设电流都是均匀地分布在导体的横截面上，求：(1) 导体圆柱内（$r < a$）；(2) 两导体之间（$a \leqslant r < b$）；(3) 导体圆筒内（$b \leqslant r < c$）；(4) 电缆外（$r \geqslant c$）各点处磁感应强度的大小。

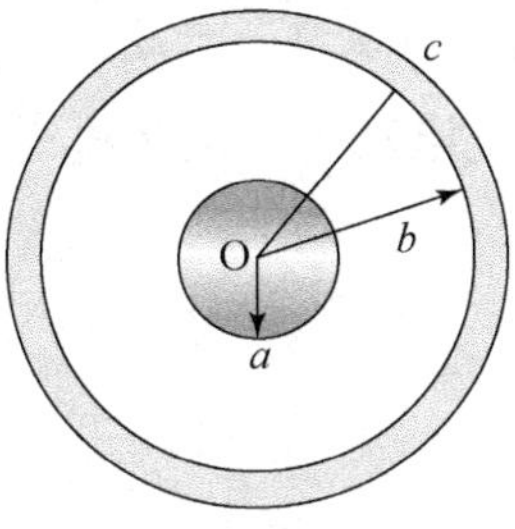

课外练习图 7-6

7-4. 一质子沿着与磁场垂直的方向运动，在某点它的速率为 3.1×10^6 m/s，由实验测得这时质子所受的洛伦兹力为 7.4×10^{-14} N，求该点的磁感应强度的大小。

7-5. 在长直导线 AB 内通有电流 $I_1 = 20$ A，如课外练习图 7-7 所示，在矩形线圈 CDEF 中通有电流 $I_2 = 10$ A，AB 与线圈共面，且 CD、EF 都与 AB 平行。已知 $a=9.0$ cm，$b=20.0$ cm，$d=1.0$ cm，求：

(1) 导线 AB 的磁场对矩形线圈每边所作用的力；

(2) 矩形线圈所受的合力。

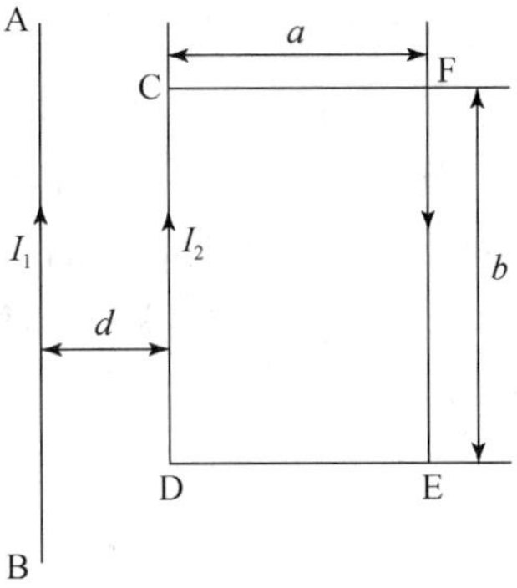

课外练习图 7-7

✻✻ 课外练习参考答案 ✻✻

一、单选题

7-1. C　7-2. C　7-3. C　7-4. B　7-5. A　7-6. D　7-7. B　7-8. C　7-9. D

二、填空题

7-1. 0　7-2. $\dfrac{mv}{Bq}$；$\dfrac{2\pi m}{Bq}$　7-3. $B = \dfrac{\sqrt{2}\mu_0 I}{2\pi a}$；45°　7-4. $\oint_L \boldsymbol{B} \cdot \mathrm{d}\boldsymbol{l} = \mu_0 \sum_{L内} I_i$　7-5. 4 : 1

三、判断题

7-1. ×　7-2. √　7-3. √　7-4. ×　7-5. √

四、简答题

7-1. 答：闭合回路中感应电流的方向，总是使得它所激发的磁场阻碍引起感应电流的磁通量的变化,这个结论称为楞次定律,实质是能量守恒的应用。

7-2. 答:当穿过闭合回路所围面积的磁通量发生变化时,不论这种变化是什么原因引起的,回路中都会建立起感应电动势,且此感应电动势等于磁通量对时间变化率的负值。电磁感应定律的数学表达式为 $\varepsilon_i = -\dfrac{\mathrm{d}\Phi}{\mathrm{d}t}$,负号表示的是感应电动势总是阻碍磁通量的变化。

7-3. 答:电磁感应现象定义为,当穿过一个闭合导体回路所围面积的磁通量发生变化时,不管这种变化是由什么原因引起的,回路中就有感应电流产生。电磁感应现象对应有两种电动势,磁感应强度变化为感生电动势;回路所围面积或面积取向变化为动生电动势。动生电动势本质为磁场对电荷的作用;感生电动势本质为感生电场对电荷的作用。

五、计算题

7-1. 已知:$2I,3I,l$

求:距电流为 $2I$ 的导线的垂直距离 $x=?$

解:由长直导线在空间产生磁场的特点知,磁感应强度为零的点一定在两平行导线所在平面内且是平行于两导线的一条直线。

当电流同向时,根据两导线在空间产生磁场的方向知,磁感应强度为零的点应在两导线之间,则有

$$\frac{\mu_0 \cdot 2I}{2\pi x} = \frac{\mu_0 \cdot 3I}{2\pi(l-x)}$$

解得

$$x = \frac{2}{5}l$$

答:电流同向流动时磁感应强度为零的位置距离电流为 $2I$ 的导线的垂直距离为 $\dfrac{2}{5}l$。

7-2. 已知:$L,\boldsymbol{B},\omega$;

求:$\varepsilon=?$

解:由动生电动势公式 $\varepsilon = \int_0^L (\boldsymbol{v}\times\boldsymbol{B})\cdot \mathrm{d}\boldsymbol{l}$,得

$$\varepsilon = \int_0^L (\boldsymbol{v}\times\boldsymbol{B})\cdot \mathrm{d}\boldsymbol{l} = \int_0^L vB\mathrm{d}l = \int_0^L B\omega l\mathrm{d}l = \frac{1}{2}B\omega L^2$$

答:棒的两端之间的动生电动势大小为 $\dfrac{1}{2}B\omega L^2$。

7-3. 已知:a,b,c,I;

求:(1)当 $r<a$ 时,$B=?$ (2)当 $a\leqslant r<b$ 时,$B=?$ (3)当 $b\leqslant r<c$ 时,$B=?$ (4)$r\geqslant c$ 时,$B=?$

解:根据安培环路定理 $\oint_L \boldsymbol{B}\cdot \mathrm{d}\boldsymbol{l} = \mu_0 \sum_{L内} I_i$,有

(1)当 $r < a$ 时，$B2\pi r = \mu_0 \dfrac{Ir^2}{a^2}$，解得 $B = \dfrac{\mu_0 Ir}{2\pi a^2}$；

(2)当 $a \leqslant r < b$ 时，$B2\pi r = \mu_0 I$，解得 $B = \dfrac{\mu_0 I}{2\pi r}$；

(3)当 $b \leqslant r < c$ 时，$B2\pi r = -\mu_0 I \dfrac{r^2 - b^2}{c^2 - b^2} + \mu_0 I$，解得 $B = \dfrac{\mu_0 I(c^2 - r^2)}{2\pi r(c^2 - b^2)}$；

(4)当 $r \geqslant c$ 时，$B2\pi r = 0$，解得 $B = 0$。

答：(1)当 $r < a$ 时，导体圆柱内各点磁感应强度为 $\dfrac{\mu_0 Ir}{2\pi a^2}$；(2)当 $a \leqslant r < b$ 时，两导体之间各点磁感应强度为 $\dfrac{\mu_0 I}{2\pi r}$；(3)当 $b \leqslant r < c$ 时，导体圆筒内各点磁感应强度为 $\dfrac{\mu_0 I(c^2 - r^2)}{2\pi r(c^2 - b^2)}$；(4)当 $r \geqslant c$ 时，电缆外各点处磁感应强度为 0。

7-4. 已知：$v = 3.1 \times 10^6\ \mathrm{m/s}$，$F = 7.4 \times 10^{-14}\ \mathrm{N}$；

求：$B = ?$

解：由于速度 $\boldsymbol{v}$ 与磁场 $\boldsymbol{B}$ 垂直，得

$$B = \frac{F}{qv} = \frac{7.4 \times 10^{-14}}{1.6 \times 10^{-19} \times 3.1 \times 10^6}\ \mathrm{T} = 0.15\ \mathrm{T}$$

答：该点的磁感应强度的大小为 0.15 T。

7-5. 已知：$I_1 = 20\ \mathrm{A}$，$I_2 = 10\ \mathrm{A}$，$a = 9.0\ \mathrm{cm}$，$b = 20.0\ \mathrm{cm}$，$d = 1.0\ \mathrm{cm}$；

求：(1) $\boldsymbol{F}_{\mathrm{CD}}$，$\boldsymbol{F}_{\mathrm{EF}}$，$\boldsymbol{F}_{\mathrm{DE}}$，$\boldsymbol{F}_{\mathrm{CF}}$ 大小及方向；

(2) $\sum F = ?$

解：(1)因为 $\boldsymbol{B}$ 与 $\boldsymbol{l}$ 垂直，所以 $F = IlB$。

又由 $B = \dfrac{\mu_0 I}{2\pi r}$，得

$F_{\mathrm{CD}} = I_2 b B_{\mathrm{CD}} = I_2 b \dfrac{\mu_0 I_1}{2\pi d} = 8 \times 10^{-4}\ \mathrm{N}$，力的方向水平向左；

$F_{\mathrm{EF}} = I_2 b B_{\mathrm{EF}} = I_2 b \dfrac{\mu_0 I_1}{2\pi(d + a)} = 8 \times 10^{-5}\ \mathrm{N}$，力的方向水平向右；

$F_{\mathrm{DE}} = \left| \int I_2 \mathrm{d}\boldsymbol{l} \times \boldsymbol{B} \right| = \int_d^{d+a} I_2 \mathrm{d}r \dfrac{\mu_0 I_1}{2\pi r} = \dfrac{\mu_0 I_1 I_2}{2\pi} \ln \dfrac{d + a}{d} = 9.2 \times 10^{-5}\ \mathrm{N}$，力的方向竖直向下；

$F_{\mathrm{CF}} = F_{\mathrm{DE}} = 9.2 \times 10^{-5}\ \mathrm{N}$，力的方向竖直向上。

(2)由(1)可得，矩形线圈所受的合力的大小为

$$\sum F = F_{\mathrm{CD}} - F_{\mathrm{EF}} = 7.2 \times 10^{-4}\ \mathrm{N}$$

方向水平向左。

答：(1)导线 AB 的磁场对矩形线圈每边所作用的力分别为 $F_{\mathrm{CD}} = 8 \times 10^{-4}\ \mathrm{N}$，方向水平向左；$F_{\mathrm{EF}} = 8 \times 10^{-5}\ \mathrm{N}$，方向水平向右；$F_{\mathrm{DE}} = 9.2 \times 10^{-5}\ \mathrm{N}$，方向竖直向下；$F_{\mathrm{CF}} = 9.2 \times 10^{-5}\ \mathrm{N}$，方向竖直向上。(2)矩形线圈所受的合力为 $7.2 \times 10^{-4}\ \mathrm{N}$，方向水平向左。

第八章　机械振动与机械波

＊＊ 内容提要 ＊＊

1. 简谐振动

(1)机械振动:物体在一定位置附近来回往复的运动,称为机械振动。

(2)简谐振动:物体在振动时,加速度的大小和位移的大小成正比而方向相反,具有此特征的振动称为简谐振动。

(3)振幅:振动物体离开平衡位置的最大位移,称为振幅。

(4)周期与频率:振动物体完成一次完全振动(来回一次)所需的时间,称为周期,用 T 表示,单位为秒(s)。单位时间内物体振动的次数称为频率,用 ν 表示,单位为赫兹(Hz)。周期与频率互为倒数。物体在 2π 秒内完成的振动次数称为圆频率(或角频率),用 ω 表示,单位为弧度每秒(rad/s)。

(5)相位:$(\omega t+\varphi)$ 称为相位,φ 称为初相位,单位为弧度(rad)。相位的意义是,当振幅已知时,由它来确定 t 时刻物体所处的振动状态,如位移、速度等;初相位确定了振动开始时物体所处的振动状态。

(6)简谐振动的运动方程

$$y=A\cos(\omega t+\varphi) \tag{8-1}$$

(7)简谐振动的速度

$$v=\frac{\mathrm{d}y}{\mathrm{d}t}=-A\omega\sin(\omega t+\varphi) \tag{8-2}$$

$v_m=\omega A$ 是速度的最大值,称为速度幅值。

(8)简谐振动的加速度

$$a=\frac{\mathrm{d}^2y}{\mathrm{d}t^2}=-A\omega^2\cos(\omega t+\varphi) \tag{8-3}$$

(9)简谐振动的能量

动能:

$$E_K=\frac{1}{2}mv^2=\frac{1}{2}mA^2\omega^2\sin^2(\omega t+\varphi) \tag{8-4}$$

势能:

$$E_P=\frac{1}{2}ky^2=\frac{1}{2}kA^2\cos^2(\omega t+\varphi) \tag{8-5}$$

总能量:

$$E=E_K+E_P=\frac{1}{2}mA^2\omega^2=\frac{1}{2}kA^2 \tag{8-6}$$

(10)两个同方向、同频率的简谐振动的合成:同方向同频率的两个简谐振动合成后仍是一个简谐振动。它的频率和原分振动的频率相同,而振幅和初相位由原分振动的振幅和初相位来决定。

$$y=A\cos(\omega t+\varphi) \tag{8-7}$$

其中,A 和 φ 的值分别为

$$A=\sqrt{A_1^2+A_2^2+2A_1A_2\cos(\varphi_2-\varphi_1)} \tag{8-8}$$

$$\tan\varphi=\frac{A_1\sin\varphi_1+A_2\sin\varphi_2}{A_1\cos\varphi_1+A_2\cos\varphi_2} \tag{8-9}$$

2. 波动学基础

(1)波动:振动在空间的传播过程称为波动。

(2)机械波:机械振动在介质中的传播过程称为机械波。

(3)平面简谐波的波动方程:

$$y=A\cos\omega\left(t-\frac{x}{c}\right) \tag{8-10}$$

或

$$y=A\cos2\pi\left(\frac{t}{T}-\frac{x}{\lambda}\right)=A\cos2\pi\left(\nu t-\frac{x}{\lambda}\right) \tag{8-11}$$

(4)描写波动的特征量:波速、波长和周期(频率)之间有如下关系:

$$c=\frac{\lambda}{T}=\lambda\nu \tag{8-12}$$

(5)波的能量:

$$\mathrm{d}E=\mathrm{d}E_{\mathrm{p}}+\mathrm{d}E_{\mathrm{k}}=\rho A^2\omega^2\sin^2\omega\left(t-\frac{x}{c}\right)\mathrm{d}V \tag{8-13}$$

(6)平面波的强度衰减的规律:

$$I=\frac{1}{2}\rho cA_0^2\omega^2\mathrm{e}^{-2\alpha x}=I_0\mathrm{e}^{-2\alpha x} \tag{8-14}$$

(7)多普勒效应一般规律:

$$\nu'=\frac{c'}{\lambda'}=\frac{c+v_{\mathrm{B}}}{c-v_{\mathrm{S}}}\nu \tag{8-15}$$

3. 声波

(1)声压方程
$$P=\rho c\omega A\cos\omega\left(t-\frac{x}{c}\right) \tag{8-16}$$

(2)声阻
$$Z=\frac{P_{\mathrm{m}}}{v_{\mathrm{m}}}=\frac{\rho cA\omega}{A\omega}=\rho c \tag{8-17}$$

(3)声强
$$I=\frac{1}{2}\rho c\omega^2A^2=\frac{1}{2}Zv_{\mathrm{m}}^2=\frac{P_{\mathrm{m}}^2}{2Z} \tag{8-18}$$

(4)声强级
$$L=\lg\frac{I}{I_0}\ (\mathrm{Bel})=10\lg\frac{I}{I_0}\ (\mathrm{dB}) \tag{8-19}$$

4. 超声波与次声波

(1)超声波:频率高于 2×10^4 Hz 的机械波称为超声波,超声波的频段范围为 $2\times10^4\sim5\times10^8$ Hz。

(2)次声波:次声波又称亚声波,一般指频率在 $10^{-4}\sim20$ Hz 的机械波。

＊＊ 习题解答 ＊＊

8-1. 简谐振动的振幅是 A,问振动质点在一周期内走过的路程有多远?

答:振动质点在一周期内完成一次全振动,所经过的路程为 $4A$。

8-2. 一物体做简谐振动,其振动方程是 $y=0.12\cos\left(\pi t-\frac{\pi}{3}\right)$(m),求:

(1)振动的振幅、频率、周期和初相位;

(2)$t=0.5$ s 时,物体的位置、速度和加速度。

已知:$y=0.12\cos\left(\pi t-\frac{\pi}{3}\right)$(m);

求:(1)$A=?$　$\nu=?$　$T=?$　$\varphi=?$

(2)当 $t=0.5$s 时,$y=?$　$v=?$　$a=?$

解:(1)把 $y=0.12\cos\left(\pi t-\frac{\pi}{3}\right)$ 与谐振方程 $y=A\cos(\omega t+\varphi)$ 比较,得

振幅　$A=0.12$ m

角频率　$\omega=\pi$(rad/s)

频率　$\nu=\frac{\omega}{2\pi}=\frac{\pi}{2\pi}=0.5$ Hz

周期　$T=\frac{2\pi}{\omega}=2$ s

初相位　$\varphi=-\frac{\pi}{3}$

(2)当 $t=0.5$ s 时,

$$y=0.12\cos\left(\pi t-\frac{\pi}{3}\right)=0.104\text{ m}$$

$$v=\frac{dy}{dt}=-0.12\pi\sin\left(\pi t-\frac{\pi}{3}\right)=-0.19\text{ m/s}$$

$$a=\frac{dv}{dt}=-0.12\pi^2\cos\left(\pi t-\frac{\pi}{3}\right)=-1.03\text{ m/s}^2$$

答:(1)振动的振幅为 0.12 m,频率为 0.5 Hz,周期为 2 s,初相位为 $-\frac{\pi}{3}$;(2)$t=0.5$ s 时物体的位置为 0.104 m,速度为 -0.19 m/s,加速度为 -1.03 m/s^2。

8-3. 一弹簧振子其质量 $m=0.64$ kg,$k=100$ N/m;当 $t=0$ 时,$y_0=0.1$ m,$v_0=-1.25\sqrt{3}$ m/s。

求:(1)角频率 ω 及周期 T;

(2)振幅 A 及初相位,并写出振动方程;

(3)$t=\frac{6}{25}\pi$(s)时的位移、速度、加速度以及所受弹力 F 的大小。

已知：$m=0.64\ \text{kg}, k=100\ \text{N/m}$；当 $t=0$ 时，$y_0=0.1\ \text{m}, v_0=-1.25\sqrt{3}\ \text{m/s}$；

求：(1) $\omega=?$　$T=?$

(2) $A=?$　$\varphi=?$　振动方程；

(3) 当 $t=\frac{6}{25}\pi\ (\text{s})$ 时，$y=?$　$v=?$　$a=?$　$F=?$

解：(1) 对于弹簧振子，有

$$T=2\pi\sqrt{\frac{m}{k}}=2\pi\sqrt{\frac{0.64}{100}}=0.5\ \text{s}$$

$$\omega=\frac{2\pi}{T}=\frac{2\pi}{0.5}=12.56\ \text{rad/s}$$

(2) 由公式 $y=A\cos(\omega t+\varphi), v=-\omega A\sin(\omega t+\varphi)$ 可知：

当 $t=0$ 时，$y_0=A\cos\varphi, v_0=-\omega A\sin\varphi$

则

$$A=\sqrt{y_0^2+\frac{v_0^2}{\omega^2}}=\sqrt{0.1^2+\left(\frac{-1.25\sqrt{3}}{12.56}\right)^2}=0.2\ \text{m}$$

$$\varphi=\arctan\left(-\frac{v_0}{\omega y_0}\right)$$

$$\tan\varphi=-\frac{v_0}{\omega y_0}=\frac{1.25\sqrt{3}}{12.56\times 0.1}=\sqrt{3}$$

解得

$$\varphi=\frac{\pi}{3}\text{或}\ \varphi=\frac{4}{3}\pi$$

因为 $y_0=A\cos\varphi=0.1\ \text{m}>0$，有 $\cos\varphi>0$，所以只有取 $\varphi=\frac{\pi}{3}$，才符合条件。

振动方程为

$$y=A\cos(\omega t+\varphi)=0.2\cos\left(12.5t+\frac{\pi}{3}\right)\ \text{m}$$

(3) 当 $t=\frac{6}{25}\pi\ (\text{s})$ 时，得

$$y=A\cos(\omega t+\varphi)=0.2\cos\left(12.5\times\frac{6}{25}\pi+\frac{\pi}{3}\right)=-0.1\ \text{m}$$

$$v=-A\omega\sin(\omega t+\varphi)=-0.2\times 12.5\sin\left(12.5\times\frac{6}{25}\pi+\frac{\pi}{3}\right)=2.17\ \text{m/s}$$

$$a=-A\omega^2\cos(\omega t+\varphi)=-0.2\times(12.5)^2\cos\left(12.5\times\frac{6}{25}\pi+\frac{\pi}{3}\right)=15.6\ \text{m/s}^2$$

$$F=-ky=-100\times(-0.1)=10\ \text{N}$$

答：(1) 角频率和周期分别为 12.5 rad/s、0.5 s；(2) 振幅为 0.2 m，初相位为$\frac{\pi}{3}$，振动方程为 $y=A\cos(\omega t+y)=0.2\cos\left(12.5t+\frac{\pi}{3}\right)m$；(3) $t=\frac{6}{25}\pi(\text{s})$ 时的位移为 −0.1 m、速度为 2.17 m/s、加速度为 15.6 m/s² 以及所受弹力 F 的大小为 10 N。

8-4. 一弹簧振子沿 y 轴做简谐振动，振幅为 0.12 m，周期为 2 s，当 $t=0$ 时物体的位移为 0.06 m，

且向 y 轴正方向运动,求简谐振动的初相位。

已知:$A=0.12$ m,$T=2$ s,当 $t=0$ 时 $y_0=0.06$ m,且向 y 轴正方向运动:

求:$\varphi=?$

解:由题意知

$$\omega=\frac{2\pi}{T}=\pi(\text{rad/s})$$

谐振方程为

$$y=0.12\cos(\pi t+\varphi)$$

当 $t=0$ 时,

$$y_0=0.12\cos\varphi=0.06$$

解得

$$\varphi=\pm\frac{\pi}{3}$$

由于此时物体沿 y 轴正方向运动,有 $v_0=\left.\frac{\mathrm{d}y}{\mathrm{d}t}\right|_{t=0}=-\omega A\sin\varphi>0$,则 φ 必在第四象限,即

$$\varphi=-\frac{\pi}{3}$$

答:简谐振动的初相位为$-\frac{\pi}{3}$。

8-5. 如题 8-5 图所示,长为 l,质量为 m 的匀质杆一端悬挂在水平轴 O 上,杆可在竖直平面内自由摆动。当摆幅很小时,证明杆的运动为简谐振动,并求其周期。

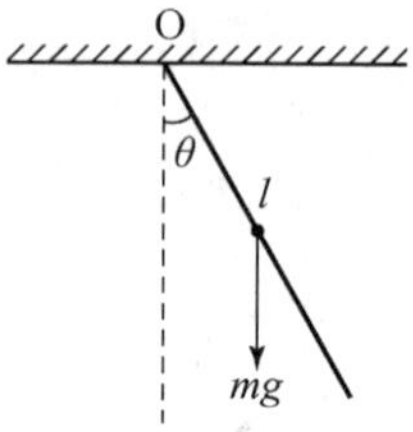

题 8-5 图

已知:l,m;

求:证明杆的运动为简谐振动,并求其周期为多少?

证明:设 t 时刻杆的角坐标为 θ,此时杆所受到合外力矩的大小为

$$M=mg\cdot\frac{l}{2}\sin\theta$$

当 θ 很小时 $\sin\theta\approx\theta$ 所以有 $M=mg\cdot\frac{l}{2}\theta$。

考虑到 $\boldsymbol{M}$ 与 $\boldsymbol{\theta}$ 始终反向,上式写成 $M=-mg\cdot\frac{l}{2}\theta$

由转动定律 $M=I\beta$ 得

$$-mg\frac{l}{2}\theta=\frac{1}{3}ml^2\frac{\mathrm{d}^2\theta}{\mathrm{d}t^2}$$

整理得

$$\frac{\mathrm{d}^2\theta}{\mathrm{d}t^2}+\frac{3g}{2l}\theta=0$$

令 $\omega^2=\frac{3g}{2l}$,将其代入上式,得

$$\frac{\mathrm{d}^2\theta}{\mathrm{d}t^2}+\omega^2\theta=0$$

可见,当杆在竖直平面内做小角度摆动时,其摆动为简谐振动,其周期

$$T=\frac{2\pi}{\omega}=2\pi\sqrt{\frac{2l}{3g}}$$

答:周期为 $2\pi\sqrt{\frac{2l}{3g}}$。

8-6. 已知两个同方向、同频率的简谐振动方程分别为 $y_1=3.0\cos(\omega t+\pi)$ (cm)和 $y_2=4.0\cos\left(\omega t+\frac{3}{2}\pi\right)$ (cm)，试求其合振动的振幅、初相位及振动方程。

已知：$y_1=3.0\cos(\omega t+\pi)$ (cm)，　$y_2=4.0\cos\left(\omega t+\frac{3}{2}\pi\right)$ (cm)；

求：$A=?$　$\varphi=?$ 及振动方程的表达式。

解：

$$A=\sqrt{A_1^2+A_2^2+2A_1A_2\cos(\varphi_2-\varphi_1)}=\sqrt{A_1^2+A_2^2}=\sqrt{3.0^2+4.0^2}=5.0\ \text{cm}$$

$$\tan\varphi=\frac{A_1\sin\varphi_1+A_2\sin\varphi_2}{A_1\cos\varphi_1+A_2\cos\varphi_2}=\frac{A_2\sin\left(\frac{3}{2}\pi\right)}{A_1\cos\pi}=\frac{4}{3}$$

解得

$$\varphi=0.93\ \text{rad}$$

振动方程为

$$y=5.0\cos(\omega t+0.93)\ (\text{cm})$$

答：合振动的振幅为 5 cm、初相位为 0.93 rad 及振动方程为 $y=5.0\cos(\omega t+0.93)$ (cm)。

8-7. 某波的波动方程为 $y=0.05\cos\pi(5x-100t)$ (m)，求：

(1)振幅、频率、周期、波速及波长；

(2) $x=2$ m 处的质点的振动方程及初相；

(3) $x_1=0.2$ m 及 $x_2=0.35$ m 处两质点振动的相位差。

已知：$y=0.05\cos\pi(5x-100t)$ (m)；

求：(1) $A=?$　$\nu=?$　$T=?$　$c=?$　$\lambda=?$

(2) $x=2$ m 处的质点的振动方程及初相；

(3) $x_1=0.2$ m 及 $x_2=0.35$ m 处两质点振动的相位差 $\Delta\varphi$。

解：(1)将 $y=0.05\cos\pi(5x-100t)$ (m)与波动方程 $y=A\cos\omega\left[\left(t-\frac{x}{c}\right)+\varphi\right]$进行比较，得

$$A=0.05\ \text{m},\omega=100\pi\ \text{rad/s},c=20\ \text{m/s}$$

$$\nu=\frac{\omega}{2\pi}=50\ \text{Hz},T=\frac{1}{\nu}=0.02\ \text{s},\lambda=cT=0.4\ \text{m}$$

(2)将 $x=2$ m 代入波动方程，得

$$y=0.05\cos\pi(5\times2-100t)\ (\text{m})=0.05\cos(100\pi t-10\pi)\ (\text{m})$$

上式即为 $x=2$ m 处质点的振动方程，其初相位为 -10π。

(3)由波动方程 $y=A\cos\omega\left[\left(t-\frac{x}{c}\right)+\varphi\right]$，知

x_1处质点的振动相位　$\varphi'_1=\omega t+\left(\varphi-\frac{2\pi x_1}{\lambda}\right)$

x_2处质点的振动相位　$\varphi'_2=\omega t+\left(\varphi-\frac{2\pi x_2}{\lambda}\right)$

x_1、x_2两点处质点的振动相位差

$$\Delta\varphi=\varphi'_1-\varphi'_2=2\pi\frac{x_2-x_1}{\lambda}=2\pi\cdot\frac{0.35-0.20}{0.4}=0.75\pi$$

答:(1)振幅为 0.05 m、频率为 50 Hz、周期为 0.02 s、波速为 20 m/s 及波长为 0.4 m;(2)$x=2$ m处的质点的振动方程为 $y=0.05\cos(100\pi t-10\pi)$ (m),初相为-10π;(3)$x_1=0.2$ m 及 $x_2=0.35$ m 处两质点振动的相位差为 0.75π。

8-8. 频率 $\nu=12.5$ kHz 的平面简谐波在金属棒中传播,传播速度为 $c=5.0\times10^3$ m/s,已知波源的振幅 $A=0.1$ mm,试求:

(1)波源的振动方程;

(2)波动方程;

(3)离波源 10 cm 处质点的振动方程;

(4)离波源 20 cm 和 30 cm 两点处质点振动的相位差;

(5)在波源振动了 0.0021 s 后,该时刻的波形方程。

已知:$\nu=12.5$ kHz,$c=5.0\times10^3$ m/s,$A=0.1$ mm;

求:(1)波源的振动方程;

(2)波动方程;

(3)离波源 10 cm 处质点的振动方程;

(4)离波源 20 cm 和 30 cm 两点处质点振动的相位差;

(5)在波源振动了 0.0021 s 后,该时刻的波形方程。

解:

$$\lambda=\frac{c}{\nu}=\frac{5.0\times10^3}{12.5\times10^3}\text{ m}=0.40\text{ m}$$

$$T=\frac{1}{\nu}=\frac{1}{12.5\times10^3}=8\times10^{-5}\text{ s}$$

(1)波源的振动方程

$$y=A\cos\omega t=0.1\times10^{-3}\cos(2\pi\times12.5\times10^3 t)$$

即

$$y=0.1\times10^{-3}\cos(25\times10^3\pi t)\ (\text{m})$$

(2)波动方程

$$y=A\cos\omega\left(t-\frac{x}{c}\right)=0.1\times10^{-3}\cos\left[25\times10^3\pi\left(t-\frac{x}{5\times10^3}\right)\right]\ (\text{m})$$

(3)离波源 10 cm 处质点的振动方程

$$y=0.1\times10^{-3}\cos\left[25\times10^3\pi\left(t-\frac{0.1}{5\times10^3}\right)\right]$$

$$=0.1\times10^{-3}\cos\left(25\times10^3\pi t-\frac{\pi}{2}\right)\ (\text{m})$$

(4)离波源 20 cm 和 30 cm 两点处质点振动的相位差为

$$\Delta x=30-20=10\text{ cm}$$

$$\Delta x=\frac{\lambda}{4}$$

$$\Delta\phi=\frac{\pi}{2}$$

(5) $t=0.0021$ s 时的波形方程为:

$$y=0.1\times10^{-3}\cos\left[25\times10^{3}\pi\left(0.0021-\frac{x}{5\times10^{3}}\right)\right]$$
$$=0.1\times10^{-3}\cos(52.5\pi-5\pi x)$$
$$=0.1\times10^{-3}\cos\left(\frac{\pi}{2}-5\pi x\right)$$
$$=-0.1\times10^{-3}\sin(5\pi x)$$

答:(1)波源的振动方程 $y=0.1\times10^{-3}\cos(25\times10^{3}\pi t)$ (m);(2)波动方程 $y=0.1\times10^{-3}\times\cos\left[25\times10^{3}\pi\left(t-\frac{x}{5\times10^{3}}\right)\right]$ (m);(3)离波源 10 cm 处质点的振动方程 $y=0.1\times10^{-3}\times\cos\left(25\times10^{3}\pi t-\frac{\pi}{2}\right)$(m);(4)离波源 20 cm 和 30 cm 两点处质点振动的相位差为$\frac{\pi}{2}$;(5)在波源振动了 0.0021 s 后,该时刻的波形方程为 $y=-0.1\times10^{-3}\sin(5\pi x)$。

8-9. 用聚焦超声波的方法,可以在液体中产生强达 120 kW/cm^{2}的大振幅超声波。设频率为 500 kHz,液体的密度为 1 g/cm^3,声速为 1500 m/s,求这时液体质点声振动的振幅。

已知:$I=120$ kW/cm^2, $\nu=$ 500 kHz, $\rho=1$ g/cm^3, $c=1500$ m/s;

求:$A=?$

解:由 $I=\frac{1}{2}\rho c\omega^2A^2$,得

$$A=\frac{1}{\omega}\cdot\sqrt{\frac{2I}{\rho c}}$$

解得
$$A=\frac{1}{2\pi\times5\times10^{5}}\times\sqrt{\frac{2\times120\times10^{7}}{1\times10^{3}\times1.5\times10^{3}}}=1.27\times10^{-5}\text{ m}$$

由此可见,液体中声振动的振幅实际上是极小的。

答:液体质点声振动的振幅为 1.27×10^{-5} m。

8-10. 沿直线行驶的汽车通过某观察站时,观察到汽车发出的频率由 1200 Hz 下降为 1000 Hz,已知空气中声速为 340 m/s,求车速。

已知:$c=340$ m/s,$\nu_1'=1200$ Hz,$\nu_2'=1000$ Hz:

求:$v_S=?$

解:由于波源(汽车)朝向观察者运动,然后又背离观察者,所以观察频率由高到低。

设 ν_1'和 ν_2'分别表示汽车驶近与远离观察站的观测频率。

由公式 $\nu'=\frac{c}{c-v_S}\nu$,得

$$\nu_1'=\frac{c}{c-v_S}\nu$$

$$\nu_2'=\frac{c}{c+v_S}\nu$$

将上述两式相除,得

$$\frac{\nu_1'}{\nu_2'}=\frac{c+v_S}{c-v_S}$$

即

$$v_S=\frac{\nu_1'-\nu_2'}{\nu_1'+\nu_2'}\cdot c$$

解得

$$v_S=\frac{200}{2200}\times340=30.9\ \mathrm{m/s}$$

答:车速为 30.9 m/s。

8-11. 火车以 10 m/s 的速度离开某人向山洞开去,当火车用 2000 Hz 的频率鸣笛时,求:

(1)此人听到鸣笛的频率是多少?

(2)从山洞反射的鸣笛被此人接收时,其频率又是多少?(空气中声速 340 m/s)

已知:$c=340\ \mathrm{m/s}$,$\nu=2000\ \mathrm{Hz}$,$v_S=10\ \mathrm{m/s}$;

求:(1)此人听到鸣笛的频率 $\nu'=?$

(2)从山洞反射的鸣笛被此人接收时,其频率 $\nu''=?$

解:(1)因为火车离开听者

$$\nu'=\frac{c}{c+v_S}\nu=\frac{340}{340+10}\times2000=1943\ \mathrm{Hz}$$

听者接收的鸣笛频率是 1943 Hz。

(2)因为火车向山洞运动,这时山洞接收了声波,又反射回同样频率的声波,而山洞和听者处于相对静止,所以听者所接收的频率就是山洞所接收到的频率,即

$$\nu''=\frac{c}{c-v_S}\nu=\frac{340}{340-10}\times2000=2061\ \mathrm{Hz}$$

答:人听到鸣笛的频率是 1943 Hz,从山洞反射的鸣笛被此人接收时,其频率是 2061 Hz。

8-12. 频率为 500 kHz,声强为 $1.2\times10^7\ \mathrm{W/m^2}$,声速为 1500 m/s 的超声波,在水(水的密度为 $1000\ \mathrm{kg/m^3}$)中传播时,问其声压振幅为多少大气压?位移振幅为多少?

已知:$I=1.2\times10^7\ \mathrm{W/m^2}$, $\rho=1000\ \mathrm{kg/m^3}$, $c=1500\ \mathrm{m/s}$, $\nu=500\ \mathrm{kHz}$;

求:$P_m=?$　$A=?$

解:根据公式 $I=\frac{P_m^2}{2\rho c}$,得

$$P_m=\sqrt{2\rho cI}=6\times10^6\ \mathrm{N/m^2}\approx60\ \mathrm{atm}$$

$$A=\sqrt{\frac{2I}{\rho c\omega^2}}=\sqrt{\frac{2\times1.2\times10^7}{1\times10^3\times1500\times(2\pi\times500\times10^3)^2}}=1.27\times10^{-6}\ \mathrm{m}$$

由本题计算可知,极大的高频声强,压强振幅可达千百个大气压,获得的加速度振幅可达重力加速度的数百万倍。因此,高频超声波的作用是异常巨大的。

答:声压振幅为 60 个大气压,位移振幅为 1.27×10^{-6} m。

8-13. 人耳能感觉到声音的强度范围是 $10^{-12}\sim10^{0}$ W/m²,试用声强级表示它们的范围。

已知:声音的强度范围是 $10^{-12}\sim10^{0}$ W/m²;

求:声强级的范围是多少?

解:由 $L=10\lg\dfrac{I}{I_0}$,得:

当 $I_1=10^{-12}\,\text{W/m}^2$ 时,$L_1=10\lg\dfrac{10^{-12}}{10^{-12}}=0$ dB;

当 $I_2=10^{0}\,\text{W/m}^2$ 时,$L_2=10\lg\dfrac{10^{0}}{10^{-12}}=120$ dB。

答:人耳感觉到的声音范围为 0~120 dB。

** 课外练习 **

一、单选题

8-1. 一弹簧振子振动方程为 $y=0.1\cos\left(\pi t-\dfrac{\pi}{3}\right)$ (m),若振子从 $t=0$ 时刻的位置到达 $y=-0.05$ m处,且向 y 轴负方向运动,则所需的最短时间为(　　)。

A. $\dfrac{1}{3}$ s　　B. $\dfrac{5}{3}$ s　　C. $\dfrac{1}{2}$ s　　D. 1 s

8-2. 一质点在 y 轴上做简谐振动,已知 $t=0$ 时,$y_0=-0.01$ m,$v_0=0.03$ m/s,$\omega=\sqrt{3}$ rad/s,则质点的振动方程为(　　)。

A. $y=0.02\cos\left(\sqrt{3}t+\dfrac{2\pi}{3}\right)$ (m)　　B. $y=0.02\cos\left(\sqrt{3}t+\dfrac{4\pi}{3}\right)$ (m)

C. $y=0.01\cos\left(\sqrt{3}t+\dfrac{2\pi}{3}\right)$ (m)　　D. $y=0.01\cos\left(\sqrt{3}t+\dfrac{4\pi}{3}\right)$ (m)

8-3. 两个小球 1 与 2 分别沿 oy 轴做简谐振动。已知它们的振动周期各为 T_1、T_2,且 $T_1=2T_2=2$ s,在 $t=0$ 时,两球均在平衡位置上,且球 1 向 y 的正方向运动,球 2 向 y 的负方向运动。当 $t=\dfrac{1}{3}$ s 时,两球振动的相位差($\varphi_1-\varphi_2$)为(　　)。

A. $\dfrac{\pi}{3}$　　B. $\dfrac{4}{3}\pi$　　C. $-\dfrac{\pi}{3}$　　D. $\dfrac{2}{3}\pi$

8-4. 一个弹簧振子做简谐振动,已知系统势能的最大值为 100 J,当振子处于最大位移一半处时其动能瞬时值为(　　)。

A. 25 J　　B. 50 J　　C. 75 J　　D. 100 J

8-5. 质点做简谐振动,振幅为 A,当它离开平衡位置的位移分别为 $y_1=\dfrac{A}{3}$ 和 $y_2=\dfrac{A}{2}$ 时,动能

分别为 E_{K1} 和 E_{K2}，则$\frac{E_{K1}}{E_{K2}}$值为（　　）。

A. $\frac{2}{3}$　　B. $\frac{3}{8}$　　C. $\frac{8}{27}$　　D. $\frac{32}{27}$

8-6. 若一平面简谐波的波动方程为 $y=A\cos(Bt-cx)$，式中 A、B、c 为正值恒量，则（　　）。

A. 波速为 c　　B. 周期为$\frac{1}{B}$　　C. 波长为$\frac{2\pi}{c}$　　D. 圆频率为$\frac{2\pi}{B}$

8-7. S_1 和 S_2 是波长均为 λ 的两个相干波的波源，相距$\frac{3}{4}\lambda$，S_1 的相位比 S_2 超前$\frac{\pi}{2}$。若两波单独传播时，在过 S_1 和 S_2 的直线上各点的强度相同，不随距离变化，且两波的强度都是 I_0，则在 S_1、S_2 连线上 S_1 外侧和 S_2 外侧各点，合成波的强度分别是（　　）。

A. $4I_0$，$4I_0$　　B. 0，0　　C. 0，$4I_0$　　D. $4I_0$，0

二、填空题

8-1. 已知做简谐振动物体的周期 $T=0.5$ s，某时刻，物体的位移 $y=3\times10^{-2}$ m，速度 $v=-12\sqrt{3}\pi\times10^{-2}$ m/s，加速度 $a=-48\pi^2\times10^{-2}$ m/s^2。经过时间 $t=0.5$ s，则 $y=$__________，$v=$__________，$a=$__________。

8-2. 一质点做简谐振动速度的最大值 $v_m=5$ cm/s，振幅 $A=2$ cm，若令速度具有正最大值的那一时刻为 $t=0$，则振动表达式为 $y=$__________。

8-3. 一平面简谐波沿 x 轴正向传播，已知坐标原点的振动方程为 $y=0.05\cos\left(\pi t+\frac{\pi}{2}\right)$(m)，设同一波线上 A、B 两点之间的距离为 0.02 m，B 点的相位比 A 点落后$\frac{\pi}{6}$，则波长 $\lambda=$__________，波速 $c=$__________，波动方程 $y=$__________。

8-4. 简谐振动表达式的标准形式为 $y=$__________，其中__________、__________和__________称为简谐振动的三个特征量。

8-5. 简谐振动的能量表达式为 $E=$__________。

三、判断题

8-1. 拍皮球时，若球与地面的碰撞为弹性碰撞，则皮球的运动为简谐振动。（　　）

8-2. 细线悬挂一小球，令其在水平面内做匀速率圆周运动为简谐振动。（　　）

8-3. 位移 $y=A\cos(\omega t+\varphi)$ 对 t 求二阶导数后可得加速度 $a=-\omega^2A\cos(\omega t+\varphi)$，二者括号中的 $(\omega t+\varphi)$ 是一样的，故 y 和 a 同相。（　　）

8-4. 波源不动时，波源的振动周期与波动的周期在数值上是不同的。（　　）

8-5. 波源振动的速度与波速相同。（　　）

8-6. 在波传播方向上任一质点的振动相位总比波源的相位落后。（　　）

四、简答题

8-1. 振动和波动有何区别和联系？

8-2. 什么情况下，简谐振动的速度和加速度是同号的？在什么情况下是异号的？加速度为正值时，振动质点一定做加速运动吗？反之，加速度为负值时，振动质点一定做减速运动吗？

8-3. 有两个弹簧振子，其质量相同，即 $m_1=m_2$，但弹性系数 $k_1 \neq k_2$，已知振动周期 $T_1=2T_2$，而且 $A_1=2A_2$，它们的振动能量是否相同？

8-4. 波的能量与振幅的平方成正比，两个振幅相同的相干波在空间叠加时，干涉加强的点的合振幅为原来的两倍，能量为原来的四倍，这是否违背能量守恒定律？

8-5. 声源向观察者运动和观察者向声源运动都使观察者接收的频率变高，这两种过程在物理意义上有何区别？

五、计算题

8-1. 有一弹簧在其下端悬挂质量为 m 的物体，弹簧伸长 y_0，如果再加力使物体往下又移动了距离为 A，然后放手。

(1)证明物体将上下做简谐振动；

(2)求振动周期和频率。

8-2. 一个运动物体的位移与时间的关系为 $y=0.10\cos\left(2.5\pi t+\dfrac{\pi}{3}\right)$ (m)，试求：

(1)周期、角频率、频率、振幅和初相位；

(2)$t=2$ s 时物体的位移、速度和加速度。

8-3. 已知波动方程为 $y=A\cos(at-bx)$，试求波的振幅、波速、频率和波长。

8-4. 有一列平面简谐波，坐标原点按 $y=A\cos(\omega t+\varphi)$ 的规律振动。已知：$A=0.10$ m，$T=0.50$ s，$\lambda=10$ m。试求：

(1)波动方程；

(2)波线上相距 2.5 m 的两点的相位差；

(3)如果 $t=0$ 时处于坐标原点的质点的振动位移为 $y_0=+0.05$ m，且向平衡位置运动，求初相位并写出波动方程。

8-5. 人耳对 1000 Hz 的声波产生听觉的最小声强约为 10^{-12} W/m²，试求此声波在空气中传播时空气分子振动的振幅。(空气的声阻为 416 Pa · s/m)

8-6. 两种声音的声强级相差 10 dB,试求它们的强度之比。

8-7. 利用多普勒效应测量血管中血液流速时,用 5 MHz 的超声波直射血管,入射角为 0°,测出接收与发射的波频率差为 500 Hz,已知声波在软组织中的传播速度为 1500 m/s,求此时血管中血液流速。

✻✻ 课外练习参考答案 ✻✻

一、单选题

8-1. D　8-2. B　8-3. D　8-4. C　8-5. D　8-6. C　8-7. D

二、填空题

8-1. 3×10^{-2} m；　$-12\sqrt{3}\pi\times10^{-2}$ m/s；　$-48\pi^2\times10^{-2}$ m/s^2

8-2. $2\times10^{-2}\cos\left(\frac{5}{2}t-\frac{\pi}{2}\right)$ (m)

8-3. 0.24 m；　0.12 m/s；　$0.05\cos\left(\pi t-\frac{\pi x}{0.12}+\frac{\pi}{2}\right)$ (m)

8-4. $A\cos(\omega t+\varphi)$；　A；　ω；　φ

8-5. $\frac{1}{2}kA^2$

三、判断题

8-1. ×　(分析:皮球在运动过程中所受的外力与位移关系不满足 $f=-ky$。)

8-2. ×　(分析:小球在任一位置所受合力不满足 $f=-ky$。)

8-3. ×　(分析:比较这两个量的相位时应注意两点:第一,将两个要比较的量都写成余弦(正弦)函数;第二,函数前面的系数要同号。因为 $y=A\cos(\omega t+\varphi)$,而 $a=-\omega^2A\cos(\omega t+\varphi)=\omega^2A\cos(\omega t+\varphi+\pi)$,所以二者相位相差为 π。)

8-4. ×　(分析:在波的传播过程中,介质中各质点都在做着重复波源的受迫振动,所以,当波源不动时,波源的振动周期与波动的周期在数值上是相同的。)

8-5. ×　(分析:波源的振动速度描述质点在平衡位置附近振动的快慢程度;波速是描述波的传播的快慢程度。)

8-6. √　(分析:由波动方程 $y=A\cos\omega\left(t-\frac{x}{c}\right)$ 知,离波源越远,x 值越大,相位越落后于波源。)

四、简答题

8-1. **答:**振动是产生波动的根源,波动是振动的传播,它们是密切联系着的,但它们是两种不同的运动形式。振动是指单个物体(质点)或大块物体的一部分在其平衡位置附近做周期性运动。波动是指大块物体中从波源向外传播开来的周期性运动。在波动传播过程中,介质中某一体元的动能、势能同时增加,同时减少,因而总能量不守恒。这与质点振动时的能量关系完全不同。

8-2. **答:**做简谐振动的物体,$a=-\omega^2 y$,加速度的方向总是指向平衡位置。

当物体朝平衡位置方向运动时,速度与加速度方向相同;当物体背离平衡位置方向运动时,速度与加速度方向相反。

加速度的正负是相对于所选定的坐标而言的,它不能反映出物体运动的快慢,只有当加速度与速度同向时物体才做加速运动,异向时则做减速运动。

8-3. **答:**振动能量相同。由简谐振动的能量公式 $E=\frac{1}{2}kA^2$ 和 $\omega^2=\left(\frac{2\pi}{T}\right)^2=\frac{k}{m}$,可得 $E\propto\frac{A^2}{T^2}$,因为 $T_1=2T_2$,$A_1=2A_2$,所以 $E_1=E_2$。

8-4. **答:**两列振幅相同的相干波在空间相遇,叠加的结果是,有的地方振动始终加强,合振幅为原来的两倍,能量为原来的四倍;有的地方振动始终减弱,合振幅为零,能量也为零,故分布在整个相干区域的总能量是恒定不变的,因而不违背能量守恒定律。

8-5. **答:**当观察者向声源运动时,观察者在单位时间内接收到的完整波数增多,故频率变高;当声源向观察者运动时,在声源运动前方波长变短,导致波的频率变高;两者在物理意义上是有区别的。

五、计算题

8-1. 已知:m, y_0, A;

(1)证明:物体将上下做简谐振动;

(2)求:$T=?$　$\nu=?$

解:(1)**证明:**由 $ky_0=mg$, 得 $k=\frac{mg}{y_0}$。

由 $ma=-ky$,得

$$\frac{d^2y}{dt^2}+\frac{k}{m}y=0$$

解得

$$y=A\cos(\omega t+\varphi)$$

上式为简谐振动方程,其中 $\omega^2=\frac{k}{m}=\frac{g}{y_0}$,物体将上下做简谐振动。

证毕。

(2)

$$T=\frac{2\pi}{\omega}=2\pi\sqrt{\frac{y_0}{g}}$$

$$\nu=\frac{1}{T}=\frac{1}{2\pi}\sqrt{\frac{g}{y_0}}$$

答:振动周期为 $2\pi\sqrt{\frac{y_0}{g}}$,频率为$\frac{1}{2\pi}\sqrt{\frac{g}{y_0}}$。

8-2. 已知:$y=0.10\cos\left(2.5\pi t+\frac{\pi}{3}\right)$ (m);

求:(1) $T=?$　$\omega=?$　$\nu=?$　$A=?$　$\varphi=?$

(2) $t=2$ s 时,$y=?$　$v=?$　$a=?$

解:(1)将 $y=0.10\cos\left(2.5\pi t+\frac{\pi}{3}\right)$ (m)与简谐振动的标准方程 $y=A\cos(\omega t+\varphi)$进行比较,得

$\omega=2.5\pi$(rad/s),　$T=\frac{2\pi}{\omega}=0.80$ s,　$\nu=1.25$ Hz,　$A=0.10$ m,　$\varphi=\frac{\pi}{3}$

(2)由 $y=0.10\cos\left(2.5\pi t+\frac{\pi}{3}\right)$ (m),得:

当 $t=2$ s 时,$y=0.10\cos\left(5\pi+\frac{\pi}{3}\right)=-5\times10^{-2}$ m

$v=-0.10\times2.5\pi\sin\left(5\pi+\frac{\pi}{3}\right)=0.68$ m/s

$a=-0.10\times(2.5\pi)^2\cos\left(5\pi+\frac{\pi}{3}\right)\approx3.1$ m/s^2

答:(1)周期、角频率、频率、振幅和初相位分别为 0.8 s、2.5π rad/s、1.25 Hz、0.10 m 和$\frac{\pi}{3}$;(2) $t=2$ s时物体的位移、速度和加速度分别为-5×10^{-2} m、0.68 m/s 和 3.1 m/s^2。

8-3. 已知:波动方程为 $y=A\cos(at-bx)$;

求:$A=?$　$c=?$　$\nu=?$　$\lambda=?$

解:将已知的波动方程 $y=A\cos(at-bx)$,变为标准形式 $y=A\cos2\pi\left(\frac{a}{2\pi}t-\frac{x}{\frac{2\pi}{b}}\right)$,得

$$A=A,\ \nu=\frac{\omega}{2\pi}=\frac{a}{2\pi},\ \lambda=\frac{2\pi}{b},\ c=\lambda\nu=\frac{a}{b}$$

答:波的振幅、波速、频率和波长分别为 A、$\frac{a}{b}$、$\frac{a}{2\pi}$和$\frac{2\pi}{b}$。

8-4. 已知:$A=0.10$ m,$T=0.50$ s,$\lambda=10$ m,当 $t=0$ 时,$x=0$, $y_0=+0.05$ m,$v_0<0$

求:(1)波动方程;

(2) $\Delta x=2.5$ m, $\Delta\varphi=?$

(3)当 $t=0$ 时,$\varphi=?$ 及波动方程。

解:(1)波动方程

$$y=A\cos\left[2\pi\left(\frac{t}{T}-\frac{x}{\lambda}\right)+\varphi\right]=0.10\cos\left[2\pi\left(2.0t-\frac{x}{10}\right)+\varphi\right]\ (\mathrm{m})$$

(2)
$$\Delta\varphi=2\pi\left(\frac{x+2.5}{\lambda}-\frac{x}{\lambda}\right)=\frac{\pi}{2}$$

(3)当 $t=0$ 时,有

$$0.05=0.10\cos\varphi$$

解得
$$\varphi=\pm\frac{\pi}{3}$$

因为 $v_0<0$,所以 $\varphi=\frac{\pi}{3}$。

则波动方程为

$$y=0.10\cos\left[2\pi\left(2.0t-\frac{x}{10}\right)+\frac{\pi}{3}\right]\ (\mathrm{m})$$

答:(1)波动方程为 $y=0.10\cos\left[2\pi\left(2.0t-\frac{x}{10}\right)+\varphi\right]$ (m);(2)波线上相距 2.5 m 的两点的相位差为$\frac{\pi}{2}$;(3)如果 $t=0$ 时处于坐标原点的质点的振动位移为 $y_0=+0.05$ m,且向平衡位置运动,则初相位为$\frac{\pi}{3}$,波动方程为 $y=0.10\cos\left[2\pi\left(2.0t-\frac{x}{10}\right)+\frac{\pi}{3}\right]$ (m)。

8-5. 已知:$I=1\times10^{-12}$ W/m^2,$Z=416$Pa · s/m,$\nu=1000$ Hz;

求:$A=?$

解:由公式 $I=\frac{1}{2}\rho c\omega^2A^2=\frac{1}{2}Z\omega^2A^2$,得

$$A=\frac{1}{\omega}\sqrt{\frac{2I}{Z}}=\frac{1}{2\times3.14\times1000}\times\sqrt{\frac{2\times1\times10^{-12}}{4.16\times10^2}}=1.1\times10^{-11}\ \mathrm{m}$$

答:此声波在空气中传播时空气分子振动的振幅为 1.1×10^{-11} m。

8-6. 已知:$L_1-L_2=10$ dB;

求:$\frac{I_1}{I_2}=?$

解:$L_1-L_2=10\lg\frac{I_1}{I_0}-10\lg\frac{I_2}{I_0}=10\lg\frac{I_1}{I_2}=10$

解得
$$\frac{I_1}{I_2}=10$$

答:它们的强度之比为 10。

8-7. 已知 $\nu=5\times10^6$ Hz,$\theta=0°$,$\Delta\nu=500$ Hz,$c=1500$ m/s。

求:$v=?$

解:$v=\frac{c}{2\nu\cos\theta}\Delta\nu=\frac{1500}{2\times5\times10^6\times1}\times500=7.5\times10^{-2}$ m/s

答:此时血管中血液流速为 7.5×10^{-2} m/s。

第九章　波动光学

＊＊ 内容提要 ＊＊

1. 相干光

(1)相干光的条件:振动方向相同,频率相同且相位差恒定的两列光波。

(2)获得相干光的方法:分波阵面法和分振幅法。

2. 光程

光程是光波在某一介质中通过的几何路程与该介质的折射率的乘积,写为

$$\delta = nr \tag{9-1}$$

(1)相位差和光程差的关系:

$$\Delta\varphi = \frac{2\pi}{\lambda}\delta \tag{9-2}$$

(2)透镜不引起附加的光程差。

(3)光由光疏介质射向光密介质而在界面上反射时,发生半波损失,这个损失相当于 $\lambda/2$ 的光程。

3. 杨氏双缝干涉实验

用波阵面分割法产生两相干光源。干涉条纹是等间距的直条纹。

条纹间距:

$$\Delta y = \frac{D\lambda}{d} \quad (\Delta k = 1) \tag{9-3}$$

(1)明纹位置

$$y = \pm k\frac{D}{d}\lambda \quad (k = 0, 1, 2, \cdots) \tag{9-4}$$

(2)暗纹位置

$$y = \pm(2k-1)\frac{D}{d}\cdot\frac{\lambda}{2} \quad (k = 1, 2, \cdots) \tag{9-5}$$

4. 薄膜干涉(图 9-1)

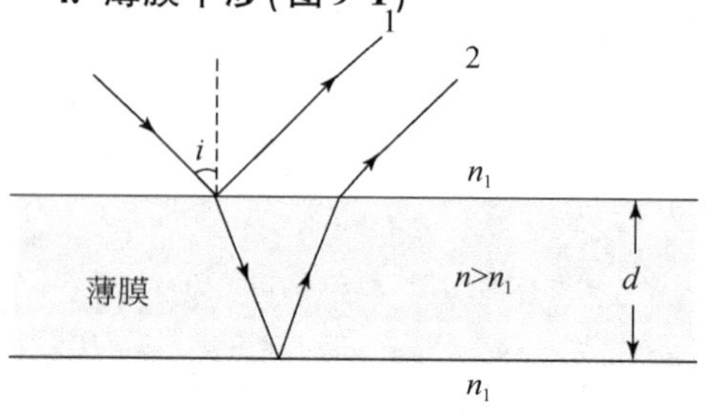

图 9-1　薄膜干涉

把一束光投射到两种透明介质的分界面上时,在同一点上,光的能量一部分被反射,一部分被折射。这种将同一束光分解成两部分的方法称为分振幅法。

当光线垂直入射时,$i=0°$。

(1)干涉的明纹条件:

$$\delta = 2nd - \frac{\lambda}{2} = k\lambda \quad (k = 0, 1, 2, \cdots) \tag{9-6}$$

(2)干涉的暗纹条件:

$$\delta=2nd-\frac{\lambda}{2}=(2k-1)\frac{\lambda}{2} \quad (k=1,2,3,\cdots) \tag{9-7}$$

5. 光的衍射

光能绕过障碍物继续向前传播的现象称为光的衍射。

6. 惠更斯–菲涅耳原理

波面上的任一点均可视为能向外发射子波的子波源,波面前方空间某一点的振动就是到达该点的所有子波的相干叠加。

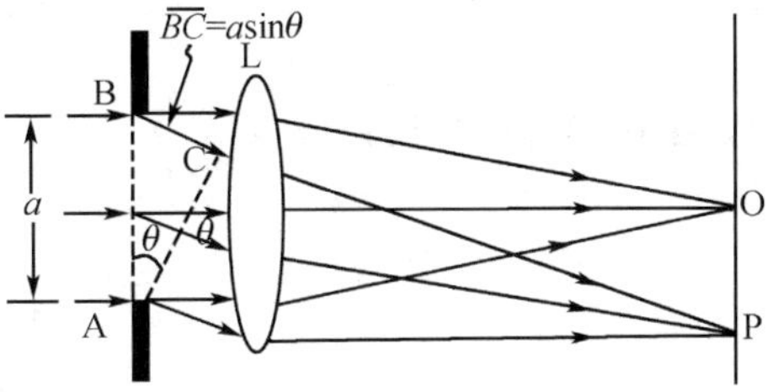

图 9-2 单缝衍射实验截面图

7. 单缝衍射

如图 9-2 所示,设狭缝的宽度为 a,在平行单色光垂直照射下,通过狭缝的光发生衍射,衍射角 θ 相同的平行光束经透镜会聚在平面上同一点 P。

衍射条纹的明暗条件为:

(1)明纹位置 $$a\sin\theta=\pm(2k+1)\cdot\frac{\lambda}{2} \quad (k=1,2,\cdots) \tag{9-8}$$

(2)暗纹位置 $$a\sin\theta=\pm 2k\cdot\frac{\lambda}{2}=\pm k\lambda \quad (k=1,2,\cdots) \tag{9-9}$$

(3)中央明纹宽度 $$\Delta x_0=2\frac{\lambda}{a}f \tag{9-10}$$

(4)其他明纹宽度 $$\Delta x=\frac{\lambda}{a}f \tag{9-11}$$

8. 圆孔衍射

将单缝衍射实验装置中的单缝改为圆孔,光通过小圆孔时也会产生衍射现象,称为圆孔衍射。衍射条纹为明暗相间的圆环,中央亮圆斑的亮度最强,称为艾里斑。向外亮度依次减弱。

由理论分析可知,圆孔衍射图样中的第一级暗环的衍射角 φ 满足

$$\sin\varphi=1.22\frac{\lambda}{D} \tag{9-12}$$

其中,λ 为单色光的波长,D 为圆孔的直径。

9. 光栅衍射

由许多彼此平行、等距排列在一起的宽度相同的狭缝所构成的光学器件称为光栅。玻璃片上刻有大量的宽度相等且彼此距离很小的平行刻痕,就构成了光栅。刻痕不透光,光只能从两刻痕之间通过。设 a 为狭缝的宽度,b 为刻痕的宽度,我们把 $a+b$ 称为光栅常数,并用 d 表示,即$d=a+b$,如图 9-3 所示。

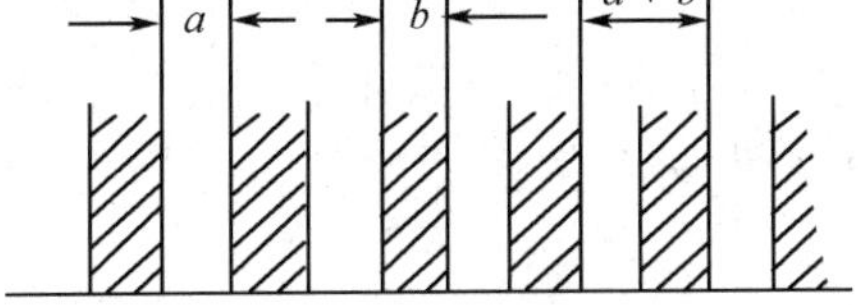

图 9-3 光栅

我们主要研究透射光栅,光栅的衍射条纹是单缝衍射和多光束干涉的总效果,图 9-4 是透射光栅成像的原理图。

在屏上形成明纹的条件为

$$\delta=d\sin\theta=\pm k\lambda \tag{9-13}$$

谱线强度受单缝衍射的影响可产生缺级现象

$$a\sin\theta=\pm k'\lambda$$

$$(a+b)\sin\theta=\pm k\lambda$$

$$k=\frac{a+b}{a}k' \qquad (k'=1,2,3,\cdots) \tag{9-14}$$

所以当$\frac{a+b}{a}$是整数时,将发生缺级现象。

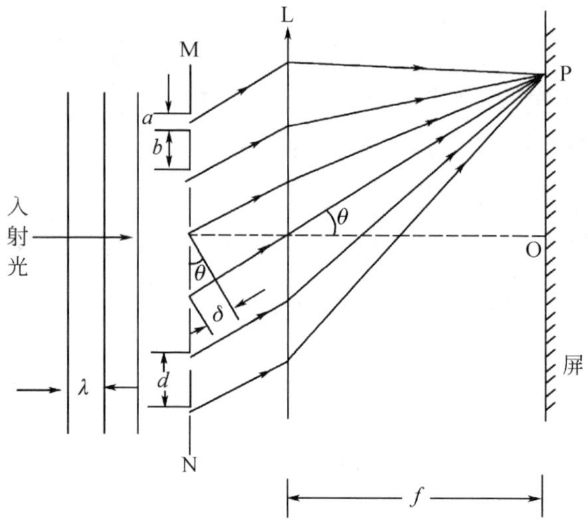

图 9-4 光栅衍射形成图

10. 光的偏振

光波是横波,电场矢量表示光矢量,光矢量方向和光传播方向构成振动面。通常的三类光有自然光、偏振光、部分偏振光。

11. 线偏振光

某一光束,如果它只含有单一方向的光振动,就称为线偏振光,又称为平面偏振光。线偏振光可以用偏振片产生和检验。

12. 马吕斯定律

当两偏振片的偏振化方向夹角为 θ 时,设通过第一个偏振片后的偏振光的强度为 I_0,则通过第二个偏振片的光强为

$$I=I_0\cos^2\theta \tag{9-15}$$

该式称为马吕斯定律。定律表明:通过检偏器的偏振光强度与检偏器的偏振化方向有关。即强度为 I_0的偏振光,通过检偏器后,出射光的强度为 $I_0\cos^2\theta$(θ 为两个偏振片的偏振化方向的夹角)。

13. 旋光性和旋光性物质

当偏振光透过某些透明物体时,偏振光的振动面将旋转一定的角度,这种特性称为旋光性。具有旋光性的物质称为旋光性物质。

14. 旋光现象

偏振光通过某些物质后,振动面发生旋转的现象称为旋光现象。根据振动面旋转的方向,

旋光性物质可分为左旋和右旋。

15. 旋光率

对于一定波长的单色偏振光，经过旋光性物质后，振动面旋转的角度 θ 与物质的厚度 l 成正比，即

$$\theta=\alpha l \tag{9-16}$$

式中，比例系数 α 称为旋光率。不同的物质具有不同的旋光率。另外，旋光率还与光的波长有关。

16. 比旋光率

当单色光通过溶液时，振动面旋转的角度除与溶液的厚度 l 成正比外，还与溶液的质量浓度 C 成正比，即

$$\theta=\alpha' Cl \tag{9-17}$$

式中，α'为比旋光率，其单位为度/[分米·(克/厘米^3)]，它与入射光的波长有关，另外还与溶液的温度有关。

17. 光的吸收

光通过任何介质时都会或多或少地被介质所吸收。在通常情况下，吸收是有选择的，即不同波长的光被吸收的程度不同。

18. 吸收定律

设强度为 I_0 的单色光垂直射到一厚度为 l 的均匀物质上，则透过物质后的光的强度为

$$I=I_0 e^{-kl} \tag{9-18}$$

上式称为朗伯定律。其中 k 称为吸收系数，由物质的特性及入射光的波长决定。

19. 朗伯-比尔定律

当光被溶解在透明溶剂中的物质吸收时，吸收系数 k 与溶液的浓度 C 成正比，即 $k=\chi C$，式中 χ 与溶液浓度无关，只决定于吸收物质的分子特性，称为摩尔吸收系数。通过溶液后的光的强度为

$$I=I_0 e^{-\chi Cl} \tag{9-19}$$

上式称为朗伯-比尔定律（Lambert Beer law）。它表明：被吸收的光能与光路中吸收光的分子数成正比，这只有在每个分子的吸收本领不受周围分子影响时才成立，即该定律适用于浓度不大的溶液。

20. 吸收度

令 $T=\dfrac{I}{I_0}$，$A=-\lg T=-\lg \dfrac{I}{I_0}$，$A$ 称为吸收度（或吸光度），它反映了光通过溶液时被吸收的程度。A 的数值越大，表明物质对光的吸收就越强。

$$A=\varepsilon Cl \tag{9-20}$$

由上式可见，对同一种溶液，吸收度的大小与光通过溶液的厚度及溶液浓度的乘积成正比。

** 习题解答 **

9-1. 在杨氏双缝干涉实验中，双缝的距离是 0.2 mm，在双缝后 80 cm 处的屏上，第一级明

纹与第三级明纹的距离为 5 mm,问所用单色光的波长是多少?

已知:$d=2\times10^{-4}$ m,$D=0.8$ m,$\Delta y=5\times10^{-3}$ m;

求:$\lambda=?$

解:根据双缝干涉明条纹分布公式 $y=\pm k\dfrac{D}{d}\lambda\quad(k=0,1,2,\cdots)$

第一级明纹位置 $$y_1=\frac{D}{d}\lambda$$

第三级明纹位置 $$y_3=3\frac{D}{d}\lambda$$

第一级与第三级明纹间距

$$\Delta y=3\frac{D}{d}\lambda-\frac{D}{d}\lambda=2\frac{D}{d}\lambda=5\times10^{-3}\text{ m}$$

则 $$\lambda=\frac{d\Delta y}{2D}=\frac{2\times10^{-4}\times5\times10^{-3}}{2\times0.8}=6.25\times10^{-7}\text{ m}$$

答:单色光的波长是 625 nm。

9-2. 杨氏双缝实验中,波长为 500 nm 的第三级明纹与某光波的第三级暗纹恰好重合,此光波波长是多少?

已知:$\lambda=500$ nm, $k=3$, $k'=3$;

求:$\lambda'=?$

解:根据双缝干涉明、暗条纹分布公式,

明纹 $$y=\pm k\frac{D}{d}\lambda\quad(k=0,1,2,\cdots)$$

暗纹 $$y=\pm(2k'-1)\frac{D}{d}\times\frac{\lambda}{2}\quad(k'=1,2,3,\cdots)$$

依题意 $$k\frac{D}{d}\times500=(2k'-1)\frac{D}{d}\times\frac{\lambda'}{2}$$

即 $$500\times3=2.5\lambda'$$

$$\lambda'=600\text{ nm}$$

答:该光波波长是 600 nm。

9-3. 用波长为 500 nm 的平行光照射宽度为 0.1 mm 的单缝,在缝后放一焦距为 $f=500$ cm 的凸透镜,在透镜的焦平面上放一光屏,观察衍射条纹,求中央明纹及其他明纹的宽度。

已知:$\lambda=500$ nm,$a=0.1$ mm,$f=500$ cm;

求:中央明纹及其他明纹的宽度。

解:根据单缝衍射条纹分布规律,

中央明条纹宽度 $$\Delta x_0=2\times\frac{\lambda}{a}\times f$$

即 $$\Delta x_0=2\times\frac{500\times10^{-9}}{0.1\times10^{-3}}\times5\text{ m}$$

$$\Delta x_0 = 5\times10^{-2}\ \text{m}$$

其他各级明纹宽度

$$\Delta x = \frac{\lambda}{a}\times f = 2.5\times10^{-2}\ \text{m}$$

答：中央明纹宽度为 5×10^{-2} m；其他各级明纹宽度为 2.5×10^{-2} m。

9-4. 用一单色光垂直照射每毫米有 1000 条刻痕的光栅，发现第一级明纹与原入射光的方向成 30°角，求该光波波长。

已知：光栅每毫米刻痕为 1000 条，则光栅常数为10^{-6} m，$\theta=30°$，$k=1$；

求：$\lambda=?$

解：由光栅公式 $(a+b)\sin\theta=\pm k\lambda$，　$(k=0,1,2,\cdots)$，得

$$\lambda=\frac{(a+b)\sin\theta}{k}=0.5\times10^{-6}$$

即

$$\lambda=500\ \text{nm}$$

答：该光源的波长为 500 nm。

9-5. 用波长为 600 nm 的单色光垂直照射光栅，测得第一级明纹与原入射光的方向成 28.7°角，该光栅每毫米有多少条刻痕？

已知：$\lambda=600$ nm，$\theta=28.7°$，$k=1$；

求：$a+b=?$

解：根据光栅公式 $(a+b)\sin\theta=k\lambda$，得

$$a+b=\frac{\lambda k}{\sin\theta}=\frac{600\times10^{-9}\times1}{\sin28.7°}=\frac{600\times10^{-9}}{0.48}$$

解得

$$a+b=1.25\times10^{-6}\ \text{m}$$

即

$$\frac{1}{a+b}=\frac{1\ \text{mm}}{1.25\times10^{-6}\ \text{m}}=800$$

答：每毫米有 800 条刻痕。

9-6. 一束光线垂直照射在一透明薄膜上，若薄膜的折射率 $n>1$。欲使反射光线加强，则膜的厚度最薄应为多少？

已知：$n>1$；

求：反射光线加强时膜的最薄厚度。

解：根据薄膜干涉公式，若反射光线加强，则

$$2nd-\frac{\lambda}{2}=k\lambda$$

即

$$d=\frac{(2k+1)\lambda}{4n}$$

由于可见光波长范围是 400～760 nm，依题意，最短波长的可见光能产生第一级明纹的膜的厚度为

$$d=\frac{3}{4n}\times400\times10^{-9}\ \text{m}$$

因为$n>1$，故d应大于300×10^{-9} m。

答：膜的厚度应大于300 nm。

9-7. 用偏振化方向互成45°的两偏振片看一光源，再用偏振化方向互成60°的两偏振片看另一光源，观察到的光强相同，那么此两光源的发光强度之比为多少？

已知：$\theta_1=45°$，$\theta_2=60°$，$I_1=I_2$；

求：两光源的发光强度之比。

解：根据马吕斯定律 $I_1=I_1'\cos^2\theta_1$， $I_2=I_2'\cos^2\theta_2$

而I_1'和I_2'是由自然光起偏后的偏振光强度：$I_1'=\frac{1}{2}I_{10}$，$I_2'=\frac{1}{2}I_{20}$

$$I_1=\frac{1}{2}I_{10}\cos^2\theta_1,\quad I_2=\frac{1}{2}I_{20}\cos^2\theta_2$$

因

$$I_1=I_2$$

则

$$\frac{1}{2}I_{10}\cos^2 45°=\frac{1}{2}I_{20}\cos^2 60°$$

$$\frac{I_{10}}{I_{20}}=\frac{\cos^2 60°}{\cos^2 45°}=\frac{1}{2}$$

答：两光源发光强度之比为1∶2。

9-8. 光线通过一定厚度的溶液，测得透射率为1/2，若改变溶液的浓度，测得透射率为1/8，问两溶液的浓度之比为多少？

已知：$T_1=\frac{1}{2}$，$T_2=\frac{1}{8}$；

求：$\frac{C_1}{C_2}=?$

解：根据朗伯-比尔定律$T=e^{-\chi Cl}$，得

$$T_1=e^{-\chi C_1 l},\quad T_2=e^{-\chi C_2 l}$$

即

$$\ln\frac{1}{2}=-\chi C_1 l,\quad \ln\frac{1}{8}=-\chi C_2 l$$

解得

$$\frac{C_1}{C_2}=\frac{1}{3}$$

答：两溶液的浓度之比为1∶3。

9-9. 某蔗糖溶液，在20 ℃时对钠光的比旋光率为66.4(°)·cm³/(g·dm)，现将其装满在长为20 cm的旋光管内，测得旋光度为8.3°，求此糖溶液的浓度。

已知：$\theta=8.3°$，$d=2$ dm，$\alpha'=66.4$(°)·cm^3/(g·dm)；

求：$C=?$

解:根据旋光度计算公式 $\theta=\alpha' Cl$,得

$$C=\frac{\theta}{\alpha' l}=\frac{8.3}{66.4\times 2}$$

解得

$$C=6.25\%$$

答:该糖溶液浓度为6.25%。

9-10. 玻璃的吸收系数为 $10^{-6}\ \mathrm{cm}^{-1}$,空气的吸收系数为$10^{-9}\ \mathrm{cm}^{-1}$,问 2 cm 厚的玻璃所吸收的光相当于多厚的空气层所吸收的光?

已知:$k_1=10^{-4}\ \mathrm{m}^{-1}$, $k_2=10^{-7}\ \mathrm{m}^{-1}$, $l_1=2\ \mathrm{cm}$, $I_1=I_2$;

求:$l_2=?$

解:根据朗伯定律:

经玻璃透射的光强为

$$I_1=I_0\mathrm{e}^{-k_1l_1}=I_0\mathrm{e}^{-10^{-4}\times 2\times 10^{-2}}$$

经空气透射的光强为

$$I_2=I_0\mathrm{e}^{-k_2l_2}=I_0\mathrm{e}^{-10^{-7}\times l_2}$$

依题意,吸收的光强相同时,透射的光强相同,即

$$I_1=I_2$$

即

$$I_0\mathrm{e}^{-10^{-4}\times 2\times 10^{-2}}=I_0\mathrm{e}^{-10^{-7}\times l_2}$$

两边取自然对数

$$10^{-4}\times 2\times 10^{-2}=10^{-7}\times l_2$$

$$l_2=20\ \mathrm{m}$$

答:2 cm 厚的玻璃所吸收的光相当于 20 m 厚的空气层所吸收的光。

✻✻ 课外练习 ✻✻

一、单选题

9-1. 在双缝干涉实验中,若单色光源 S 到两缝 S_1 和 S_2 的距离相等,假设观察屏上中央明纹中心位于点 O,现将光源 S 向下移动到另一点 S′,则(　　)。

A. 中央条纹向上移动,且条纹间距变大　　B. 中央条纹向上移动,且条纹间距不变

C. 中央条纹向下移动,且条纹间距变大　　D. 中央条纹向下移动,且条纹间距不变

9-2. 在双缝干涉实验中,如果点光源发出的单色光由红光变成了紫光,则屏上相邻明条纹之间的间隔将(　　)。

A. 变小　　B. 增大　　C. 不变　　D. 不确定

9-3. 在折射率为 n_2,厚度为 l 的透明薄膜介质的上方和下方的透明介质的折射率分别为 n_1 和 n_3,如果 $n_1<n_2$,$n_2>n_3$,若用真空中波长为 λ 的单色平行光垂直照射到薄膜上,则从薄膜上、下表面反射的光束的光程差为(　　)。

A. $2n_2l$　　B. $2n_2l-\frac{\lambda}{2}$　　C. $2n_2l-\lambda$　　D. $2n_2l-\frac{\lambda}{2n_2}$

9-4. 用单色平行光垂直照射在单缝上时，可观察夫琅禾费衍射，若屏上一点 P 处为第二级暗纹，则相应的单缝波阵面可分成的半波带数目为(　　)。

A. 3 个　　B. 4 个　　C. 5 个　　D. 6 个

9-5. 波长 $\lambda=550$ nm 的单色光垂直入射于光栅常数 $d=a+b=1.0\times10^{-4}$ cm 的光栅上，可能观察到的光谱线的最大级次为(　　)。

A. 4　　B. 3　　C. 2　　D. 1

9-6. 在折射率 n_1 为 1.5 的玻璃板上表面镀一层折射率 n_2 为 2.5 的透明介质膜可增强反射。设在镀膜过程中用一束波长为 600 nm 的单色光从上方垂直照射到介质膜上，并用照度表测量透射光的强度。当介质膜的厚度逐步增大时，透射光的强度发生时强时弱的变化，当观察到透射光的强度第三次出现最弱时，玻璃上镀的透明介质膜的厚度为(　　)。

A. 300 nm　　B. 600 nm　　C. 250 nm　　D. 420 nm

9-7. 双缝的缝宽为 b，缝间距为 $2b$(缝的中心点的间隔)，则单缝中央衍射包络线内明条纹有(　　)。

A. 1 条　　B. 3 条　　C. 4 条　　D. 5 条

9-8. 用一定波长的光通过光学仪器观察物体，则(　　)。

A. 物体大时，分辨率大　　B. 物体离光学仪器远时，分辨率大

C. 光学仪器的孔径愈大，分辨率愈高　　D. 物体近时，分辨率大

9-9. 在单缝衍射实验中，如果增大单缝的宽度，则屏上两相邻暗纹之间的距离(　　)。

A. 增大　　B. 不变　　C. 减小　　D. 不确定

9-10. 三个偏振片 P_1、P_2 与 P_3 堆叠在一起，P_1 和 P_3 的偏振化方向相互垂直，P_1、P_2 的偏振化方向间的夹角为 30°，强度为 I_0 的自然光入射偏振片 P_1，并依次通过偏振片 P_1、P_2 与 P_3，则通过三个偏振片后的光强为(　　)。

A. $\frac{3I_0}{16}$　　B. $\frac{\sqrt{3}I_0}{8}$　　C. $\frac{3I_0}{32}$　　D. 0

二、填空题

9-1. 在单缝夫琅禾费衍射实验中，屏上第三级暗纹对应的单缝处波面可划分为________个半波带，若将缝宽缩小一半，原来第三级暗纹处将是________。

9-2. 单缝衍射如课外练习图 9-1 所示，各条入射光线间距相等，那么光线 1 与 3 在屏上 P

点相遇时的相位差为__________,P 点应为__________点。

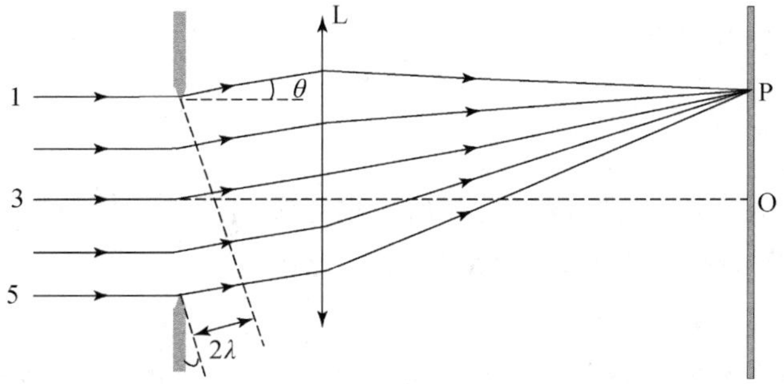

课外练习图 9-1 菲涅耳半波带法划分

9-3. 一单色光垂直入射在光栅上,衍射光谱中共出现 5 条明纹,若已知此光栅缝宽度与不透明部分宽度相等,那么中央明纹一侧的两明纹分别是第__________级和第__________级谱线。

9-4. 相干光的条件是两束光的__________、__________、__________。

9-5. 杨氏双缝干涉中是用__________法获得相干光。

三、判断题

9-1. 光具有波粒二象性。 ( )

9-2. 相干波源是指两列振动方向、频率、相位不相同的波源。 ( )

9-3. 在杨氏双缝干涉实验中,若用白光作光源,除中央亮条纹是白色外,在两侧各个极大处形成(按从内向外的顺序)由紫到红的彩色条纹。 ( )

9-4. 用透镜会聚得到干涉图像时,将会引入附加的光程差。 ( )

9-5. 惠更斯原理只能定性地说明光的衍射现象。 ( )

9-6. 用透镜使入射光成为平行光所产生的衍射称为菲涅耳衍射。 ( )

9-7. 衍射角是指透射光线与入射光线所构成的角。 ( )

9-8. 只有沿某一确定方向振动的光称为线偏振光,简称为偏振光。 ( )

9-9. 对着光的传播方向观察,使偏振光的振动面沿逆时针方向旋转的物质,称为右旋物质。 ( )

四、简答题

9-1. 简述半波损失现象。

9-2. 简述缺级现象。

五、计算题

9-1. 如课外练习图 9-2 所示,为了增加透射率,求氟化镁膜的最小厚度。已知空气折射率 $n_1=1.00$,氟化镁折射率 $n_2=1.38$,光波波长 $\lambda=550$ nm。

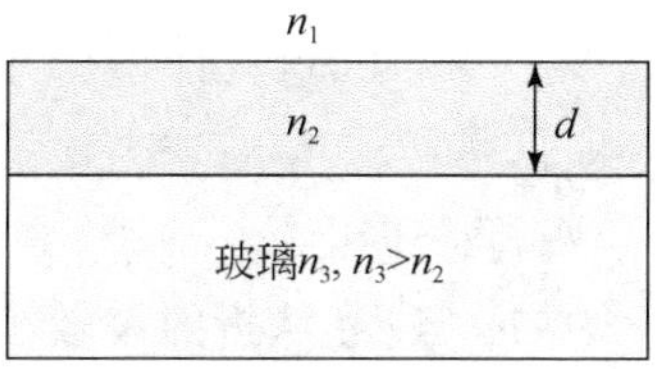

课外练习图 9-2 氟化镁增透膜

9-2. 波长为 600 nm 的单色光垂直入射到一光栅上，测得第二级主极大的衍射角为 30°，且第三级是缺级。

(1) 光栅常数 $(a+b)$ 等于多少？

(2) 透光缝可能的最小宽度 a_{min} 等于多大？

9-3. 一单色平行光垂直入射一单缝，其衍射第三级明纹位置恰好与波长为 600 nm 的单色光垂直入射该缝时衍射的第二级明条纹位置重合，试求该单色光的波长。

9-4. 一束光由自然光和线偏振光混合组成，当它通过一个转动的偏振片时，透射光光强的最大值是最小值的 5 倍。问入射光中自然光和线偏振光的光强各占入射光光强的几分之几？

＊＊ 课外练习参考答案 ＊＊

一、单选题

9-1. B　9-2. A　9-3. B　9-4. B　9-5. D　9-6. A　9-7. B　9-8. C　9-9. C　9-10. C

二、填空题

9-1. 6；第一级亮纹　9-2. 2π；暗　9-3. 1；3　9-4. 频率相同；振动方向相同；相位差恒定　9-5. 分波阵面

三、判断题

9-1. √

9-2. × （分析：相干波源是指两振动方向、频率、相位相同，或有固定的相位差的波源。）

9-3. √

9-4. × （分析：由于透镜成像具有等光程的性质，在观察干涉或其他光学现象时，用透镜会聚来得到干涉图像将不会引入附加的光程差。）

9-5. √ （分析：惠更斯原理只能定性地说明光的衍射现象，而不能说明衍射图样中亮、暗条纹的出现。）

9-6. × （分析：在实验室中，可用透镜使入射光成为平行光，波面也是平面，这种平行光的衍射称为夫琅禾费衍射。）

9-7. √

9-8. √

9-9. × （分析：使偏振光的振动面沿顺时针方向旋转的物质，叫右旋物质。）

四、简答题

9-1. **答：**光从折射率较小的光疏介质射向折射率较大的光密介质表面发生反射时，在入射角 $i=0°$ 或 $i=90°$ 的情况下，反射光会产生 π 的相位突变，从光程的角度看，相当于差了半个波长,这一现象称为半波损失。

9-2. **答**:对透射光栅来说,其衍射条纹是单缝衍射和多光束干涉的总效应。在某一方向上,虽然满足出现某级干涉明纹的条件,但又恰好满足单缝衍射暗纹条件,则光栅的这一级像就不会出现,称为光栅衍射缺级现象。

五、计算题

9-1. 已知 $n_1=1.00, n_2=1.38, \lambda=550\ \text{nm}$;

求:$d_{\min}=?$

解:$\delta_r=2dn_2=(2k-1)\dfrac{\lambda}{2}$减弱

取 $k=1$,得

$$d=d_{\min}=\frac{\lambda}{4n_2}=99.6\ \text{nm}$$

答:氟化镁膜的最小厚度为 99.6 nm。

9-2. 已知:$\lambda=600\ \text{nm}, \theta_2=30°$,第三级是缺级;

求:(1) $a+b=?$

(2) $a_{\min}=?$

解:(1) $k=2$, $(a+b)\sin 30°=2\times 600\ \text{nm}$

解得 $a+b=2400\ \text{nm}$

(2) $\dfrac{a+b}{a_{\min}}=\dfrac{k}{k'}=\dfrac{3}{k'}$

解得 $a=\dfrac{k'b}{3-k'}$

当 $k'=1$ 时,$a_{\min}=0.5b$。所以透光缝可能的最小宽度为 $a_{\min}=800\ \text{nm}$。

答:光栅常数等于 2400 nm,透光缝的最小宽度等于 800 nm。

9-3. 已知:$k_1=3, k_2=2, \lambda_2=600\ \text{nm}$;

求:$\lambda_1=?$

解:由 $a\sin\theta=(2k_1+1)\dfrac{\lambda_1}{2}$,$a\sin\theta=(2k_2+1)\dfrac{\lambda_2}{2}$,作比得

$$\lambda_1=\frac{2k_2+1}{2k_1+1}\lambda_2=\frac{5\times 600}{7}\ \text{nm}=428.6\ \text{nm}$$

答:该单色光的波长为 428.6 nm。

9-4. 已知:设入射光光强为 I_0,其中自然光光强为 I_{10},线偏振光强度为 I_{20},它们通过偏振片后的光强分别为 I、I_1、I_2,$I_{\max}=5I_{\min}$;

求:$\frac{I_{10}}{I_0}=?$　$\frac{I_{20}}{I_0}=?$

解:由题意得

$$I_0=I_{10}+I_{20}$$

根据马吕斯定律,有

$$I_1=\frac{1}{2}I_{10},\quad I_2=I_{20}\cos^2\theta$$

则

$$I=I_1+I_2=\frac{1}{2}I_{10}+I_{20}\cos^2\theta$$

I 的最大值和最小值分别为

$$I_{max}=\frac{1}{2}I_{10}+I_{20},\quad I_{min}=\frac{1}{2}I_{10}$$

因

$$I_{max}=5I_{min}$$

则

$$\frac{1}{2}I_{10}+I_{20}=5\times\frac{1}{2}I_{10}$$

即

$$\frac{I_{10}}{I_0}=\frac{1}{3},\quad \frac{I_{20}}{I_0}=\frac{2}{3}$$

答:入射光中自然光的光强占入射光光强的$\frac{1}{3}$,线偏振光的光强占入射光光强的$\frac{2}{3}$。

第十章　几 何 光 学

＊＊ 内容提要 ＊＊

几何光学利用几何作图的方法研究光在透明介质中的传播规律，并讨论物体的成像问题。其理论在光学仪器的设计中得到了广泛的应用。

1. 单球面折射

(1) 当光线从一种介质射向另一种介质时，会发生折射现象。如果两种介质的分界面是球面的一部分，在此折射面上所产生的折射现象称为单球面折射。

(2) 近轴光线的单球面折射公式

$$\frac{n_1}{u}+\frac{n_2}{v}=\frac{n_2-n_1}{r} \tag{10-1}$$

(3) 焦度

$$\Phi=\frac{n_2-n_1}{r} \tag{10-2}$$

2. 共轴球面系统

共轴球面系统由两个或两个以上的折射球面组成，而且这些球面的曲率中心和各球面的顶点都在同一条直线上。

在共轴球面系统中解决成像问题，可以采用逐次成像法，即先求出物体通过第一折射面后所成的像，再以这个像作为第二折射面的物，求出通过第二折射面后所成的像，然后再以第二个像作为第三折射面的物，求出通过第三折射面所成的像……，依次类推，直到求出最后一个折射面所成的像。

3. 薄透镜

透镜是仅由两个折射面组成且其中至少有一个表面是曲面的共轴球面系统，两个折射面之间是均匀的透明介质。若透镜中央部分的厚度(两顶点间的距离)与物距、像距及两个球面的半径相比很小，则这种透镜叫做薄透镜。

薄透镜按结构，可分为凸透镜和凹透镜；按光学性质，可分为会聚透镜和发散透镜。

(1) 成像公式

$$\frac{1}{u}+\frac{1}{v}=\frac{1}{f} \tag{10-3}$$

(2) 焦距

在折射率为 n_0 的介质中

$$f=\left[\frac{n-n_0}{n_0}\left(\frac{1}{r_1}-\frac{1}{r_2}\right)\right]^{-1} \tag{10-4}$$

在折射率为 1 的空气中

$$f=\left[(n-1)\left(\frac{1}{r_1}-\frac{1}{r_2}\right)\right]^{-1} \quad (10\text{-}5)$$

(3)焦度

$$\Phi=\frac{1}{f} \quad (10\text{-}6)$$

4. 透镜组

(1)透镜组的成像规律:透镜组的成像规律与单个透镜没有本质区别,可以用对每一个透镜逐次成像的方法来解决,即先求物经过第一透镜折射后所成的像,然后将它作为第二个透镜的物,再求经第二个透镜折射后所成的像……,依次成像,直到求出最后的像。

(2)置于空气中的密接的薄透镜组。

成像公式

$$\frac{1}{u}+\frac{1}{v}=\frac{1}{f} \quad (10\text{-}7)$$

其中

$$\frac{1}{f}=\frac{1}{f_1}+\frac{1}{f_2} \quad (10\text{-}8)$$

透镜组的焦度

$$\Phi=\Phi_1+\Phi_2 \quad (10\text{-}9)$$

5. 非对称折射系统与柱面透镜

若折射面不是球面,在各个方向上的子午线的曲率半径不同,则该系统称为非对称折射面。柱面透镜是一种常用的非对称折射系统。

6. 眼睛及视力

(1)从几何光学的角度看,眼睛可以看成是由多种介质组成的共轴球面折射系统,这一系统使被观测物体在视网膜上成一清晰的像。

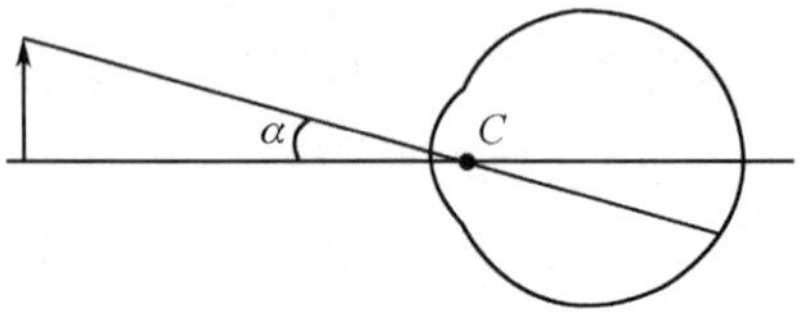

图 10-1 视角

(2)眼的调节:人眼不同于任何光学系统,它的焦度能在一定范围内自动改变,使不同距离的物体都能清晰地成像在视网膜上。

(3)视角:就是从物体的两端发出的光线对人眼曲率中心所夹的角,如图 10-1 所示。眼睛看得清物体的首要条件是物体成像于视网膜上,但要分清物体的细节,还必须使视角达到某一值以上。

(4)视力:辨别注视目标的能力,称为视力。视力有不同的表示方法,国际标准视力表用 V_S 表示视力,它是眼睛能分辨的最小视角 α 的倒数,即

$$V_S=\frac{1}{\text{能分辨的最小视角}}=\frac{1}{\alpha} \quad (10\text{-}10)$$

式中的最小视角以分为单位。国内近年来常用国家标准对数视力表,即五分法视力表。五分法视力用 V_L 表示,它与 V_S 的关系为

$$V_L=5+\lg V_S \quad (10\text{-}11)$$

7. 眼的屈光不正及其矫正

如果眼睛不需要调节,就能使平行入射的光线正好在视网膜上形成一清晰的像,如图 10-2(a)所示,这就是屈光正常的眼睛,称为正常眼,否则称为非正常眼。屈光不正的眼睛包括近视眼、远视眼和散光眼三种。

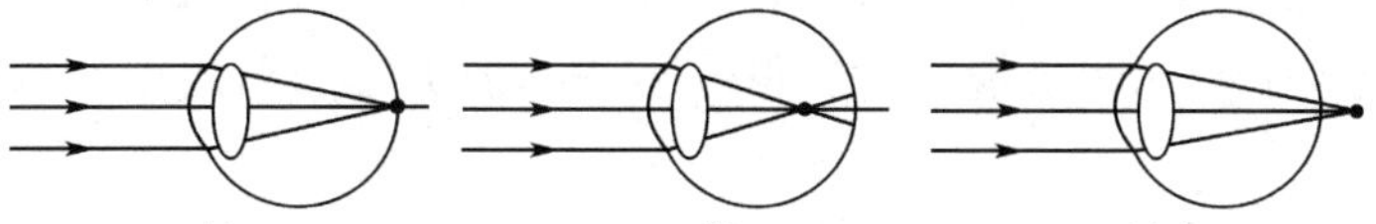

图 10-2　正常眼、近视眼、远视眼

(1)近视眼:若眼睛不调节,平行入射的光线经眼的光学系统折射后会聚于视网膜前,如图 10-2(b)所示,这种眼称为近视眼。

近视眼的矫正方法是配戴一副焦度合适的凹透镜,如图 10-3 所示,让光线经凹透镜适当发散,再经眼睛折射后恰好会聚在视网膜上形成清晰的像;也就是要使来自远处的平行光线经凹透镜后,成虚像于近视眼的远点处。这时,近视眼与正常眼一样,虽不调节也能看清。

(2)远视眼:若眼睛不调节,平行入射的光线经眼的光学系统折射后会聚于视网膜的后边,如图 10-2(c)所示,这种眼称为远视眼。由于光线抵达视网膜时还没有会聚于一点,因此物体在视网膜上所成的像也是模糊的。远视眼看远处物体时,必须进行调节才能看清楚,物体越近调节越甚。

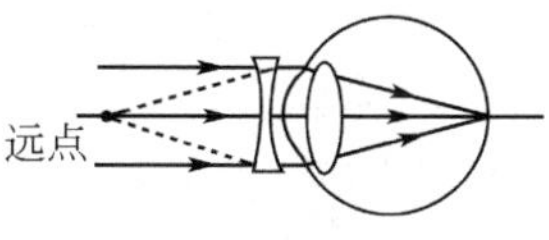

图 10-3　近视眼的矫正

远视眼的矫正方法是戴一副焦度适当的凸透镜,以增补眼睛焦度的不足,使来自远处的平行光经透镜后会聚,再经眼睛折射后会聚于视网膜上,如图 10-4 所示。远视眼的近点较正常眼远,因此,远视眼所选择的凸透镜应使处在明视距离处的物体经透镜折射后,在远视眼的近点处成一虚像。

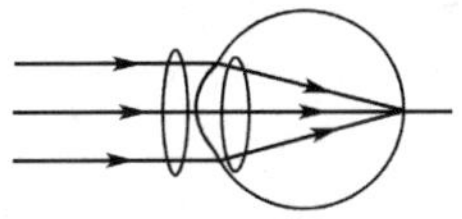

图 10-4　远视眼的矫正

(3)散光眼:散光眼的问题在于角膜不是理想的球面,其眼球折射面在不同方向上的子午线曲率不完全相同,眼睛在不同截面有不同的焦度,是非对称折射系统。这样,不但对平行光不能聚焦于一点,而且对任何点物都不能形成点像。因此,散光眼无论看远处物体还是看近处物体都不能在视网膜上成清晰像。

散光眼的矫正方法是配戴适当焦度的柱面透镜以矫正不正常子午面的焦度。

8. 放大镜

(1)眼睛所看到的物体的大小由它在视网膜上所成像的大小来决定,而成像的大小又是由物体对眼睛所张视角的大小来决定的,因此为了看清微小物体的细节,必须增大物体对眼睛的视角。增大视角的最常用方法是将物体移近眼睛,使物体在视网膜上产生较大的像。但是,人眼的调节能力是有限度的,看近点的物体时眼睛的折光能力已经达到了会聚能力的极限,再靠近反而看不清。如图 10-5 所示,在眼睛前面配置一个适当的凸透镜便能解决这一问题,它可以有效地增强对光线的会聚作用,增加视角。用于这一目的的凸透镜称为放大镜。

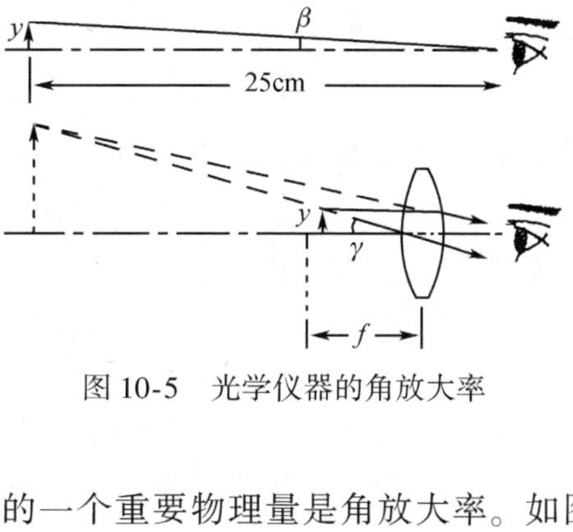

图 10-5　光学仪器的角放大率

(2)光学仪器的角放大率:描述光学仪器放大能力的一个重要物理量是角放大率。如图

10-5 所示，把物体放在明视距离(25 cm)处，用眼睛直接观察物体时的视角为 β，利用放大镜观察同一物体时的视角为 γ，这两个视角的比值 γ/β 表示放大镜的角放大率，用 α 表示，即

$$\alpha=\frac{\gamma}{\beta} \tag{10-12}$$

一般用放大镜观察的物体的线度 y 都很小，故 γ、β 均很小，因此有

$$\alpha=\frac{y/f}{y/25}=\frac{25\ \text{cm}}{f} \tag{10-13}$$

式中，f 是放大镜的焦距，单位为 cm。

9. 光学显微镜

(1)成像原理：普通光学显微镜由两组会聚透镜组成，其光路如图 10-6 所示，左边的一组透镜 L_1 焦距较短，称为物镜，焦距为 f_1；右边的一组透镜 L_2 焦距较长，称为目镜，焦距为 f_2。

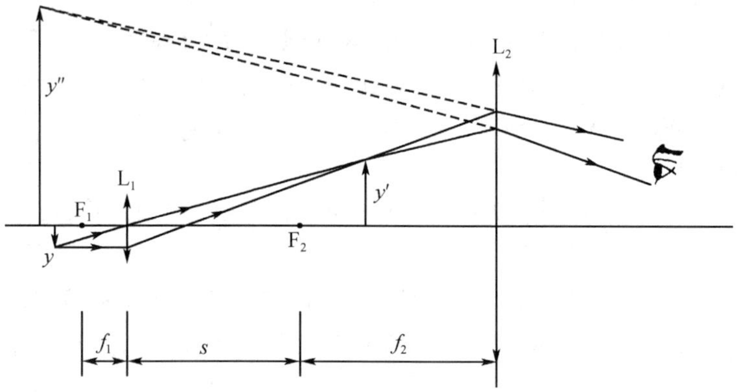

图 10-6　显微镜的光路图

把被观察物体 y 置于物镜焦点以外靠近焦点处，则物体通过它成一个倒立放大的实像 y'。调节目镜与物镜间的距离，使 y' 位于目镜焦点以内靠近焦点处，经目镜再次放大成正立的虚像 y''。由图可见，被观察物体经物镜、目镜两次放大，其放大倍数比放大镜大得多。

(2)显微镜的放大率：依据角放大率的定义，设使用显微镜后所成虚像对眼所张视角为 γ，不用显微镜而把物体放在明视距离处时物体对眼所张视角为 β，则显微镜的放大率应是

$$M=\frac{\gamma}{\beta}\approx\frac{\tan\gamma}{\tan\beta} \tag{10-14}$$

也可写成

$$M=m\cdot\alpha \tag{10-15}$$

式中，m 为物镜的线放大率；α 为目镜的角放大率。

(3)显微镜的最小分辨距离：显微镜刚好能分辨清楚的两个物点之间的最短距离称为显微镜的最小分辨距离，用 Z 表示，

$$Z=\frac{0.61\lambda n'}{n\sin\beta} \tag{10-16}$$

式中，n 为透镜前物空间介质的折射率；n' 为像空间介质的折射率；λ 为所用光波的波长；β 为物空间孔径角，即物点发出的光线与物镜边缘所成锥角的一半。

对于空气介质，$n'=1$，上式简化为

$$Z=\frac{0.61\lambda}{n\sin\beta} \tag{10-17}$$

式中，$n\sin\beta$ 称为物镜的数值孔径，用 N.A 表示，则上式又可写成

$$Z=\frac{0.61\lambda}{\mathrm{N.A}} \tag{10-18}$$

(4) 显微镜的分辨本领：显微镜的最小分辨距离的倒数称为显微镜的分辨本领(resolving power)，它表示显微镜能分辨被观察物体细节的本领。

10. 光纤

光纤是光导纤维的简称，它是由透明度很好的玻璃或塑料抽拉成半径不超过 10 μm 的细丝，将低折射率的外层材料包在高折射率的内层纤维芯线上，并使两层之间形成良好的光学界面。

当光线以入射角大于临界角的方向投射到光纤的侧壁时，光将在光纤的侧壁内外两层分界面上发生全反射，入射光线在光纤端面上的入射角小于临界角时，光线会因连续发生全反射而在较小光损耗的情况下沿光纤传播。

11. 医用内镜

将多根光纤有规则地排列在一起，并使它们在两端的排列顺序完全相同，构成的医用内窥镜，称为医用内镜，用它可直接观察内脏器官腔内的病况。

＊＊ 习题解答 ＊＊

10-1. 在单球面折射成像中，物距、像距、曲率半径的正负号各是怎样规定的？

答：若从物点到折射面的方向与入射光线的方向相同，则物距为正，反之为负；若从折射面到像点的方向与折射光线的方向相同，则像距为正，反之为负；若实际入射光线对着凸球面，则 r 取正值，反之，若实际入射光线对着凹球面，则 r 取负值。

10-2. 一个透明的介质球半径为 R，位于空气中。若以平行光入射，当介质的折射率为何值时，会聚点恰好落在球的后表面上？

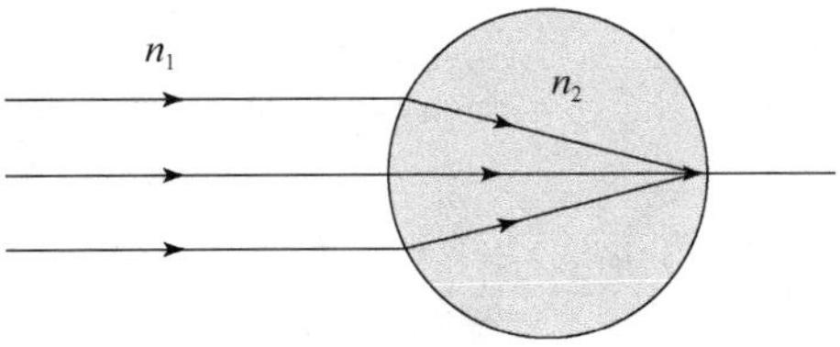

题 10-2 图

已知：单球面折射系统，$n_1=1$，$u=\infty$，$v=2R$，$r=R$；

求：介质的折射率 $n_2=?$

解：如题 10-2 图所示，将上述已知数据代入单球面折射公式

$$\frac{n_1}{u}+\frac{n_2}{v}=\frac{n_2-n_1}{r}$$

得

$$\frac{1}{\infty}+\frac{n_2}{2R}=\frac{n_2-1}{R}$$

解得

$$n_2=2$$

答：当介质的折射率为 2 时，会聚点恰好落在球的后表面上。

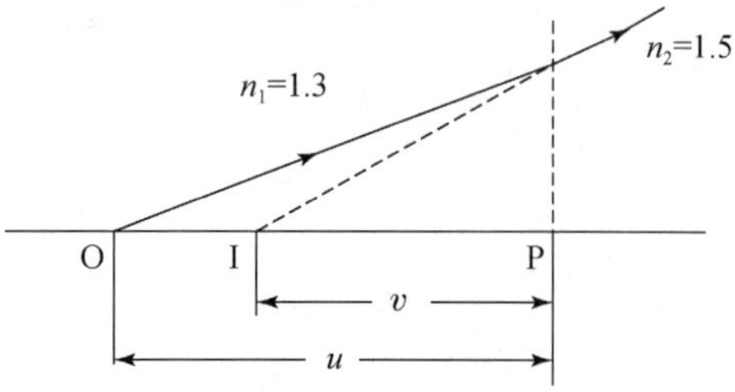

题 10-3 图

10-3. 某种液体($n_1=1.3$)和玻璃($n_2=1.5$)的分界面是球面。在液体中有一物体放在球面的轴线上离球面 40 cm 处,它在球面前 32 cm 处成一虚像。求球面的曲率半径,并指出哪一种介质处于球面的凸侧。

已知:单球面折射系统,$n_1=1.3$,$n_2=1.5$,$u=40$ cm,$v=-32$ cm;

求:球面的曲率半径 r。

解:光路如题 10-3 图所示,由于不知道折射面向哪一方向凸出,故用虚线表示折射面。

将上述已知数据代入单球面折射公式

$$\frac{n_1}{u}+\frac{n_2}{v}=\frac{n_2-n_1}{r}$$

得

$$\frac{1.3}{40}+\frac{1.5}{-32}=\frac{1.5-1.3}{r}$$

解得

$$r=-13.9\ \text{cm}$$

答:球面的曲率半径为-13.9 cm,由于 r 为负值,说明凹面对着入射光线,即玻璃处于折射面的凸侧。

10-4. 眼的角膜可看成是曲率半径为 7.8 mm 的单球面,其后是 $n=\frac{4}{3}$的屈光介质,如果瞳孔看起来像在角膜后 3.6 mm 处,试问瞳孔在眼中的实际位置?

已知:单球面折射系统,$n_1=\frac{4}{3}$,$v=-3.6$ mm,$n_2=1$,$r=-7.8$ mm;

求:瞳孔在眼中的实际位置即物距 u。

解:将上述已知数据代入单球面折射公式

$$\frac{n_1}{u}+\frac{n_2}{v}=\frac{n_2-n_1}{r}$$

得

$$\frac{4}{3u}-\frac{1}{3.6}=\frac{1-\frac{4}{3}}{-7.8}$$

解得

$$u=4.16\ \text{mm}$$

答:瞳孔在眼中的实际位置是在角膜后方 4.16 mm 处。

10-5. 折射率为 1.5 的平凸透镜,在空气中的焦距为 50 cm。求凸面的曲率半径。

(1)假设凸面对着入射光线:

已知:$n=1.5$,$r_2=\infty$,$f=50$ cm;

求:凸面的曲率半径 $r_1=$?

解:将透镜看成薄透镜,将上述已知数据代入放在空气中的薄透镜的焦距公式

$$f=\left[(n-1)\left(\frac{1}{r_1}-\frac{1}{r_2}\right)\right]^{-1}$$

得
$$50=\left[(1.5-1)\left(\frac{1}{r_1}-\frac{1}{\infty}\right)\right]^{-1}$$

解得
$$r_1=25\ \text{cm}$$

(2)假设凹面对着入射光线：

已知：$n=1.5, r_1=\infty, f=50\ \text{cm}$；

求：凸面的曲率半径 $r_2=?$

解：将上述已知数据代入放在空气中的薄透镜的焦距公式

$$f=\left[(n-1)\left(\frac{1}{r_1}-\frac{1}{r_2}\right)\right]^{-1}$$

得
$$50=\left[(1.5-1)\left(\frac{1}{\infty}-\frac{1}{r_2}\right)\right]^{-1}$$

解得
$$r_2=-25\ \text{cm}$$

答：凸面的曲率半径为 25 cm。(对于结构一定的薄透镜，无论光线从哪一方入射，只要透镜两侧介质相同，求得的凸面曲率半径都相等，只不过对于不同方向的入射光线，计算时为了统一符号，曲率半径会有正负之分。)

10-6. 圆柱形玻璃棒($n=1.5$)的一端是半径为 2 cm 的凸球面，在棒的轴线上距离棒端8 cm处放一点状物，求其成像位置。如将此棒放入折射率为 1.6 的液体中，点状物离棒端仍为 8 cm，问像又在何处，是实像还是虚像？

(1)当圆柱体玻璃棒置于空气中时：

已知：单球面折射系统，$n_1=1, n_2=1.5, u=8\ \text{cm}, r=2\ \text{cm}$；

求：像距 $v_1=?$

解：设棒足够长，将上述已知数据代入单球面折射公式

$$\frac{n_1}{u}+\frac{n_2}{v}=\frac{n_2-n_1}{r}$$

得
$$\frac{1}{8}+\frac{1.5}{v_1}=\frac{1.5-1}{2}$$

解得
$$v_1=12\ \text{cm}$$

(2)当圆柱体玻璃棒置于折射率为 1.6 的液体中时：

已知：$n_1=1.6, n_2=1.5, u=8\ \text{cm}, r=2\ \text{cm}$；

求：像距 $v_2=?$

解：将上述已知数据代入单球面折射公式

$$\frac{n_1}{u}+\frac{n_2}{v}=\frac{n_2-n_1}{r}$$

得
$$\frac{1.6}{8}+\frac{1.5}{v_2}=\frac{1.5-1.6}{2}$$

解得
$v_2=-6\ \text{cm}$(由像距为负值可判断出像为虚像)

答：当圆柱形玻璃棒置于空气中时，点状物的像成在凸球面后方 12 cm 处；当圆柱体玻璃棒置于折射率为 1.6 的液体中时，点状物在凸球面前方 6 cm 处成一虚像。

10-7. 一个焦距为 15 cm 的凸透镜与一个焦距为 10 cm 的凹透镜相隔 5 cm。物体发出的光线先通过凸透镜，再通过凹透镜，最后成像于凸透镜前 15 cm 处。问该物体位于凸透镜前多远？

解：分析：这是连续通过两个薄透镜的求解问题。设通过凸透镜的物距、像距、焦距分别为 u_1、v_1、f_1，而通过凹透镜的物距、像距、焦距分别为 u_2、v_2、f_2，两透镜间的距离为 s。

由题意，知 $s=v_1+u_2=5$ cm，$v_2=-(15+5)$ cm$=-20$ cm，因为凸透镜的焦距为正，凹透镜的焦距为负，所以 $f_1=15$ cm，$f_2=-10$ cm。

（1）对凹透镜，运用高斯形式的薄透镜成像公式

$$\frac{1}{u}+\frac{1}{v}=\frac{1}{f}$$

将 $u_2=s-v_1$，$v_2=-20$ cm，$f_2=-10$ cm 代入上式得

$$\frac{1}{5-v_1}+\frac{1}{-20}=\frac{1}{-10}$$

解得

$$v_1=25\ \text{cm}$$

（2）对凸透镜，运用高斯形式的薄透镜成像公式

$$\frac{1}{u}+\frac{1}{v}=\frac{1}{f}$$

将 $v_1=25$ cm，$f_1=15$ cm 代入上式得

$$\frac{1}{u_1}+\frac{1}{25}=\frac{1}{15}$$

解得

$$u_1=37.5\ \text{cm}$$

答：物体位于凸透镜前 37.5 cm 处。

10-8. 折射率为 1.5 的玻璃做成的平凹透镜，一面是平面，另一面是半径为 0.2 m 的凹球面，将此透镜水平放置，凹球面一方充满水（形成一个水做的平凸透镜），将其放在空气中，求整个系统的焦度及焦距（已知水的折射率为 4/3）。

已知：$n=1.5$，$n_0=1$，$n'=\frac{4}{3}$，$r_1=r_2'=\infty$，$r_1'=r_2=0.2$ m；

求：$f=?$　$\Phi=?$

解：分析：整个系统可以看成是置于空气中的一个平凹薄透镜和一个平凸薄透镜密接的薄透镜组，并且无论光线从哪一方入射，都不会改变系统的焦距。根据单个薄透镜的焦距公式

$$f=\left[\left(\frac{n-n_0}{n_0}\right)\left(\frac{1}{r_1}-\frac{1}{r_2}\right)\right]^{-1}$$

（1）对于放置于空气中的玻璃平凹薄透镜，$n=1.5$，$n_0=1$，$r_1=\infty$，$r_2=0.2$ m，代入焦距公式，解得

$$f_1=\left[\left(\frac{1.5-1}{1}\right)\left(\frac{1}{\infty}-\frac{1}{0.2}\right)\right]^{-1}=-0.4\ \text{m}$$

（2）对于放置于水中的平凸薄透镜，$n'=4/3$，$n_0=1$，$r_1'=0.2$ m，$r_2'=\infty$，代入焦距公式，解得

$$f_2=\left[\left(\frac{\frac{4}{3}-1}{1}\right)\left(\frac{1}{0.2}-\frac{1}{\infty}\right)\right]^{-1}=0.6\ \text{m}$$

根据透镜组的等效焦距公式

$$\frac{1}{f}=\frac{1}{f_1}+\frac{1}{f_2}$$

解得整个系统的焦距为　$f=-1.2\ \text{m}$

整个系统的焦度为　$\Phi=\frac{1}{f}=-0.83\ \text{D}$

答:整个系统的焦距和焦度分别为-1.2 m 和-0.83 D。

10-9. 眼科医生对甲配+2.0D 的眼镜,对乙配-4.0 D 的眼镜。问谁是近视,谁是远视?近视眼的远点和远视眼的近点距离各是多少?

解:分析:(1)由于凸透镜的焦度为正,凹透镜的焦度为负,由题意,已知甲配+2.0 D 的眼镜,是凸透镜,所以甲是远视眼;乙配-4.0 D 的眼镜,是凹透镜,所以乙是近视眼。

(2)对甲来说,如果配镜合适的话,就能使明视距离即眼前 0.25 m 处的物成像于它的近点处。将 $\Phi_1=+2.0\ \text{D}$,$f_1=\frac{1}{\Phi_1}=0.5\ \text{m}$,$u_1=0.25\ \text{m}$ 代入高斯形式的薄透镜成像公式

$$\frac{1}{u}+\frac{1}{v}=\frac{1}{f}$$

解得　$v_1=-0.5\ \text{m}$　(甲的近点为眼前 0.5 m 处)

(3)对乙来说,如果配镜合适的话,就使无穷远处的物成像于它的远点。将 $\Phi_2=-4.0\ \text{D}$,$f_2=\frac{1}{\Phi_2}=-0.25\ \text{m}$,$u_2=\infty$ 代入高斯形式的薄透镜成像公式

$$\frac{1}{u}+\frac{1}{v}=\frac{1}{f}$$

解得　$v_2=-0.25\ \text{m}$　(乙的远点为眼前 0.25 m)

答:甲是远视眼,其近点距离为眼前 0.5 m;乙是近视眼,其远点距离为眼前 0.25 m。

10-10. 一近视眼的远点在眼前 0.5 m 处,欲使其能看清远方物体,问应配多少度的什么眼镜?

解:分析:如果远方的物体通过所配戴的眼镜后在该患者的远点处成一虚像,该患者便可看清远方的物体。设眼镜的物距、像距、焦距分别为 u、v、f,由题意可知 $u=\infty$,$v=-0.5\ \text{m}$。

将上述已知数据代入高斯形式的薄透镜公式

$$\frac{1}{u}+\frac{1}{v}=\frac{1}{f}$$

得

$$\frac{1}{\infty}+\frac{1}{-0.5}=\frac{1}{f}=\Phi$$

解得

$$\Phi=\frac{1}{f}=-2\ \text{D}=-200\ 度$$

答:该患者应配戴 200 度的凹透镜作为近视镜。

10-11. 一远视眼的近点在眼前 0.5 m 处,欲使其能看清 0.25 m 处的物体,问应配多少度的

什么眼镜?

解:分析:如果0.25 m处的物体通过所配戴的眼镜后在该患者的近点处成一虚像,该患者便可看清0.25 m处的物体。设眼镜的物距、像距、焦距分别为u、v、f,由题意可知$u=0.25$ m,$v=-0.5$ m。

将上述已知数据代入高斯形式的薄透镜公式

$$\frac{1}{u}+\frac{1}{v}=\frac{1}{f}$$

得

$$\frac{1}{0.25}+\frac{1}{-0.5}=\frac{1}{f}=\Phi$$

解得

$$\Phi=\frac{1}{f}=2\ \mathrm{D}=200\ 度$$

答:该患者应配戴200度的凸透镜作为远视镜。

** 课外练习 **

一、单选题

10-1. 若镜片的焦距为0.5 m,则镜片的度数为(　　)。

A. 100度　　B. 200度　　C. 300度　　D. 400度

10-2. 某人戴的眼镜为400度,则该镜片的焦度为4 D,焦距为(　　)。

A. 4 m　　B. 0.25 m　　C. 5 m　　D. 0.5 m

10-3. 某近视眼患者的眼镜是折射率为1.52的平凹薄透镜,凹面的曲率半径为10 cm,则其在空气中的度数为(　　)。

A. 510度　　B. 520度　　C. 530度　　D. 540度

10-4. 把焦距为20 cm的凸透镜和焦距为40 cm的凹透镜贴合后,合透镜的焦度为(　　)。

A. 5屈光度　　B. -5屈光度　　C. 2.5屈光度　　D. -2.5屈光度

10-5. 和视力正常的人相比,远视眼患者的近点(　　)。

A. 因人而异　　B. 远一些　　C. 近一些　　D. 差不多

10-6. 视角的大小决定了物体在视网膜上所成像的大小,视角越大,所成像也越(　　),眼睛看到物体的细节就越(　　)。

A. 大,模糊　　B. 小,模糊　　C. 大,清楚　　D. 小,清楚

10-7. 若一人按照常用的国家标准对数视力表测得的视力V_L为4.1,他的最小视角为(　　)。

A. 7.94′　　B. 7.50′　　C. 7.80′　　D. 7.98′

10-8. 近视眼患者的视力出现的问题是(　　)。

A. 远点近移　　B. 远点远移　　C. 近点近移　　D. 近点远移

10-9. 若眼睛不调节,平行入射的光线经眼系统折射后会聚于视网膜前,这种情况称为(　　)。

A. 远视　　B. 近视　　C. 散光　　D. 老视

10-10. 配戴-160 度眼镜的人(焦度合适),其远点在眼前的(　　)处。

A. 0.645 m　　B. 0.640 m　　C. 0.635 m　　D. 0.625 m

10-11. 一远视眼的近点为 1.20 m,今欲看清 0.12 m 处的物体,应配(　　)度的眼镜。

A. 750 度　　B. 740 度　　C. 730 度　　D. 720 度

10-12. 一般来说散光眼的矫正应该配戴适当焦度的(　　)。

A. 凸透镜　　B. 凹透镜

C. 柱面透镜　　D. 凸透镜和凹透镜密接

10-13. 放大镜的作用是(　　)。

A. 增加亮度　　B. 增大视角　　C. 增加亮度和视角　　D. 以上均不对

10-14. 显微镜的油浸镜头的孔径数为 1.5,用波长为 250 nm 的紫外线做光源时,可分辨的最小距离为(　　)。

A. 100.7 nm　　B. 101.7 nm　　C. 102.7 nm　　D. 104.7 nm

10-15. 在显微镜中使用油浸物镜的目的是(　　)。

A. 增大目镜的孔径数　　B. 增大物镜的孔径数

C. 增大物镜的角放大率　　D. 增大目镜的角放大率

二、填空题

10-1. 按单球面折射公式的符号规定,如果折射面到像点的方向与折射光线方向相同,则像距为_________,反之,如果折射面到像点的方向与折射光线方向相反,则像距为_________。如果凹球面向着入射光线,则 r 为_________,反之,如果凸球面向着入射光线,则 r 为_________。(填正值、负值)

10-2. 透镜的焦度描述透镜折射能力,单位是屈光度,眼镜行业中的“度”与屈光度的关系为_________。

10-3. 同类透镜密接时会聚或发散的本领_________,异类透镜密接时会聚或发散的本领

__________。(填加强或减弱)

10-4. 眼睛不调节时能看清的物点到眼睛的距离称为__________。

10-5. 眼睛看清物体的首要条件是物体成像于视网膜上，但要分清物体的细节，还必须使__________达到一定值。

10-6. 远视眼的矫正方法是__________。

10-7. 某患者常把一个点状物体视为一条短线，此患者属于__________类型的非正常眼。

10-8. 欲提高显微镜的分辨本领，应该__________。

三、判断题

10-1. 按照单球面折射公式的符号规则，如果从物点到折射面的方向与入射光线的方向相同，则物距为正，反之为负。 ( )

10-2. 放大镜是凹透镜。 ( )

10-3. 凸透镜的焦距为正值，凹透镜的焦距为负值。 ( )

10-4. 近视眼的矫正方法是戴一副焦度合适的凸透镜。 ( )

10-5. 从公式 $Z=\frac{0.61\lambda}{\mathrm{N.A}}$ 可以看出，减小数值孔径，增大入射光波长就可以提高显微镜的分辨本领。 ( )

四、简答题

10-1. 人眼与光学仪器相比的突出优点是什么？

10-2. 简述老花眼产生的原因。

10-3. 简述放大镜的成像原理。

10-4. 为什么要在光学纤维玻璃芯外表面涂一层折射率 n_2 小于光学纤维芯折射率 n_1 的介质？

五、计算题

10-1. 某透镜用 $n=1.50$ 的玻璃制成，它在空气中的焦距为 10 cm，在水中的焦距为多少？(已知水的折射率为4/3)

10-2. 如课外练习图 10-1 所示，焦距都是 30 cm 的三个透镜，使之各相距 30 cm 排在同一轴线上，中间是一个凹透镜，两边两个是凸透镜。问：

(1)将点光源(物)放在第一透镜前 40 cm 处的轴线上，像成在何处？

(2)如果把这三个透镜彼此贴合在一起，像又成在何处？

10-3. 一远视眼患者戴 2 D 的眼镜看书时需要把书拿到眼前 40 cm 处才能看清，此人应配戴何种眼镜读书、看报才合适？

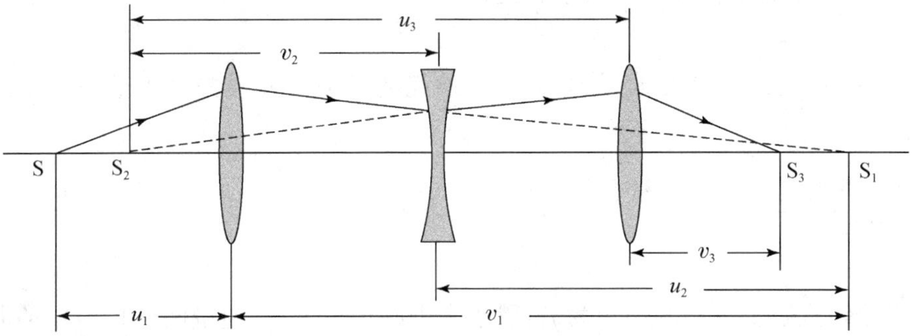

课外练习图 10-1

10-4. 一油浸显微镜恰好可分辨每毫米 4000 线的明暗相间的线组,已知照明光的波长为 435 nm,并假定任意相邻线条都是非相干的,求物镜的数值孔径。

✱✱ 课外练习参考答案 ✱✱

一、单选题

10-1. B　10-2. B　10-3. B　10-4. C　10-5. B　10-6. C　10-7. A　10-8. A　10-9. B　10-10. D　10-11. A　10-12. C　10-13. B　10-14. B　10-15. B

二、填空题

10-1. 正值,负值,负值,正值　10-2. 1 屈光度 = 100 度　10-3. 加强、减弱　10-4. 远点　10-5. 视角　10-6. 戴一副焦度适当的凸透镜　10-7. 散光眼　10-8. 增大数值孔径或者减小入射光波长

三、判断题

10-1. √　10-2. ×　10-3. √　10-4. ×　10-5. ×

四、简答题

10-1. **答:**人眼与光学仪器相比的突出优点是在一定范围内自动调焦,使远近不同距离的物体都能清晰地成像在视网膜上。

10-2. **答:**晶状体变硬,原有的可塑性变差,于是,眼睛的调节力变小,调节范围缩小,近点逐渐远移,因此出现老花眼问题。

10-3. **答:**在利用放大镜观察物体时,通常把物体放在它的焦点以内靠近焦点处,成一放大的、正立的虚像,像与物在透镜的同一侧,通过放大镜的光束呈近似平行光进入眼内,此时眼睛

几乎不需要调节便能在视网膜上得到清晰的像。

10-4. **答**:$n_1>n_2$是为了满足全反射的条件,使光能不损失或损失极少地由光学纤维的一端传到另一端。

五、计算题

10-1. **解**:

分析:设透镜置于空气中的焦距为f_1,置于水中的焦距为f_2,透镜两个折射面的曲率半径分别为r_1 和r_2,空气的折射率n_{01},水的折射率n_{02}。由题意可知$n=1.50$,$f_1=10$ cm,$n_{01}=1$,$n_{02}=4/3$。

根据薄透镜的焦距公式

$$f=\left[\frac{n-n_0}{n_0}\left(\frac{1}{r_1}-\frac{1}{r_2}\right)\right]^{-1}$$

当透镜置于空气中时,有

$$f_1=\left[\frac{n-n_{01}}{n_{01}}\left(\frac{1}{r_1}-\frac{1}{r_2}\right)\right]^{-1}$$

当同一透镜置于水中时,有

$$f_2=\left[\frac{n-n_{02}}{n_{02}}\left(\frac{1}{r_1}-\frac{1}{r_2}\right)\right]^{-1}$$

将上述两式相比,消去$\frac{1}{r_1}-\frac{1}{r_2}$,得

$$\frac{f_2}{f_1}=\frac{n_{02}}{n_{01}}\cdot\frac{n-n_{01}}{n-n_{02}}$$

将已知数据$n=1.50$,$f_1=10$ cm,$n_{01}=1$,$n_{02}=4/3$代入上式,解得

$$f_2=40\ \text{cm}$$

答:此透镜在水中的焦距为40 cm。

10-2. **解**:(1)当三个透镜相距30 cm排在同一轴线上时,光路图如课外练习图10-1所示,其中S为点光源所在位置,S_1、S_2、S_3分别为点光源通过第一透镜、第二透镜和第三透镜所成的像,设u_1、v_1、f_1、u_2、v_2、f_2、u_3、v_3、f_3分别为三个透镜的物距、像距和焦距。本题反复利用薄透镜的成像公式$\frac{1}{u}+\frac{1}{v}=\frac{1}{f}$可解。

①先求第一个凸透镜所成的像:

由题意可知$u_1=u=40$ cm,$f_1=30$ cm,代入薄透镜的成像公式

$$\frac{1}{u}+\frac{1}{v}=\frac{1}{f}$$

得

$$\frac{1}{40}+\frac{1}{v_1}=\frac{1}{30}$$

解得

$$v_1=120\ \text{cm}$$

②再求第二个凹透镜所成的像：

从①中解得的 $v_1=120\ \text{cm}$，说明点光源S经过第一个透镜所成的像在第一透镜的像方空间。由于第一个透镜和第二个透镜相距30 cm，小于像距 v_1，所以如课外练习图10-1所示，点光源S经过第一个透镜所成的像也在第二个透镜的像方空间，因此是第二个透镜的虚物。

根据题意，对于第二个透镜，有 $u_2=-(v_1-d)=-90\ \text{cm}$，将 $f_2=-30\ \text{cm}$ 代入薄透镜的成像公式

$$\frac{1}{u}+\frac{1}{v}=\frac{1}{f}$$

得

$$-\frac{1}{90}+\frac{1}{v_2}=-\frac{1}{30}$$

解得

$$v_2=-45\ \text{cm}$$

③最后求第三个凸透镜所成的像：

从③中解得的 $v_2=-45\ \text{cm}$，说明点光源S经过第二个透镜所成的像在第二个透镜的物方空间。如课外练习图10-1所示，点光源S经过第一和第二个透镜所成的像也在第三个透镜的物方空间，所以是第三个透镜的实物。

根据题意，对于第三个透镜，有 $u_3=|v_2|+d=75\ \text{cm}$，$f_3=30\ \text{cm}$，代入薄透镜的成像公式

$$\frac{1}{u}+\frac{1}{v}=\frac{1}{f}$$

得

$$\frac{1}{75}+\frac{1}{v_3}=\frac{1}{30}$$

解得

$$v_3=50\ \text{cm}（由于 v_3 为正值，所以成的是实像）$$

(2)当将三个透镜贴合在一起组合成一个密接透镜组时：

已知：$u=40\ \text{cm}$，$f_1=30\ \text{cm}$，$f_2=-30\ \text{cm}$，$f_3=30\ \text{cm}$；

求：透镜组的像距 $v=?$

解：将 $f_1=30\ \text{cm}$，$f_2=-30\ \text{cm}$，$f_3=30\ \text{cm}$ 代入透镜组的等效焦距公式

$$\frac{1}{f}=\frac{1}{f_1}+\frac{1}{f_2}+\frac{1}{f_3}$$

得

$$\frac{1}{f}=\frac{1}{30}-\frac{1}{30}+\frac{1}{30}$$

解得

$$f=30\ \text{cm}$$

将 $u=40\ \text{cm}$，$f=30\ \text{cm}$ 代入透镜的成像公式

$$\frac{1}{u}+\frac{1}{v}=\frac{1}{f}$$

得

$$\frac{1}{40}+\frac{1}{v}=\frac{1}{30}$$

解得

$$v=120\ \text{cm}$$

由于 $v=120\ \text{cm}$ 为正值，所以成的是实像，在透镜组后120 cm处。这个结果相当于第一块透镜的作用，说明透镜组中的另外两块即一凸一凹的透镜，由于贴合，焦距又相等，因此折光作用相互抵消。

答：当三个透镜相距30 cm排在同一轴线上时，点光源（物）在第三个透镜后50 cm处成一

实像;当将三个透镜贴合在一起组合成一个密接透镜组时,点光源(物)经过三个透镜所成的像在透镜组后 120 cm 处。

10-3. **解**: 分析:患者原来所戴 2 D 的老镜使 40 cm 处的物体在其近点处成一虚像,新配镜应使 25 cm 处的物体在其近点处成一虚像。设老镜的物距、像距、焦距、焦度分别为 u_1、v_1、f_1、Φ_1,新镜的物距、像距、焦距、焦度分别为 u_2、v_2、f_2、Φ_2,由题意可知 $u_1=0.4\ \text{m}$,$f_1=\dfrac{1}{\Phi_1}=\dfrac{1}{2\ \text{D}}=0.5\ \text{m}$,$u_2=0.25\ \text{m}$。

将 $u_1=0.4\ \text{m}$、$f_1=\dfrac{1}{2\ \text{D}}=0.5\ \text{m}$ 代入透镜的成像公式

$$\frac{1}{u_1}+\frac{1}{v_1}=\frac{1}{f_1}$$

得

$$\frac{1}{0.4}+\frac{1}{v_1}=\frac{1}{0.5}$$

解得

$$v_1=-2\ \text{m}$$

由于新镜、老镜都在患者近点处成像,所以 $v_1=v_2=-2\ \text{m}$。

将 $u_2=0.25\ \text{m}$、$v_2=-2\ \text{m}$ 代入透镜的成像公式

$$\frac{1}{u_2}+\frac{1}{v_2}=\frac{1}{f_2}=\Phi_2$$

得

$$\frac{1}{0.25}+\frac{1}{-2}=\Phi_2$$

解得

$$\Phi_2=3.5\ \text{D}$$ (焦度为正,所以是凸透镜)

答:此人应配戴 350 度的凸透镜读书、看报才合适。

10-4. 已知:最小分辨距离 $Z=1/4000\ \text{mm}$,$\lambda=435\ \text{nm}$;

求:物镜的数值孔径 N.A=?

解:将上述已知数据代入显微镜的最小分辨距离公式

$$Z=\frac{0.61\lambda}{n\sin a}=\frac{0.61\lambda}{\text{N.A}}$$

得

$$\text{N.A}=\frac{0.61\lambda}{Z}=\frac{0.61\times435\times10^{-9}}{\frac{1}{4000}\times10^{-3}}$$

解得

$$\text{N.A}=1.06$$

答:物镜的数值孔径为 1.06。

第十一章　量子物理基础

＊＊ 内容提要 ＊＊

1. 热辐射

(1)辐射体的辐出度 $M=M(T)$、单色辐出度 $M(\lambda, T)$ 的积分关系：

$$M(T)=\int_0^{\infty} M(\lambda, T)\,\mathrm{d}\lambda \tag{11-1}$$

(2)黑体辐射的两个实验定律：

斯特藩-玻尔兹曼定律

$$M_0(T)=\int_0^{\infty} M_0(\lambda, T)\,\mathrm{d}\lambda=\sigma T^4 \tag{11-2}$$

维恩位移定律

$$\lambda_{\mathrm{m}} T=b \tag{11-3}$$

(3)普朗克能量量子化假说首先提出了能量子的概念 $\varepsilon=h\nu$,圆满地解释了黑体辐射的实验规律,同时奠定了量子物理的基础。

2. 光电效应及康普顿效应

(1)爱因斯坦光量子论:光是以光速运动的粒子流,这些粒子称为光量子,简称光子。若光的频率为 ν,每个光子的能量为 $\varepsilon=h\nu$。根据相对论的质能关系,爱因斯坦还指出了光子的动量和光波长的如下关系：

$$p=\frac{h\nu}{c}=\frac{h}{\lambda} \tag{11-4}$$

爱因斯坦光量子论揭示了光的粒子性特征。

(2)爱因斯坦光电效应方程

$$h\nu=\frac{1}{2}mv^2+A \tag{11-5}$$

(3)康普顿公式

$$\Delta\lambda=\lambda-\lambda_0=2K\sin^2\frac{\theta}{2} \tag{11-6}$$

式中,K 为康普顿波长,$K=2.43\times10^{-12}$ m,是散射角为直角时波长的改变量。

3. 波粒二象性及不确定关系

(1)德布罗意假设:波粒二象性不仅是光的特性,任何实物粒子也都具有波粒二象性。当质量为 m 的实物粒子以速度 v 运动时,具有如下关系：

$$\lambda=\frac{h}{p}=\frac{h}{mv} \text{ 及 } \nu=\frac{\varepsilon}{h} \tag{11-7}$$

这种与实物联系在一起的波称为德布罗意波或物质波。式(11-7)即德布罗意关系式。

(2)不确定关系

$$\Delta x \cdot \Delta p_x \geqslant h,\quad \Delta y \cdot \Delta p_y \geqslant h,\quad \Delta z \cdot \Delta p_z \geqslant h,\quad \Delta E \cdot \Delta t \geqslant h \tag{11-8}$$

4. 玻尔的氢原子理论

(1)氢原子光谱的规律性:氢原子光谱是分布在几个谱线系中的线光谱,满足里德伯公式:

$$\frac{1}{\lambda}=R\left(\frac{1}{k^2}-\frac{1}{n^2}\right)\quad (k=1,2,3,\cdots;n=k+1,k+2,\cdots) \tag{11-9}$$

式中,k 决定谱线系,n 决定谱线系中的各谱线。

(2)玻尔氢原子理论的假设,即稳定态假设、轨道角动量量子化假设和跃迁的假设,由此可以导出玻尔半径

$$a_0=\frac{\varepsilon_0 h^2}{\pi e^2 m}=5.29\times10^{-11}\ \text{m} \tag{11-10}$$

5. 四个量子数

按量子力学理论,四个量子数决定原子中电子的运动状态,它们是主量子数 n、角量子数 l、磁量子数 m 和电子的自旋磁量子数 m_s。

6. 原子光谱与分子光谱

原子光谱与分子光谱都包含发射光谱和吸收光谱,原子光谱为线光谱,而分子光谱为复杂的带光谱。

7. 激光

(1) 激光的产生:受激辐射是形成激光的重要基础,粒子数反转是实现受激辐射光放大的先决条件,而光学谐振腔是产生激光的必要条件。

(2)激光的特点是"一高三好",即激光的强度高、方向性好、单色性好、相干性好。

** 习题解答 **

11-1. 求氢原子的电离能。

已知:$n=1$;

求:$A=?$

解:根据玻尔理论的氢原子能量公式

$$E_n=-\frac{Ze^2}{8\pi\varepsilon_0 r_n}=-\frac{mZ^2e^4}{8\varepsilon_0^2 n^2 h^2}$$

得

$$A=\Delta E=E_\infty-E_1=-E_1=\frac{me^4}{8\varepsilon_0^2 h^2}=13.6\ \text{eV}$$

答:氢原子的电离能为 13.6 eV。

11-2. 试计算氢原子在基态的能量。

已知:$Z=1,n=1$;

求:$E_1=?$

解:根据玻尔理论的氢原子能量公式

$$E_n=-\frac{Ze^2}{8\pi\varepsilon_0 r_n}=-\frac{mZ^2e^4}{8\varepsilon_0^2n^2h^2}$$

得
$$E_1=-\frac{mZ^2e^4}{8\varepsilon_0^2n^2h^2}=-\frac{9.11\times10^{-31}\times1^2\times(1.6\times10^{-19})^4}{8\times(8.85\times10^{-12})^2\times1^2\times(6.63\times10^{-34})^2}$$

解得
$$E_n=-13.6\ \text{eV}$$

答:氢原子的基态能量为-13.6 eV。

11-3. 求动能为 500 eV 的电子的德布罗意波的波长。

已知:$E_e=500$ eV，　$h=6.63\times10^{-34}$ J · s，　$m=9.11\times10^{-31}$ kg;

求: $\lambda=?$

解: 由 $\lambda=\dfrac{h}{p}$，　$E=\dfrac{p^2}{2m}$，

得
$$\lambda=\frac{h}{\sqrt{2mE_e}}=\frac{1.225}{\sqrt{500}}\times10^{-9}=5.5\times10^{-11}\ \text{m}$$

答:电子的德布罗意波长为 5.5×10^{-11} m。

11-4. 试求氢原子光谱中,巴耳末线系的最长和最短波长。

已知:氢原子光谱中巴耳末线系 $k=2$;

求:$\lambda_{max}=?$　$\lambda_{min}=?$

解:由巴耳末公式$\dfrac{1}{\lambda}=R\left(\dfrac{1}{2^2}-\dfrac{1}{n^2}\right)$,其中 $R=1.097\times10^7\ \text{m}^{-1}$,式中 n 是从 3 开始的整数。

当 $n=3$ 时,

$$\frac{1}{\lambda_{max}}=R\left(\frac{1}{2^2}-\frac{1}{3^2}\right)\Rightarrow\lambda_{max}=656.3\ \text{nm}$$

当 $n\to\infty$时,

$$\frac{1}{\lambda_{min}}=R\left(\frac{1}{2^2}-0\right)\Rightarrow\lambda_{min}=364.5\ \text{nm}$$

答:氢原子光谱中,巴耳末线系的最长波长为 656.3 nm,最短波长为 364.5 nm。

11-5. 试求氢原子光谱中布拉开系光谱的最高频率和最低频率谱线对应的频率。

已知:氢原子光谱中布拉开系 $k=4$;

求:$\nu_{max}=?$　$\nu_{min}=?$

解:由里德伯公式,得:

当 $k=4$ 时

$$\frac{1}{\lambda}=R\left(\frac{1}{4^2}-\frac{1}{n^2}\right),\quad n=5,6,\cdots(\text{布拉开系})$$

可知当 $n=5$ 时,得 λ_{max};　当 $n\to\infty$时,得 λ_{min};

则 $$\frac{1}{\lambda_{max}}=R\left(\frac{1}{4^2}-\frac{1}{5^2}\right)=1.097\times10^7\times(0.0625-0.04)=0.0246825\times10^7\ \mathrm{m}^{-1}$$

解得 $$\lambda_{max}=4.05\times10^{-6}\ \mathrm{m}$$

$$\frac{1}{\lambda_{min}}=R\left(\frac{1}{4^2}-\frac{1}{\infty^2}\right)=1.097\times10^7\times(0.0625-0)=0.0685625\times10^7\ \mathrm{m}^{-1}$$

$$\lambda_{min}=1.46\times10^{-6}\ \mathrm{m}$$

又由于 $\lambda\nu=c$，所以 λ_{max} 对应 ν_{min}，λ_{min} 对应 ν_{max}，即

$$\nu_{min}=\frac{3.0\times10^8}{4.05\times10^{-6}}=7.4\times10^{13}\ \mathrm{Hz}$$

$$\nu_{max}=\frac{3.0\times10^8}{1.46\times10^{-6}}=2.05\times10^{14}\ \mathrm{Hz}$$

答：氢原子光谱中布拉开系光谱的最高频率为 2.05×10^{14} Hz，最低频率为 7.4×10^{13} Hz。

11-6. 如果用能量为 12.5 eV 的电子去轰击基态氢原子，将可能产生哪些谱线？

已知：电子能量 $E_e=12.5$ eV，基态氢原子 $n=1$；

求：可能产生的谱线有哪些？

解：根据 $E_n=\frac{E_1}{n^2}$，$E_1=-13.6$ eV，得

$$E_2=\frac{-13.6}{2^2}=-3.4\ \mathrm{eV},\quad \Delta E=E_2-E_1=10.2\ \mathrm{eV}<12.5\ \mathrm{eV}$$

$$E_3=\frac{-13.6}{3^2}=-1.51\ \mathrm{eV},\quad \Delta E=E_3-E_1=12.09\ \mathrm{eV}<12.5\ \mathrm{eV}$$

$$E_4=\frac{-13.6}{4^2}=-0.85\ \mathrm{eV},\quad \Delta E=E_4-E_1=12.75\ \mathrm{eV}>12.5\ \mathrm{eV}$$

答：由此可知，可产生巴耳末谱线系中的一条谱线和莱曼谱线系中的两条谱线。

11-7. 某黑体单位表面上辐射的功率为 5.67 W/cm^2，那么黑体的温度大约是多少？

已知：黑体辐出度 $M=5.67\ \mathrm{W/cm^2}=5.67\times10^4\ \mathrm{W/m^2}$，$\sigma=5.67\times10^{-8}\ \mathrm{W/(m^2\cdot K^4)}$；

求：黑体的表面温度 $T=?$

解：根据斯特藩-玻尔兹曼定律 $M_0(T)=\sigma T^4$，有

$$T=\left(\frac{M_0}{\sigma}\right)^{\frac{1}{4}}=\left(\frac{5.67\times10^4}{5.67\times10^{-8}}\right)^{\frac{1}{4}}=10^3\ \mathrm{K}$$

答：黑体的表面温度为 10^3 K。

11-8. 氢原子中电子从 $n=5$ 的状态跃迁到 $n=2$ 的状态，辐射光子的波长为多少？

已知：氢原子中电子从 $n=5$ 的状态跃迁到 $n=2$ 的状态；

求：$\lambda=?$

解：根据氢原子能量公式 $E_n=-\frac{13.6}{n^2}$ eV，得

$$E_5=-0.54\ \text{eV},\quad E_2=-3.4\ \text{eV}$$

则

$$\Delta E=E_5-E_2=\frac{hc}{\lambda}=2.86\ \text{eV}$$

$$\lambda=\frac{hc}{\Delta E}=\frac{6.63\times10^{-34}\times3\times10^{8}}{2.86\times1.6\times10^{-19}}=435\ \text{nm}$$

答:辐射光子的波长为 435 nm。

11-9. 某黑体辐射光谱中最大辐出度的波长为 400 nm 时,该黑体的表面温度大约是多少?

已知:$\lambda_m=400$ nm,$b=2.897\times10^{-3}$ m·K;

求:$T=?$

解:根据维恩位移定律 $\lambda_{\text{m}}T=b$,得

$$T=\frac{b}{\lambda_{\text{m}}}=\frac{2.897\times10^{-3}}{400\times10^{-9}}=7243\ \text{K}$$

答:该黑体的温度为 7243 K。

11-10. 氢原子中,当电子从 $n=4$ 的状态跃迁到基态时,可发射不同种类的光谱数目是多少?

分析:氢原子中,因为对应主量子数 $n=1$ 电子不发射谱线;对应 $n=2$,跃迁只发射一条谱线;对应 $n=3$,跃迁发射两条谱线;$n=n$,发射$(n-1)$条谱线;其中除 $n=1$ 的基态是稳定的外,其他各能级都是不稳定的,都要向较低能级跃迁发射相应的谱线。所以,当大量电子处于主量子数为 n 的最高激发态时,要向各较低能级跃迁,同时各能级又将向各次级能级跃迁,所能发射的各类谱线的总条数应为

$$N=0+1+2+\cdots+(n-1)=\frac{n(n-1)}{2}$$

因此,对于从 $n=4$ 的状态到基态,可发射不同种类的光谱数目为

$$N=\frac{4\times(4-1)}{2}=6\ \text{条}$$

答:可发射不同种类的光谱数目是 6 条。

11-11. 当 $l=3$ 时,氢原子磁量子数的可能取值是什么? 与之相应的角动量在外磁场方向上的分量是多少?

已知:角量子数 $l=3$;

求:$m=?\quad L_z=?$

解:磁量子数　　$m=0,\pm1,\pm2,\cdots,\pm l$

当 $l=3$ 时,磁量子数可能的取值为 $m=0,\pm1,\pm2,\pm3$,而此时的角动量在外磁场方向上的分量为

$$L_z=m\frac{h}{2\pi}=0,\ \pm\frac{h}{2\pi},\ \pm\frac{h}{\pi},\ \pm\frac{3h}{2\pi}$$

答:当 $l=3$ 时,氢原子磁量子数的可能取值是 $m=0,\pm1,\pm2,\pm3$;角动量在外磁场方向上的

分量为 $0, \pm\frac{h}{2\pi}, \pm\frac{h}{\pi}, \pm\frac{3h}{2\pi}$。

11-12. 氢原子中电子在 $n=3$ 的状态，与此相应的角量子数的可能取值是什么？相应的角动量是多少？

已知：氢原子的主量子数 $n=3$；

求：$l=?$　$L=?$

解：对应主量子数 n，角量子数可能取值是

$$l=0,1,2,3,\cdots,n-1$$

所以，当主量子数 $n=3$ 时，角量子数的可能取值为

$$l=0,1,2$$

相应的角动量为

$$L=\sqrt{l(l+1)}\frac{h}{2\pi}=0,\quad \frac{\sqrt{2}h}{2\pi},\quad \frac{\sqrt{6}h}{2\pi}$$

答：角量子数的可能取值是 0,1,2；相应的角动量分别为 $0, \frac{\sqrt{2}h}{2\pi}, \frac{\sqrt{6}h}{2\pi}$。

11-13. 测得一个电子的速率为 200 m/s，精确度为 0.1%，问确定此电子位置的不确定量是多少？

已知：$v=200$ m/s，精确度为 0.1%，$h=6.63\times10^{-34}$ J·s，$m=9.11\times10^{-31}$ kg；

求：$\Delta x=?$

解：由题意可知，电子速率的不确定量为

$$\Delta v=200\times0.1\%=0.2\ \text{m/s}$$

由不确定关系，得

$$\Delta x=\frac{h}{m\Delta v}=\frac{6.63\times10^{-34}}{9.11\times10^{-31}\times0.2}=3.639\times10^{-3}\ \text{m}$$

答：确定此电子位置的不确定量是 3.639×10^{-3} m。

11-14. 电子的自旋磁量子数 $s=1/2$，问电子的自旋角动量等于多少？在外磁场中，自旋角动量沿外磁场方向的分量是哪几个可能值？

已知：电子的自旋磁量子数 $s=1/2$；

求：$L_s=?$　$L_{sz}=?$

解：自旋角动量与自旋磁量子数的关系为

$$L_s=\sqrt{s(s+1)}\frac{h}{2\pi}=\sqrt{\frac{3}{4}}\frac{h}{2\pi}$$

这里 $s=\frac{1}{2}, m_s=\pm\frac{1}{2}$。

在外磁场中，自旋角动量沿外磁场方向的分量为

$$L_{sz}=m_s\frac{h}{2\pi}=\pm\frac{h}{4\pi}$$

答：电子的自旋角动量为 $\sqrt{\frac{3}{4}}\frac{h}{2\pi}$；在外磁场中，自旋角动量沿外磁场方向的分量是 $\pm\frac{h}{4\pi}$。

11-15. 一质量为 10 g 的子弹以 1000 m/s 的速度飞行，求：

(1) 它的德布罗意波的波长；

(2) 若测量子弹位置的不确定量为 0.10 cm，则速率的不确定量是多少？

已知：$v=1000\ \text{m/s}$，$m=10^{-2}\ \text{kg}$，$h=6.63\times10^{-34}\ \text{J}\cdot\text{s}$，$\Delta x=10^{-3}\ \text{m}$；

求：(1) $\lambda=?$　(2) $\Delta v=?$

解：(1) $\lambda=\frac{h}{mv}=\frac{6.63\times10^{-34}}{10^{-2}\times10^{3}}\ \text{m}=6.63\times10^{-35}\ \text{m}$

(2) 根据坐标和动量的不确定关系 $\Delta p_x\cdot\Delta x\geqslant h$，$m\Delta v\Delta x\geqslant h$，得

$$\Delta v\geqslant\frac{h}{m\Delta x}=6.63\times10^{-29}\ \text{m/s}$$

答：德布罗意波的波长为 6.63×10^{-35} m；速率的不确定量是 6.63×10^{-29} m/s。

11-16. 按照玻尔理论，在氢原子 $n=2$ 状态中，电子绕核的运动轨道半径、线速度、角动量和总能量各是多少？

已知：$n=2$；

求：$r_2=?$　$v=?$　$L=?$　$E_2=?$

解：根据氢原子轨道半径公式 $r_n=\frac{\varepsilon_0n^2h^2}{\pi e^2mZ}$，有

$$r_2=\frac{8.85\times10^{-12}\times2^2\times(6.63\times10^{-34})^2}{9.11\times10^{-31}\times3.14\times1\times(1.6\times10^{-19})^2}=2.12\times10^{-10}\ \text{m}$$

根据电子的角动量公式 $L=mvr_n=n\frac{h}{2\pi}$，有

$$L=mvr_2=2\frac{h}{2\pi}=\frac{6.63\times10^{-34}}{3.14}=2.11\times10^{-34}\ \text{J}\cdot\text{s}$$

电子的线速度为

$$v=\frac{nh}{2\pi}\cdot\frac{1}{mr_2}=\frac{6.63\times10^{-34}}{3.14\times9.11\times10^{-31}\times2.12\times10^{-10}}=1.09\times10^{6}\ \text{m/s}$$

根据氢原子的总能量公式 $E_n=-\frac{mZ^2e^4}{8\varepsilon_0^2n^2h^2}$，有

$$E_2=-\frac{mZ^2e^4}{8\varepsilon_0^2n^2h^2}=-\frac{9.11\times10^{-31}\times1^2\times(1.6\times10^{-19})^4}{8\times(8.85\times10^{-12})^2\times2^2\times(6.63\times10^{-34})^2}=-5.42\times10^{-19}\ \text{J}$$

答：在 $n=2$ 的状态，电子绕核运动的轨道半径为 2.12×10^{-10} m，线速度为 1.09×10^{6} m/s，角动量为 2.11×10^{-34} J·s，氢原子的总能量为 -5.42×10^{-19} J。

11-17. 若把太阳等星体看成黑体，今测得太阳 $\lambda_m=0.55\ \mu m$，北极星 $\lambda_m=0.35\ \mu m$，天狼星 $\lambda_m=0.29\ \mu m$，试求它们的表面温度。

已知：$\lambda_{m1}=0.55\ \mu m$，$\lambda_{m2}=0.35\ \mu m$，$\lambda_{m3}=0.29\ \mu m$；

求：$T_1=?\quad T_2=?\quad T_3=?$

解：根据维恩位移定律 $\lambda_m T=b$，得

$$T=\frac{b}{\lambda_m}$$

解得

$$T_1=\frac{b}{\lambda_{m1}}=\frac{2.897\times10^{-3}}{550\times10^{-9}}\ K=5267\ K$$

$$T_2=\frac{b}{\lambda_{m2}}=\frac{2.897\times10^{-3}}{350\times10^{-9}}\ K=8277\ K$$

$$T_3=\frac{b}{\lambda_{m3}}=\frac{2.897\times10^{-3}}{290\times10^{-9}}\ K=9990\ K$$

答：太阳的表面温度为5267 K，北极星的表面温度为8277 K，天狼星的表面温度为9990 K。

11-18. 人的红细胞直径为8 μm，厚为2 ~3 μm，质量为 $m=10^{-13}$ kg。设测得的红细胞位置的不确定量为0.1 μm，试计算其速率的不确定量。

已知：$m=10^{-13}$ kg，$\Delta x=0.1\ \mu m$，$h=6.63\times10^{-34}\ J\cdot s$；

求：$\Delta v=?$

解：$\Delta v\geqslant\frac{h}{m\Delta x}=\frac{6.63\times10^{-34}}{10^{-13}\times10^{-7}}\ m/s=6.6\times10^{-14}\ m/s$

答：红细胞速率的不确定量为 6.6×10^{-14} m/s。

11-19. 在入射光波长 $\lambda_{01}=400$ nm，$\lambda_{02}=0.05$ nm 两种情况下分别计算散射角 $\theta=\pi$ 时康普顿效应波长偏移 $\Delta\lambda$ 和 $\Delta\lambda/\lambda$。

已知：$\lambda_{01}=400$ nm，$\lambda_{02}=0.05$ nm，$\theta=\pi$，$K=2.43\times10^{-12}$ m；

求：$\Delta\lambda=?\quad \Delta\lambda/\lambda_{01}=?\quad \Delta\lambda/\lambda_{02}=?$

解：

$$\Delta\lambda=2K\sin^2\frac{\theta}{2}=2\times2.43\times10^{-12}=0.00486\ nm$$

$$\frac{\Delta\lambda}{\lambda_{01}}=\frac{0.00486}{400}\times100\%=0.0012\%$$

$$\frac{\Delta\lambda}{\lambda_{02}}=\frac{0.00486}{0.05}\times100\%=9.7\%$$

答：两种情况下，康普顿效应波长偏移 $\Delta\lambda$ 都是0.00486 nm；入射光波长 $\lambda_{01}=400$ nm 时对应的 $\Delta\lambda/\lambda_{01}$ 为0.0012 %，$\lambda_{02}=0.05$ nm 时的 $\Delta\lambda/\lambda_{02}$ 为9.7%。

11-20. 电视显像管中加速电压为9 kV，电子枪的枪口直径为0.1 mm，求电子射出电子枪时横向速度的不确定量，能否将这些电子视为经典粒子？

已知：$e=1.6\times10^{-19}$ C，$U=9\times10^3$ V，$\Delta x=10^{-4}$m，$m=9.11\times10^{-31}$ kg，$h=6.63\times10^{-34}\ J\cdot s$；

求：$\Delta v=?$

解：根据坐标和动量的不确定关系

$$\Delta p_x \cdot \Delta x \geqslant h, \quad m\Delta v\Delta x \geqslant h$$

得
$$\Delta v \geqslant \frac{h}{m\Delta x}=\frac{6.63\times10^{-34}}{9.11\times10^{-31}\times0.1\times10^{-3}}=7.28\ \text{m/s}$$

电子在显像管中的速度为

$$v=\sqrt{\frac{2eU}{m}}=\sqrt{\frac{2\times1.6\times10^{-19}\times9\times10^{3}}{9.11\times10^{-31}}}=5.62\times10^{7}\ \text{m/s}$$

$$\frac{\Delta v}{v}=\frac{7.28}{5.62\times10^{7}}=1.29\times10^{-7}$$

答：电子射出电子枪时横向速度的不确定量为7.28 m/s，因为 $\Delta v \ll v$，所以电子的波动性没有什么实际影响。因此，电子可视为经典粒子，这也是显像管电视机图像清晰可见的原因。

11-21. α 粒子在磁感应强度为 $B=0.025$ T 的均匀磁场中，沿半径为 $R=0.83$ cm 的圆形轨道运动。求：

(1) α 粒子的德布罗意波波长；

(2) 质量为 $m=0.1$ kg 的小球以与 α 粒子相同的速率运动的德布罗意波波长。

已知：$B=0.025$ T，$R=0.83$ cm，$m=0.1$ kg，$h=6.63\times10^{-34}$ J·s；

求：(1) $\lambda_\alpha=?$

(2) $\lambda_{球}=?$

解：(1) α 粒子所受的洛伦兹力为 $qBv=\frac{mv^2}{R}$，粒子的运动速度为

$$v=\frac{qBR}{m}=\frac{2\times1.6\times10^{-19}\times0.025\times0.83\times10^{-2}}{4\times1.66\times10^{-27}}\ \text{m/s}=10^{4}\ \text{m/s}$$

α 粒子的德布罗意波波长为

$$\lambda_\alpha=\frac{h}{mv}=\frac{h}{qBR}=\frac{6.63\times10^{-34}}{2\times1.6\times10^{-19}\times0.025\times0.83\times10^{-2}}\ \text{m}=9.98\times10^{-3}\ \text{nm}$$

(2) $$\lambda_{球}=\frac{h}{mv}=\frac{6.63\times10^{-34}}{0.1\times10^{-3}\times10^{4}}\ \text{m}=6.63\times10^{-25}\ \text{nm}$$

答：α 粒子的德布罗意波波长为 9.98×10^{-3} nm，小球的德布罗意波波长为 6.63×10^{-25} nm。可见，粒子的几何尺寸只有在原子范围内才能表现出其波动特性。

11-22. 按照玻尔理论，氢原子基态的电子轨道直径约为10^{-10} m，电子速率约为 2.18×10^{6} m/s。设电子在氢原子内坐标的不确定量为10^{-10} m，试求电子速率的不确定量。

已知：$\Delta x=10^{-10}$ m，$m_e=9.11\times10^{-31}$ kg，$h=6.63\times10^{-34}$ J·s；

求：$\Delta v=?$

解：
$$\Delta v \geqslant \frac{h}{m\Delta x}=\frac{6.63\times10^{-34}}{9.11\times10^{-31}\times10^{-10}}\ \text{m/s}=7.3\times10^{6}\ \text{m/s}$$

由上可知，电子速率的不确定量是电子本身速率的数倍。所以，认为电子在原子内沿轨道

运动的观点在量子理论上是没有意义的。

答:电子速率的不确定量为 7.3×10^{6} m/s。

11-23. 波长为 $\lambda=0.2$ nm 的光子受到石墨中电子的散射,在与入射方向成90°的方向上观察,求:

(1)散射线波长的偏移 $\Delta\lambda$;

(2)反冲电子的动能。假设散射前电子可看成静止不动。

已知:$\lambda_0=0.2$ nm, $m_e=9.11\times10^{-31}$ kg, $h=6.63\times10^{-34}$ J·s, $\theta=90°$, $c=3\times10^{8}$ m/s;

求:(1) $\Delta\lambda=?$ (2) $E_K=?$

解:(1)根据公式 $\Delta\lambda=\dfrac{2h}{m_e c}\sin^2\dfrac{\theta}{2}$,

解得
$$\Delta\lambda=2.43\times10^{-3}\text{ nm}$$

(2)反冲电子的动能等于光子损失的能量,即

$$E_K=h\nu_0-h\nu=hc\left(\frac{\lambda-\lambda_0}{\lambda\lambda_0}\right)=hc\frac{\Delta\lambda}{\lambda_0(\lambda_0+\Delta\lambda)}$$

解得
$$E_K=1.19\times10^{-17}\text{ J}$$

答:散射线波长的偏移 $\Delta\lambda$ 为 2.43×10^{-3} nm;反冲电子的动能为 1.19×10^{-17} J。

11-24. 与原子光谱相比,分子光谱有哪些特点,产生这些特点的原因是什么?

答:原子光谱中某一谱线对应的光子是原子由较高能级跃迁到较低能级时发射的。大量原子发射的光子就形成若干明亮的谱线,称为原子发射光谱,又称明线光谱。与原子光谱相比,分子光谱要复杂得多。就波长范围而言,分子光谱可分为远红外光谱、中红外光谱、近红外光谱、可见和紫外光谱。其中包括由分开的各光谱线构成光谱带;由若干个光谱带构成光谱带组。而分子光谱正是由若干个光谱带组构成的。由于这些光谱线非常密集,以致用一般的仪器不能分辨清楚,而被认为是连续的光谱带。分子光谱称为带光谱,这是与原子光谱在外形上的区别。分子光谱的复杂性决定于分子内部存在着复杂的运动状态:①分子绕某一轴线的转动;②组成分子的原子间的振动;③电子在各个定态能级之间的运动。分子的能级还有相互重叠,分子中的电子在其定态能级之间发生跃迁时,振动和转动的状态也随着改变,这些都是造成分子光谱复杂性的因素。可以说,在分子的电子能级上叠加了振动能级和转动能级是造成分子光谱比原子光谱更为复杂的根本原因。

11-25. 在激光器工作时,粒子数反转是实现受激辐射光放大的先决条件。试问,在红宝石激光器中是怎样实现粒子数反转的?

答:红宝石激光器中的工作物质是由三氧化二铝晶体组成的红宝石棒,其中掺有少量铬离子,铬离子替换了晶体中的部分铝离子。腔外是脉冲氙灯,作为光激励,它每次闪光数毫秒,发出强烈的紫蓝光和黄绿光,可把大量铬离子由基态 E_1 激励到激发态 E_3 能级上,两能级之间还存在有亚稳态 E_2,铬离子在 E_3 上的平均寿命很短(约 10^{-9} s),因此很快从 E_3 能级自发辐射到亚稳态 E_2 能级上,在 E_2 上的平均寿命约为 3 ms,于是在 E_2 和 E_1 之间形成了粒子数的反转分布。

＊＊ 课外练习 ＊＊

一、单选题

11-1. 在热平衡状态下，黑体的辐出度 $M(T)$ 与温度 T 的关系为(　　)。

A. 与 T 成正比　B. 与 T 成反比　C. 与 T^4 成正比　D. 与 T^2 成正比

11-2. 黑体辐射的峰值辐射波长 λ_m 与热力学温度 T 的关系为(　　)。

A. $\lambda_m \propto \frac{1}{T^2}$　B. $\lambda_m \propto \frac{1}{T}$　C. $\lambda_m \propto T$　D. $\lambda_m \propto T^4$

11-3. 按照爱因斯坦光电效应理论，入射光频率 ν 与临界频率 ν_0 间满足哪一式时，才可能产生光电效应(　　)。

A. $\nu<\nu_0$　B. $\nu_0 \leqslant \nu$　C. $\nu_0 \neq \nu$　D. $\nu<\frac{1}{2}\nu_0$

11-4. 与其他辐射体相比，对应某一波长的辐射，绝对黑体的单色辐出度 $M_0(\lambda,T)$(　　)。

A. 最大　B. 最小　C. 与温度无关　D. 始终为 1

11-5. 德布罗意波的波长 λ 与粒子动量 p 间的关系为(　　)。

A. $\lambda=\frac{h}{p}$　B. $\lambda=hp$　C. $\lambda=hp^2$　D. $\lambda=\frac{h}{p^2}$

11-6. 在氢原子中，对应电子从 $n=3$ 的激发态跃迁到基态，可能发射的不同波长的谱线条数为(　　)。

A. 2　B. 3　C. 4　D. 6

11-7. 按量子力学观点，主量子数 $n=4$ 时，相应的角动量 L 的可能取值是(　　)。

A. $0,\frac{\sqrt{2}h}{2\pi},\frac{\sqrt{6}h}{2\pi},\frac{\sqrt{8}h}{2\pi}$　B. $0,\frac{\sqrt{2}h}{2\pi},\frac{\sqrt{6}h}{2\pi},\frac{\sqrt{10}h}{2\pi}$

C. $0,\frac{\sqrt{2}h}{2\pi},\frac{\sqrt{6}h}{2\pi},\frac{\sqrt{12}h}{2\pi}$　D. $0,\frac{\sqrt{2}h}{2\pi},\frac{\sqrt{6}h}{2\pi},\frac{\sqrt{18}h}{2\pi}$

11-8. 按量子力学观点，主量子数 $n=5$ 时，相应的角量子数 l 的可能取值是(　　)。

A. $l=0,1,2,3,4,5$　B. $l=0,1,2,3$

C. $l=0,1,2$　D. $l=0,1,2,3,4$

11-9. 按量子力学观点，电子自旋角动量 L_s 大小的取值为(　　)。

A. $\frac{1}{2}\frac{h}{2\pi}$　　B. $\frac{\sqrt{2}}{3}\frac{h}{2\pi}$　　C. $\frac{\sqrt{2}}{2}\frac{h}{2\pi}$　　D. $\frac{\sqrt{3}}{2}\frac{h}{2\pi}$

二、填空题

11-1. 黑体是一种理想化的模型，指的是这样的物体，即对所有波长的单色吸收比 $\alpha(\lambda, T)$ = ________。

11-2. 辐射体的辐出度与单色辐出度之间的关系为________；对于黑体，实验发现其辐出度与温度之间的关系为________。

11-3. 不确定关系是建立在________的基础上，可以用来区分微观粒子与________。

11-4. 氢原子光谱规律性的里德伯公式为________；而对应包含可见光的巴耳末谱线系的 k 值应为________。

11-5. 激光的特点是"一高三好"，这是指它的________高，________、________和________好。

三、判断题

11-1. 熔炉中的铁水颜色由黄色转为红色，说明它的温度由低变高了。　(　　)

11-2. 康普顿效应说明光子与电子碰撞把自身的一部分能量传递给电子。　(　　)

11-3. 自然界中只有微观粒子才具有波粒二象性。　(　　)

11-4. 氢原子光谱中的各条谱线都可以由里德伯公式对应描述。　(　　)

11-5. 自发辐射是形成激光的重要基础，而粒子数反转是其先决条件。　(　　)

四、简答题

11-1. 简述普朗克量子假说的基本内容。

11-2. 简述玻尔关于氢原子模型的基本假设。

11-3. 原子的吸收(暗线)光谱是如何形成的？其中的谱线为什么比明线光谱中的少？

五、计算题

11-1. 钾的临界频率为 4.62×10^{14} Hz，若以波长为 435.8 nm 的光照射，求钾放出的光电子的初速度。

11-2. 氢原子光谱的帕邢系中有两条谱线，它们的波长分别是 1875.1 nm 和 1281.8 nm。试问它们是电子从主量子数为何值的轨道上跃迁而产生的？

11-3. 试计算氢原子光谱中莱曼系的最长和最短波长，并说明这两个波长的光是否为可见光。

＊＊ 课外练习参考答案 ＊＊

一、单选题

11-1. C　11-2. B　11-3. B　11-4. A　11-5. A　11-6. B　11-7. C　11-8. D　11-9. D

二、填空题

11-1. 1

11-2. $M(T)=\int_0^\infty M(\lambda,T)\,d\lambda$；$M_0(T)=\int_0^\infty M_0(\lambda,T)\,d\lambda=\sigma T^4$

11-3. 波粒二象性；宏观粒子

11-4. $\frac{1}{\lambda}=R\left(\frac{1}{k^2}-\frac{1}{n^2}\right)$；2

11-5. 强度；方向性；单色性；相干性

三、判断题

11-1. ×　（分析：由维恩位移定律 $\lambda_m T=b$ 可知，随着温度的增加，最大的单色辐出度对应波长应该向波长减小方向移动。）

11-2. √　（分析：因为散射线中有波长 $\lambda>\lambda_0$ 的射线，说明部分光子的能量有所减少。）

11-3. ×　（分析：波粒二象性是普遍存在于自然界中的，只是由于宏观实物粒子的德布罗意波波长极短，其波动性很不明显。）

11-4. √　（分析：里德伯公式 $\frac{1}{\lambda}=R\left(\frac{1}{k^2}-\frac{1}{n^2}\right)$ 中的 k 决定相应的各谱线系，而各谱线系中的谱线由 n 决定。）

11-5. ×　（分析：受激辐射是形成激光的重要基础。）

四、简答题

11-1. **答：**普朗克量子假设的基本内容：

①设想辐射体是由许多带电线性谐振子组成的，谐振子振动时向外辐射电磁波并可以与周围的电磁场交换能量，各谐振子振动的频率不同，每一谐振子只发出（或吸收）单一波长的辐射，全部谐振子则发出（或吸收）连续波长的辐射。

②每个线性谐振子只能处在某些分立的能量状态，在这些状态中，相应的能量只能取最小能量的整数倍，若设最小能量为 ε，那么谐振子的能量只能取 ε、2ε、3ε、4ε、…、$n\varepsilon$ 等分立的值。其中 n 为正整数，称为量子数；ε 为能量量子，简称量子。因此，谐振子的能量处在不连续的量子化状态，谐振子向外辐射电磁波或从外界吸收能量时，只能从这些状态之一跃迁到另一状态。

③能量子 ε 与线性谐振子的频率 ν 成正比，即 $\varepsilon=h\nu$，这里 h 称为普朗克常量。

11-2. **答**:玻尔氢原子理论的基本假设:

①在原子中存在着一系列稳定的状态,在这些状态下,原子具有确定的能量,并且不向外辐射电磁波,这些状态简称定态。在这些定态上,核外电子绕核运动的轨道角动量 L 是 $h/2\pi$ 的整数倍,即 $L=mvr_n=n\dfrac{h}{2\pi}(n=1,2,\cdots)$,式中 m、v、r_n 分别为电子的质量、速率、轨道半径,h 是普朗克常量,n 称为量子数。

②当原子中的电子从一个能量为 E_n 的定态跃迁到另一个能量为 E_k 的定态时,原子才发射或吸收一定频率的电磁波。其辐射或吸收光子的频率由 $\nu=\dfrac{E_n-E_k}{h}$决定,此式称为频率条件。

11-3. **答**:原子吸收光谱是由一个价电子吸收一个光子被激发到高能级时形成的。当具有连续光谱的白炽灯光从某种蒸气或气体中通过时,其光子被大量吸收的波长处会形成一系列暗线,称为原子吸收光谱,又称暗线光谱。同一种元素的暗线光谱中的谱线常常远少于明线光谱中的谱线,这是由于原子通常处在基态,产生跃迁时,暗线光谱中只有从基态跃迁到激发态的谱线,而没有在各个激发态之间跃迁的谱线。

五、计算题

11-1. 已知:$\nu_0=4.62\times10^{14}$ Hz, $\lambda=435.8$ nm, $m_e=9.11\times10^{-31}$ kg, $h=6.63\times10^{-34}$ J·s, $c=3\times10^8$ m/s;

求:$v_0=?$

解:由已知条件可求出钾的逸出功为

$$A=h\nu_0=6.63\times10^{-34}\times4.62\times10^{14}=3.06\times10^{-19}\ \text{J}$$

由 $h\nu=A+\dfrac{1}{2}mv_0^2$ 和 $\nu=\dfrac{c}{\lambda}$,得

$$v_0=\sqrt{\frac{2(h\nu-A)}{m}}=\sqrt{\frac{2}{m}\left(\frac{hc}{\lambda}-A\right)}$$

即

$$v_0=\sqrt{\frac{2}{9.11\times10^{-31}}\times\left(\frac{6.63\times10^{-34}\times3\times10^8}{435.8\times10^{-9}}-3.06\times10^{-19}\right)}$$

解得

$$v_0=5.74\times10^5\ \text{m/s}$$

答:钾放出的光电子的初速度 5.74×10^5 m/s。

11-2. 已知:对应帕邢系 $k=3$;$\lambda_1=1875.1$ nm, $\lambda_2=1281.8$ nm;

求:$n_1=?$　$n_2=?$

解:根据$\dfrac{1}{\lambda}=R\left(\dfrac{1}{3^2}-\dfrac{1}{n^2}\right)$,对应波长 $\lambda_1=1875.1$ nm 有

$$\frac{1}{1875.1\times10^{-9}}=1.097\times10^7\times\left(\frac{1}{9}-\frac{1}{n_1^2}\right)$$

解得

$$n_1=4$$

对应波长 $\lambda_2 = 1281.8$ nm 有

$$\frac{1}{1281.8\times10^{-9}}=1.097\times10^{7}\times\left(\frac{1}{9}-\frac{1}{n_2^2}\right)$$

解得

$$n_2 = 5$$

答:这两条谱线分别是电子从主量子数为 4 和 5 的轨道上向第 3 层轨道跃迁产生的。

11-3. 已知:$k = 1$,最长波长对应 $n=2$,最短波长对应 $n\to\infty$;

求:$\lambda_{max}=?$　$\lambda_{min}=?$

解:根据里德伯公式 $\lambda=\frac{1}{R}\cdot\frac{k^2n^2}{n^2-k^2}$,有

$$\lambda_{max}=\frac{1}{R}\cdot\frac{2^2}{2^2-1^2}=1.215\times10^{-7}\ \text{m}=121.5\ \text{nm}$$

$$\lambda_{min}=\frac{1}{R}=9.12\times10^{-8}\ \text{m}=91.2\ \text{nm}$$

答:莱曼系的最长和最短波长分别为 121.5 nm 和 91.2 nm ,这两个波长的光都不是可见光。

第十二章 X 射 线

** 内容提要 **

1. X 射线的基本性质

电离作用、荧光作用、贯穿作用、光化学作用和生物效应。

2. X 射线产生的两个基本条件

(1)有高速运动的电子流;

(2)有适当的障碍物——靶来阻止电子的运动,把电子的动能转变为 X 射线的能量。

3. X 射线的硬度

X 射线的硬度是指它的贯穿本领,决定于波长。波长越短的 X 射线,光子的能量越大,贯穿本领越强,它的硬度就越大,常用于深部治疗。医用 X 射线的硬度由管电压控制,管电压越高,轰击阳极的电子动能就越大,发射光子的能量也越大,X 射线越硬。

4. X 射线的强度

X 射线的强度是指单位时间通过与射线方向垂直的单位面积的辐射能量,用 I 表示强度,则有

$$I = \sum_{i=1}^{n} N_i h\nu_i = N_1 h\nu_1 + N_2 h\nu_2 + \cdots + N_n h\nu_n \tag{12-1}$$

式中, N_1、N_2、…、N_n 分别表示单位时间通过垂直于射线方向单位面积上具有对应能量为 $h\nu_1$、$h\nu_2$、…、$h\nu_n$ 的光子数。增加管电流,使轰击阳极靶的高速电子数目增加,所以产生光子的数目也增加,自然 X 射线的强度也增加。

5. 布拉格方程

X 射线是电磁波,会发生衍射现象。1912 年劳厄用晶体作为衍射光栅,观察到由于衍射形成的衍射图像——劳厄斑点,其相干加强的条件称为布拉格方程,即

$$2d\sin\theta = k\lambda \quad (k=1,2,3,\cdots) \tag{12-2}$$

其中, θ 为掠射角, d 为晶格常数。如果晶格常数 d 和 X 射线的波长两个量有一个已知,就可以求出另一个量,用这种方法可以进行 X 射线光谱分析和晶体结构分析。

6. 连续 X 射线谱

当高速电子受靶(阳极)物质的阻滞而急剧减速时,电子失去动能的一部分可转化为 X 光子的能量而发射出来。通常把这种辐射称为韧致辐射。当许多电子碰撞时,就可以射出各种不同能量的 X 光子,即各种不同波长的 X 射线,形成了连续 X 射线谱。

7. 最短波长

在短波方面,连续光谱的波长有极限值,称为最短波长或短波极限,用 λ_0 表示。

$$\lambda_0 = \frac{hc}{eU} = \frac{1.242}{U(\text{kV})} \quad (\text{nm}) \tag{12-3}$$

式中，h 为普朗克常量，c 为真空中的光速。由上式可知，连续 X 射线的最短波长 λ_0 与管电压 U 成反比，即 U 越高，λ_0 越短，X 射线光子的能量越大，穿透本领越强。

8. 标识 X 射线谱

如果高速电子轰击靶子，将原子中一个内壳层电子击出，使原子处于激发状态。这时，内壳层中的空位将由外层的电子跃迁填补而发射光子。辐射光子的能量等于电子在两个壳层的能级差。这些谱线的波长与靶子(阳极)元素的性质有关，它标志了靶子元素的特征，故称为标识 X 射线。

9. X 射线的衰减规律

设有一束 X 射线垂直入射到某一物质层时，其强度为 I_0，穿过厚度为 d 的物质层后，强度减弱为 I，实验和理论都证明 I 与 d 服从下列指数衰减规律：

$$I = I_0 e^{-\mu d} \tag{12-4}$$

μ 称为线衰减系数，它由光子的能量和物质的种类而定。如果厚度 d 的单位为 m，则 μ 的单位为 m^{-1}。

10. 半值厚度

使射线强度减弱一半所需的物质厚度，称为半值厚度，又称半值层，用 $d_{1/2}$ 表示。

$$d_{1/2} = \frac{\ln 2}{\mu} = \frac{0.693}{\mu} \tag{12-5}$$

11. X 射线在医药学上的应用

在治疗方面，X 射线主要用于癌症的治疗。在药物分析方面，利用 X 射线衍射可以分析中草药有效成分的结构，X 射线衍射分析法(XRD)和 X 射线荧光光谱法(XRF)是两个很重要的方法。在诊断方面，利用体内各种不同组织对 X 射线衰减的不同，来检查身体内部的情况，常用的技术有透视和摄影、数字 X 射线摄影和数字减影血管技术以及电子计算机断层摄影。

** 习题解答 **

12-1. 管电压为 100 kV 的 X 射线光子的最大能量和最短波长是多少？

已知：$U = 100$ kV；

求：$E_{max} = ?$　$\lambda_0 = ?$

解：

$$E_{max} = eU = 100 \text{ keV}$$

$$\lambda_0 = \frac{hc}{eU} = \frac{6.626 \times 10^{-34} \times 3 \times 10^8}{1.6 \times 10^{-19} \times 1 \times 10^5} = 0.0124 \text{ nm}$$

答：管电压为 100 kV 的 X 射线光子的最大能量是 100 keV，最短波长是 0.0124 nm。

12-2. 两种物质对某种 X 射线吸收的半值层之比为 $1 : \sqrt{2}$，则它们的线衰减系数之比为多少？

已知：$\frac{d_{1/2}}{d'_{1/2}}=\frac{1}{\sqrt{2}}$；

求：$\frac{\mu}{\mu'}=?$

解：由 $d_{1/2}=\frac{\ln 2}{\mu}=\frac{0.693}{\mu}$，得

$$\frac{\mu}{\mu'}=\frac{\frac{\ln 2}{d_{1/2}}}{\frac{\ln 2}{d'_{1/2}}}=\frac{d'_{1/2}}{d_{1/2}}=\frac{\sqrt{2}}{1}$$

答：两种物质对某种 X 射线吸收的半值层之比为 $1:\sqrt{2}$，则它们的线衰减系数之比为 $\sqrt{2}:1$。

12-3. 某波长的 X 射线透过 1 mm 厚的脂肪后，其强度减弱了 10%，问透过 3 mm 厚时，其强度将是原来值的百分之几？

已知：$d_1=1$ mm，　$I_1=(1-10\%)I_0$，　$d_2=3$ mm；

求：$\frac{I_2}{I_0}=?$

解：根据衰减公式　　$I=I_0e^{-\mu d}$

当 $d_1=1$ mm 时，$I_1=I_0e^{-\mu\times1}=(1-10\%)I_0$，解得

$$e^{-\mu}=0.9=90\%$$

当 $d_2=3$ mm 时，$\frac{I_2}{I_0}=e^{-\mu\times3}=(e^{-\mu})^3=(0.9)^3=73\%$

答：透过 3 mm 厚时，其强度将是原来值的 73%。

12-4. 如果某种波长的 X 射线的半值层是 3.00 mm 厚的铝板，铝的线衰减系数是多少？

已知：$d_{1/2}=3.00$ mm；

求：$\mu=?$

解：由 $d_{1/2}=\frac{\ln 2}{\mu}=\frac{0.693}{\mu}$，得

$$\mu=\frac{0.693}{d_{1/2}}=\frac{0.693}{3\times10^{-3}\ \text{m}}=231\ \text{m}^{-1}$$

答：铝的线衰减系数是 231 m^{-1}。

12-5. 对某一波长的 X 射线，铝的线衰减系数为 $1.32\times10^4\ \text{m}^{-1}$，铅的线衰减系数为 $2.6\times10^5\ \text{m}^{-1}$。要和 1 mm 厚的铅层得到相同的防护效果，铝板的厚度应为多少？

已知：$\mu_{铝}=1.32\times10^4\ \text{m}^{-1}$，$\mu_{铅}=2.6\times10^5\ \text{m}^{-1}$，$d_{铅}=1$ mm；

求：要和 1 mm 厚的铅层得到相同的防护效果，铝板的厚度 $x=?$

解：根据衰减公式　　$I=I_0e^{-\mu d}$

对于 $d=1$ mm 的铅，$I_1=I_0e^{-\mu d}=I_0e^{-2.6\times10^5\times1}$

对于 $d=x$ mm 的铅，$I_2=I_0e^{-\mu d}=I_0e^{-1.32\times10^4x}$

要达到相同的防护效果，必须有 $I_1=I_2$，即

$$-2.6\times10^5\times1=-1.32\times10^4x$$

解得
$$x=20\text{mm}$$

答：要和 1 mm 厚的铅层得到相同的防护效果，铝板的厚度应为 20 mm。

12-6. 一厚度为 4.0 mm 的铜片能使某种波长的单色 X 射线减至原来的 1/10，试求铜的线衰减系数及半值层。

已知：$d=4$ mm，$I=\frac{1}{10}I_0$；

求：$\mu_{铜}=?$ $d_{1/2}=?$

解：根据衰减公式 $I=I_0e^{-\mu d}$，有 $\frac{1}{10}I_0=I_0e^{-4\mu}$，解得

$$\mu=0.58\ \text{mm}^{-1}$$

故
$$d_{1/2}=\frac{0.693}{\mu}=\frac{0.693}{0.58}\ \text{mm}=1.2\ \text{mm}$$

答：铜的线衰减系数为 0.58 mm^{-1}，半值层为 1.2 mm。

12-7. X 射线被衰减时，要经过多少个半值层强度才能减少到原来的 1%？

已知：$I/I_0=1\%$；

求：要经过多少个半值层强度才能减少到原来的 1%？

解：根据衰减公式 $I=I_0e^{-\mu d}$，得

$$\frac{I}{I_0}=e^{-\mu d}=1\%$$

即
$$d=\frac{\ln 0.01}{-\mu}$$

又因 $d_{1/2}=\frac{0.693}{\mu}$，则

$$\frac{d}{d_{1/2}}=\frac{\ln 0.01}{-\mu}\cdot\frac{\mu}{\ln 2}=\frac{4.605}{0.693}\approx7$$

答：X 射线被衰减时，要经过 7 个半值层强度才能减少到原来的 1%。

12-8. 铅对波长为 15.4Å 的 X 射线的线衰减系数为 2610 cm^{-1}，欲使透过射线强度为入射 X 射线强度的 10%，需要铅板的厚度为多少？

已知：$\lambda=1.54$ Å，$\mu=2610\ \text{cm}^{-1}$，$I/I_0=10\%$；

求：$d=?$

解：根据衰减公式 $I=I_0e^{-\mu d}$，得

$$\frac{I}{I_0}=e^{-\mu d}=e^{-2610\times d}=10\%=0.1$$

则 $$-2610\times d=\ln 0.1$$

解得 $$d=8.8\ \mu m$$

答:欲使透过射线强度为入射 X 射线强度的 10%,需要铅板的厚度为 8.8 μm。

** 课外练习 **

一、单选题

12-1. X 射线是(　　)。

A. 波长极短的电磁波　　B. 波长极长的电磁波

C. 机械波　　D. 物质波

12-2. X 射线的贯穿本领决定于(　　)。

A. X 射线的强度　　B. X 射线的硬度

C. 照射物质时间的长短　　D. 靶面积的大小

12-3. 用管电流的毫安数表示 X 射线的强度是因为(　　)。

A. 管电流的毫安数就是打在靶上的电子数　　B. 管电流的毫安数就是 X 射线的光子数

C. 管电流的毫安数就是 X 射线的辐射强度　　D. X 射线的强度与管电流成正比

12-4. 当管电压高于 50 kV 时,获得的 X 射线谱是(　　)。

A. 只有标识光谱　　B. 只有连续光谱

C. 一定是连续光谱和标识光谱叠加在一起　　D. 软 X 射线谱

12-5. 连续 X 射线谱的产生是由于(　　)。

A. 韧致辐射　　B. 靶原子外层电子跃迁辐射

C. 靶原子内层电子跃迁辐射　　D. 黑体辐射

12-6. 标识 X 射线谱的产生是由于(　　)。

A. 热辐射　　B. 黑体辐射

C. 靶原子内层电子跃迁的辐射　　D. 韧致辐射

12-7. 连续 X 射线谱中的最短波长决定于(　　)。

A. 管电流　　B. 靶的材料　　C. 靶面积的大小　　D. 管电压

12-8. 管电压为 100 kV 的 X 射线光子的最大能量为(　　)。

A. 100 keV　　B. 100 J　　C. 1.6×10^{-11} J　　D. 6×10^{4} J

12-9. 物质对一定波长的 X 射线的线衰减系数与物质的原子序数的关系是(　　)。

A. 原子序数越大,线衰减系数越大　　B. 原子序数越大,线衰减系数越小
C. 线衰减系数与原子序数成正比　　D. 线衰减系数与原子序数成反比

二、填空题

12-1. 产生 X 射线的装置主要包括____________、____________、____________。

12-2. X 射线的硬度表示 X 射线的__________,是 X 射线__________的表达,用____________来表示。

12-3. X 射线管的管电压越高,则产生的 X 射线的波长__________,它的穿透本领__________。

12-4. 设 X 射线的最短波长为 0. 1 nm,故 X 射线的管电压是____________kV。

12-5. 标识 X 射线的特点是____________和____________。

12-6. 当强度为 I_0 的单色平行 X 光通过厚度为 l、线衰减系数为 μ 的物质层时,该物质层对 X 光的吸收强度为____________。

三、判断题

12-1. X 射线是一种电磁波。　( )

12-2. X 射线光子的能量越大,穿透本领越强。　( )

12-3. 连续 X 射线的最短波长与管电压成正比。　( )

四、简答题

12-1. 产生 X 射线的必要条件有哪些?

12-2. X 射线具有哪些基本性质?这些性质在 X 射线的应用上有什么意义?

12-3. 什么是 X 射线的硬度和强度?它们各受哪些因素的影响?

12-4. 为什么轫致辐射产生的连续 X 射线谱中存在最短波长 λ_0?最短波长 λ_0 受哪些因素影响?

12-5. 标识 X 射线的产生机制是什么?它与光学光谱的产生有什么不同?

12-6. X-CT 与常规 X 射线摄影的成像方法有什么不同?

五、计算题

12-1. 若已知 X 射线管上的电压增加 1 倍后,连续 X 射线的最短波长变化了 0. 05 nm,试求该最短波长的值。

12-2. X 射线的管电压为 50 kV,求连续 X 射线的最高频率。

12-3. 已知某种物质的线性衰减系数为 2000 cm^{-1},现有一束单色 X 射线通过物质后的强

度减弱了 90%，该物质的厚度应为多少？

＊＊ 课外练习参考答案 ＊＊

一、单选题

12-1. A　12-2. B　12-3. D　12-4. D　12-5. A　12-6. C　12-7. D　12-8. A（分析：$E = eU = 100$ keV）　12-9. A

二、填空题

12-1. X 射线管；低电压电源；高电压电源

12-2. 性质；贯穿本领；管电压的千伏数

12-3. 越短；越大

12-4. 12.42（分析：$U = \frac{hc}{e\lambda_0} = \frac{6.63 \times 10^{-34} \times 3 \times 10^{8}}{1.6 \times 10^{-19} \times 0.1 \times 10^{-9}}$ V $= 12.43$ kV）

12-5. 不连续性；能标识靶元素的性质

12-6. $I_0(1 - e^{-\mu l})$

三、判断题

12-1. √　12-2. √　12-3. ×

四、简答题

12-1. 答：X 射线的产生有两个基本条件：

①有高速运动的电子流；②有适当的障碍物——靶来阻止电子的运动，把电子的动能转变为 X 射线的能量。

12-2. 答：X 射线具有如下特性：①X 射线能使物质的原子或分子电离，可造成气体导电，具有电离作用；②X 射线具有荧光作用，能使物质的原子或分子处于激发态，当它们跃迁回到基态时释放多余的能量而发出荧光；③X 射线对各种物质具有不同的贯穿作用；④X 射线能使多种物质发生光化学反应；⑤X 射线在生物体内产生电离和激发，使组织细胞受到损伤、抑制、死亡等，诱发一系列的生物效应。

利用 X 射线的电离作用和生物效应可以杀死分裂活动旺盛的癌细胞，治疗癌症；医疗上的 X 射线透视是利用 X 射线贯穿作用和不同物质对它的吸收程度不同，以及 X 射线的荧光作用来显示透过人体后所成的影像；医学上常用照相底片来记录感光效果的图像，利用了 X 射线的光化学作用。

12-3. 答：X 射线的硬度是指 X 射线的贯穿本领。由 X 射线的产生过程可知，管电压越高，单个 X 射线光子的能量越大，贯穿本领越大，X 射线的硬度越大，因此医学上常通过增大 X 射线管的管电压来提高 X 射线的硬度。

X 射线的强度是指单位时间通过与射线方向垂直的单位面积的辐射能量。增加管电流，使轰击阳极靶的高速电子数目增加，则产生光子的数目也增加，自然 X 射线的强度增加。增加管电压，可使每个光子的能量增加。在使用时，首先按照用途来确定管电压，以便获得适合于需要的硬度，在管电压一定的条件下，X 射线的强度由管电流决定。

12-4. 答：高速电子流轰击阳极靶物质时受到阻碍，电子失去动能的一部分或全部可转化为 X 射线光子而发射出去，这种辐射叫韧致辐射。若电子在阳极受阻，它的动能全部转化为 X 射线光子的能量，这时发射的 X 射线光子波长最短。最短波长为 $\lambda_0 = \frac{hc}{e} \cdot \frac{1}{U}$，由该式可知，连续 X 射线的最短波长 λ_0 与管电压 U 成反比。U 愈高，λ_0 愈短，X 射线光子的能量愈大，穿透本领愈强。

12-5. 答：高速电子流轰击阳极靶物质时，与靶原子的内层电子相碰撞，从而把内层电子击出，于是外层电子跃迁到内层而发射标识 X 射线。

标识 X 射线谱是高层电子向内电子层跃迁时产生的，而光学光谱是价电子在外壳层各轨道间跃迁时产生的。标识 X 射线的波长较短，而光学光谱的波长较长。

12-6. 答：常规 X 射线摄影是用强度一定的 X 光透过人体不同部位后，出射的不同强度 X 光投射到照相底片上摄成的照片。X-CT 是通过 X 射线管环绕人体某一层面扫描，利用探测器测得从各个方向透过该层面后的 X 光强度，再利用计算机及图像重建原理，获得该层面的图像。常规 X 射线摄影是用一个平面（二维）底片来显示人体内部的立体（三维）结构，因此不可避免地产生重叠，分辨率低。X-CT 在显示屏上（二维）显示的是横断层（二维）的图像，因此解决了重叠问题，分辨率高。

五、计算题

12-1. 已知：$U' = 2U$，$\lambda_0 - \lambda' = 0.05\ \text{nm}$；

求：$\lambda_0 = ?$

解：根据公式 $\lambda = \frac{hc}{eU}$，得

$$\lambda_0 - \lambda' = \frac{hc}{eU} - \frac{hc}{e \cdot 2U} = 0.05\ \text{nm}$$

故

$$\frac{hc}{eU} = 0.1\ \text{nm}$$

即

$$\lambda_0 = \frac{hc}{eU} = 0.1\ \text{nm}$$

答：最短波长为 0.1 nm。

12-2. 已知：$U = 50\ \text{kV}$；

求：$\nu = ?$

解:$\nu = \dfrac{eU}{h} = \dfrac{1.6 \times 10^{-19} \times 50 \times 10^{3}}{6.63 \times 10^{-34}}$ Hz = 1.21×10^{19} Hz

答:连续 X 射线的最高频率为 1.21×10^{19} Hz 。

12-3. 已知:$\mu = 2000$ cm^{-1} , $I' = 0.9I_0$;

求:d =?

解:透射强度为

$$I = I_0 - I' = I_0 - 0.9I_0 = 0.1I_0$$

根据衰减公式 $I = I_0 e^{-\mu d}$,有

$$0.1I_0 = I_0 e^{-2000d}$$

即 $$\ln 10 = 2000d$$

解得 $$d = 1.15 \times 10^{-3}\ \text{cm}$$

答:该物质的厚度应为 1.15×10^{-3} cm。

第十三章　原子核物理学基础

＊＊ 内容提要 ＊＊

1. 原子核的组成

原子核是由质子和中子组成的,它们统称为核子。原子核内质子数和中子数的总和,称为原子核的质量数。各种不同种类的原子核统称为核素。电荷数为 Z 和质量数为 A 的某一核素 X,常用符号 ${}_{Z}^{A}X$ 来表示。

2. 原子核放射性的衰变规律

(1)衰变常数:表示原子核在单位时间内的衰变率,常用 λ 表示。λ 与核素的性质有关。对于同一种核素,λ 为常数。

(2)核衰变规律:在 t 到 $t+\mathrm{d}t$ 时间内,衰变掉的原子核数 $-\mathrm{d}N$ 不仅与时间间隔 $\mathrm{d}t$ 成正比,还与在 t 时刻的未衰变的原子核数 N 成正比,即

$$-\mathrm{d}N=\lambda N\mathrm{d}t \tag{13-1}$$

若考虑到初始条件 $t=0$, $N=N_0$,对式(13-1)积分后可得到

$$N=N_0\mathrm{e}^{-\lambda t} \tag{13-2}$$

这就是放射性衰变规律,它表示放射性物质是按负指数规律衰减的。

(3)平均寿命:对于数量确定的放射性样品来讲,全部衰变完毕前平均生存的时间,称为平均寿命,用 τ 表示。

$$\tau=\frac{1}{\lambda} \tag{13-3}$$

即平均寿命是衰变常数的倒数,衰变常数越大,核素衰变得越快,平均寿命就越短。

(4)半衰期:放射性核素衰变一半所需要的时间称为半衰期,通常用 $T_{1/2}$ 来表示。

$$T_{1/2}=\frac{\ln 2}{\lambda}=\frac{0.693}{\lambda} \tag{13-4}$$

(5)放射性活度:单位时间内衰变的核数称为放射性活度,简称活度,通常用 A 表示。

$$A=\lambda N_0\mathrm{e}^{-\lambda t}=A_0\mathrm{e}^{-\lambda t}=A_0\left(\frac{1}{2}\right)^{\frac{t}{T_{1/2}}} \tag{13-5}$$

式中 A_0 是 $t=0$ 时的放射性活度。

放射性活度的单位称为贝可(Becquerel),记作 Bq,1 Bq=1 核衰变/秒。它的旧单位是居里(Curie),用 Ci 表示,$1\ \mathrm{Ci}=3.7\times10^{10}\ \mathrm{Bq}$。

3. 辐射剂量与辐射防护

(1)照射量:我们常用 X 射线或 γ 射线在空气中因电离作用产生的电荷量的多少来量度辐

射剂量。照射量的定义可用下式表示：

$$X = \frac{\mathrm{d}Q}{\mathrm{d}m} \tag{13-6}$$

式中，dQ 是辐射线在质量为 dm 的干燥空气中形成的任何一种（正或负）离子总电量的绝对值。照射量的单位为 C/kg，没有专门的名称，暂时用的旧单位为伦琴（R），1 R＝2.58×10^{-4} C/kg。

（2）吸收剂量：单位质量的被照射物质所吸收的辐射能量称为吸收剂量，用 D 表示：

$$D = \frac{\mathrm{d}E}{\mathrm{d}m} \tag{13-7}$$

单位为戈瑞（Gy），1 Gy＝1 J/kg。

（3）剂量当量：剂量当量反映各种射线生物效应的强弱程度，用 H 表示：

$$H = Q \cdot D \tag{13-8}$$

式中，Q 是一个修正因子，称为品质因数。Q 越大，生物效应越强。剂量当量的单位为希沃特，用符号 Sv 表示。

（4）最大容许剂量：国际上规定经过长期的积累或一次照射后对机体既无伤害又不发生遗传危害的最大剂量称为最大容许剂量。

4. 核磁共振

（1）原子核的自旋角动量：原子核的一个重要特征是具有自旋角动量

$$L_I = \sqrt{I(I+1)}\,\frac{h}{2\pi} \tag{13-9}$$

式中，I 称为核自旋量子数。核自旋角动量在磁场方向上的分量为

$$L_{IZ} = m_I \frac{h}{2\pi} \tag{13-10}$$

式中，m_I 称为核自旋磁量子数，它的取值为 0，±1，…，±I，共有 $2I+1$ 个可能的值。

（2）旋磁比、核磁矩和核磁子：原子核既带电又有自旋运动，必有自旋磁矩，记作 μ_I，理论和实验证实核磁矩与核自旋角动量的比值为

$$\gamma = \frac{\mu_I}{L_I} = g\frac{e}{2m_\mathrm{P}} \tag{13-11}$$

称为旋磁比，式中 g 为原子核的朗德因子。

核磁矩大小为

$$\mu_I = L_I\gamma = \sqrt{I(I+1)}\,g\frac{eh}{4\pi m_\mathrm{P}} = \sqrt{I(I+1)}\,g\mu_\mathrm{N} \tag{13-12}$$

式中，$\mu_\mathrm{N} = \frac{eh}{4\pi m_\mathrm{P}} = 5.050824 \times 10^{-27}\,\mathrm{A}\cdot\mathrm{m}^2$，称为核磁子，是核磁矩的基本单位。

核磁矩的空间分量为

$$\mu_{IZ} = \gamma L_{IZ} = g\frac{e}{2m_\mathrm{P}} \cdot m_I\frac{h}{2\pi} = m_I g\mu_\mathrm{N} \tag{13-13}$$

（3）磁矩在外磁场 $\boldsymbol{B}$ 中的能量和能级跃迁：磁矩在外磁场 $\boldsymbol{B}$ 中的能量为

$$E = -\boldsymbol{\mu}_I \cdot \boldsymbol{B} = -\mu_I B\cos\theta = -m_I g\mu_\mathrm{N} B \tag{13-14}$$

对于自旋量子数为 I 的原子核,能量 E 可有 $2I+1$ 个不同的数值。量子力学的研究表明,跃迁的选择定则为 $\Delta m_I=\pm1$,即跃迁只能发生在这样两个能级之间,其能量差为

$$\Delta E=-g\mu_{\mathrm{N}}B[m_I-(m_I+1)]=g\mu_{\mathrm{N}}B \tag{13-15}$$

这说明,在外磁场中,两个相邻的核磁能级之差 ΔE,不仅取决于原子核本身的特性(核的 g 因子),而且与外磁场 $\boldsymbol{B}$ 的大小有关,这是核磁能级的特征。

(4)核磁共振:如果在垂直于稳恒磁场 $\boldsymbol{B}$ 的方向上,再另加一个较弱的高频交变磁场,且频率又满足下列关系式:

$$h\nu=\Delta E=g\mu_{\mathrm{N}}B$$

即

$$\nu=\frac{1}{h}g\mu_{\mathrm{N}}B \tag{13-16}$$

则处于此磁场中的原子核就会吸收高频交变磁场的能量,原子核从低能级跃迁到高能级,结果显示出宏观的能量吸收现象,这就是核磁共振。

** 习题解答 **

13-1. 医疗中用 ^{60}Co 照射,它的半衰期为 5.27 年,那么 ^{60}Co 的平均寿命是多少?

已知: $T_{1/2}=5.27$ 年;

求: $\tau=?$

解: $\tau=\dfrac{T_{1/2}}{\ln2}=\dfrac{5.27\text{ 年}}{0.693}=7.6$ 年

答: ^{60}Co 的平均寿命是 7.6 年。

13-2. 胶体金 ^{198}Au 可用来作肝扫描检查用,它的半衰期为 2.7 天,样品存放 10 天后,金核素的数量 N 为 10 天前的多少倍?

已知: $T_{1/2}=2.7$ 天, $t=10$ 天;

求: $\dfrac{N}{N_0}=?$

解: 由 $N=N_0\left(\dfrac{1}{2}\right)^{t/T_{1/2}}$,得

$$\frac{N}{N_0}=\left(\frac{1}{2}\right)^{t/T_{1/2}}=\left(\frac{1}{2}\right)^{10/2.7}=0.077$$

答: 金核素的数量 N 为 10 天前的 0.077 倍。

13-3. 一种放射性核素,经过 24 h 后,所剩的核数为开始时的 1/8,它的半衰期是多少?

已知: $t=24\ \mathrm{h}$, $\dfrac{N}{N_0}=\dfrac{1}{8}$;

求: $T_{1/2}=?$

解: 由 $\dfrac{N}{N_0}=\left(\dfrac{1}{2}\right)^{t/T_{1/2}}=\dfrac{1}{8}$,得

$$\frac{t}{T_{1/2}}=3$$

即
$$T_{1/2}=\frac{t}{3}=8\ \text{h}$$

答:该核素的半衰期为 8 h。

13-4. 已知某放射性核素在 5 min 内衰变掉 25%,求它的衰变常数及半衰期。

已知: $t=5\ \text{min}$, $\Delta N=25\%N_0$;

求: $\lambda=?\quad T_{1/2}=?$

解: $N=N_0-\Delta N=(1-25\%)N_0=0.75N_0$

由 $N=N_0e^{-\lambda t}$,得

$$\lambda=0.058\ \text{min}^{-1}$$

$$T_{1/2}=\frac{\ln2}{\lambda}=\frac{\ln2}{0.058}=12\ \text{min}$$

答:它的衰变常数为 $0.058\ \text{min}^{-1}$,半衰期为 12 min。

13-5. 某放射性核素的半衰期为 30 年,放射性活度减为原来的 12.5% 所需的时间是多少?

已知: $T_{1/2}=30$ 年 , $A=0.125A_0$;

求: $t=?$

解:由 $A=A_0\left(\frac{1}{2}\right)^{t/T_{1/2}}=0.125A_0$,得

$$\left(\frac{1}{2}\right)^{t/T_{1/2}}=\left(\frac{1}{2}\right)^{t/30}=0.125=\frac{1}{8}$$

即
$$t=90\ \text{年}$$

答:放射性活度减少为原来的 12.5% 所需的时间为 90 年。

13-6. 在医学治疗中常用 ^{226}Ra(镭)针,镭的半衰期为 1590 年,那么 10 mg 镭针的放射性活度是多少?

已知: $T_{1/2}=1590$ 年 $=1590\times365\times24\times3600$ s , $m=10$ mg;

求: $A=?$

解: $N=\dfrac{m}{226\times u}=\dfrac{10\times10^{-6}}{226\times1.660565\times10^{-27}}$

由 $A=\lambda N=\dfrac{\ln2}{T_{1/2}}N$,得

$$A=\frac{\ln2}{1590\times365\times24\times3600}\times\frac{10\times10^{-6}}{226\times1.660565\times10^{-27}}=3.7\times10^{8}\ \text{Bq}=10\ \text{mCi}$$

答:10 mg 镭针的放射性活度为 10 mCi。

13-7. 在某月 10 日上午 8 时测得一个含 ^{131}I 的样品的活度为 10 Ci,到同月 22 日上午 8 时

使用时,样品的活度应是多少? 设^{131}I 的半衰期为 8 天。

已知: $T_{1/2} = 8$ 天, $A_0 = 10$ Ci, $t = 12$ 天;

求: $A=?$

解:代入 $A = A_0\left(\frac{1}{2}\right)^{t/T_{1/2}}$,得

$$A = 10\left(\frac{1}{2}\right)^{12/8}$$

即
$$A = 3.54\ \text{Ci}$$

答:样品的活度为 3.54 Ci。

13-8. 人体内含钾约占体重的 0.20%,在天然钾中,放射性核素^{40}K 的含量为 0.012%。求在体重为 75 kg 的人体内,^{40}K 的活度是多少? 已知^{40}K 的半衰期为 1.3×10^9 年。

已知:人体内钾含量为体重的 0.20%,天然钾中放射性^{40}K 的含量为 0.012%, $m = 75$ kg, $T_{1/2} = 1.3\times10^9$ 年;

求: $A=?$

解:放射性^{40}K 的量为

$$75\times0.20\%\times0.012\% = 1.8\times10^{-5}\text{kg}$$

$$N = \frac{1.8\times10^{-5}}{40\times1.660565\times10^{-27}}$$

由 $A = \lambda N = \frac{\ln2}{T_{1/2}}N$,得

$$A = \frac{\ln2}{1.3\times10^9\times365\times24\times3600}\times\frac{1.8\times10^{-5}}{40\times1.660565\times10^{-27}}$$

解得
$$A = 4.6\times10^3\ \text{Bq} = 0.12\ \mu\text{Ci}$$

答:^{40}K 的活度是 0.12 μCi。

13-9. 将少量含有放射性^{24}Na 的溶液注入患者静脉,当时测得计数率为 12000 核衰变/分,30 h 后抽出血液 1 cm^3,测得的计数率为 0.5 核衰变/分。已知^{24}Na 的半衰期为 15 h,试估算该患者全身的血液量。

已知: $A_0 = 12000$ 核衰变/分, $t = 30$ h, $A = 0.5$ 核衰变/分, $T_{1/2} = 15$ h;

求: $n=?$

解: $A = \frac{A_0}{n}\left(\frac{1}{2}\right)^{t/T_{1/2}} = \frac{12000}{n}\left(\frac{1}{2}\right)^{30/15} = 0.5$

解得
$$n = 6000\ \text{cm}^3$$

答:患者全身的血液量为 6000 cm^3。

13-10. 原子核^{6}Li 的核自旋 $I=1$,问它的自旋角动量是多少? 它在外磁场 Z 方向的分量有哪些可能的取值? 设实验测得核磁矩在磁场方向的最大分量等于 $0.8220\mu_N$,试求它的 g 因子、核磁矩以及核磁矩在磁场方向的分量。

已知：$I=1$，　$m_I=0$ 或 ± 1，　$\mu_{IZ}=0.8220\mu_N$；

求：L_I；L_{IZ}；g；μ_I；μ_{IZ} 各为多少？

解：$L_I=\sqrt{I(I+1)}\dfrac{h}{2\pi}=\dfrac{\sqrt{2}h}{2\pi}=1.5\times10^{34}\ \text{J}\cdot\text{s}$

自旋角动量在外磁场 Z 方向分量 $L_{IZ}=m_I\dfrac{h}{2\pi}$ 的可能取值有 $\dfrac{h}{2\pi}$，0 和 $-\dfrac{h}{2\pi}$；

由 $\mu_{IZ}=m_I g\mu_N=0.8220\mu_N$，得

$$g=0.822$$

$$\mu_I=g\sqrt{I(I+1)}\mu_N=0.822\sqrt{2}\mu_N=5.87\times10^{-27}\ \text{A}\cdot\text{m}^2$$

核磁矩在磁场方向分量 μ_{IZ} 的可能取值有 $4.15\times10^{-27}\ \text{A}\cdot\text{m}^2$，$-4.15\times10^{-27}\ \text{A}\cdot\text{m}^2$ 和 0。

答：自旋角动量为 $1.5\times10^{-34}\ \text{J}\cdot\text{s}$；在磁场方向分量的可能取值为 $\dfrac{h}{2\pi}$，0 和 $-\dfrac{h}{2\pi}$；g 因子为 0.822；核磁矩为 $5.87\times10^{-27}\ \text{A}\cdot\text{m}^2$；在磁场方向分量为 $4.15\times10^{-27}\ \text{A}\cdot\text{m}^2$，$-4.15\times10^{-27}\ \text{A}\cdot\text{m}^2$ 和 0。

13-11. 两种放射性核素的半衰期分别为 8 天和 6 小时，设含这两种放射性药物的放射性活度相同，问其中放射性物质的物质的量相差多少倍？

已知：$T_{1/2}=8$ 天，$T'_{1/2}=6\ \text{h}$，$A=A'$；

求：$\dfrac{n}{n'}=?$

解：由 $A=\lambda N=\dfrac{\ln2}{T_{1/2}}\cdot nN_A$，$A=A'$，得

$$\frac{\ln2}{T_{1/2}}\cdot nN_A=\frac{\ln2}{T'_{1/2}}\cdot n'N_A$$

$$\frac{n}{n'}=\frac{T_{1/2}}{T'_{1/2}}=\frac{8\times24}{6}=32$$

答：放射性物质的物质的量相差 32 倍。

＊＊ 课外练习 ＊＊

一、单选题

13-1. 两种放射性核素，其半衰期分别为 T_1 和 T_2，当 $T_1>T_2$ 时，若要产生相同的放射性活度，所需的核数 N_1 和 N_2 的关系是(　　)。

A. $N_1=N_2$　　B. $N_1<N_2$　　C. $N_1>N_2$　　D. $N_1=2N_2$

13-2. 一种放射性核素，经 24 h 后是它开始的 $\dfrac{1}{8}$，它的半衰期应为(　　)。

A. 12 h　　B. 6 h　　C. 3 h　　D. 8 h

13-3. 某放射性同位素的活度在 80 h 内从 0.8 Ci 减少到 0.03 Ci,则该同位素的半衰期为(　　)。

A. 80 h　　B. 16.9 h　　C. 7.94 h　　D. 24 h

13-4. 如课外练习图 13-1 所示为三种放射性同位素的衰变曲线,由图可知它们的半衰期 T 的关系为(　　)。

A. $T_1 > T_2 > T_3$　　B. $T_1 > T_2 < T_3$

C. $T_1 < T_2 < T_3$　　D. $T_1 = T_2 = T_3$

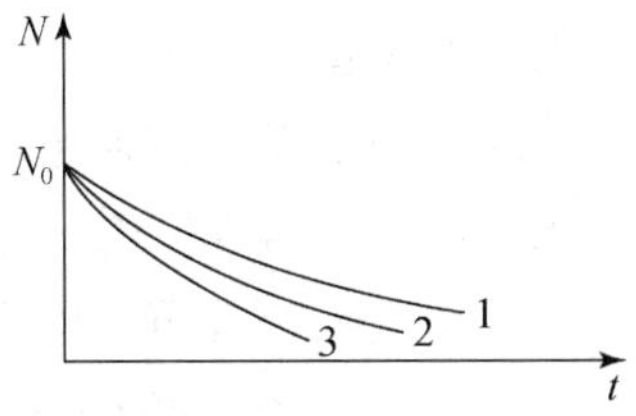

课外练习图 13-1

13-5. 医疗中常用的 ^{60}Co,它的半衰期为 5.27 年,那么 ^{60}Co 的平均寿命应为(　　)。

A. 7.6 年　　B. 3.65 年

C. 10.98 年　　D. 0.13 年

13-6. ^{131}I 常用来做甲状腺检查,已知其半衰期为 8.04 天,则它的衰变常数为(　　)。

A. 0.214 天$^{-1}$　　B. 0.179 天$^{-1}$　　C. 1.44×10^{-6} s^{-1}　　D. 9.97×10^{-7} s^{-1}

13-7. 某放射性核素,每分钟衰变 1.8×10^6 次,其放射性活度为(　　)。

A. 3.0×10^4 Bq　　B. 137 Bq　　C. 2.703 Ci　　D. 137 Ci

13-8. 同样是 1 Ci 的两种不同射线,下列哪个量是相同的(　　)。

A. 射线强度　　B. 射线的贯穿本领　　C. 辐射量　　D. 放射性活度

13-9. 放射性核素显像主要利用哪种射线(　　)。

A. α 射线　　B. β 射线　　C. γ 射线　　D. X 射线

二、填空题

13-1. 原子核是由________组成的,电荷数为 Z、质量数为 A 的原子核,可记作________。铀-235($^{235}_{92}U$)核的核子数为________,质子数为________,中子数为________。

13-2. ^{32}P 的半衰期为 14.3 天,则它的衰变常数为________,平均寿命为________。

13-3. ^{226}Ra 的半衰期是 1622 年(1 年 = 3.1557×10^7 s),则 1 g ^{226}Ra 中每秒衰变的原子数目为________。

13-4. 设某放射性样品的初始活度为 16 mCi,核素的半衰期为 4 h,________后其活度变为 2 mCi。

13-5. 原子核^6Li 的核自旋量子数 $I=1$,它的自旋角动量等于________,它在外磁场 Z 方向的分量的可能取值为________、________、________。

13-6. 在外磁场 B 中,原子核两个相邻的核磁能级之差为 ΔE,除了由核本身的特征,即核的__________决定外,还取决于__________的大小。

13-7. $^{35}_{17}$Cl 核的 $I=\frac{3}{2}$,在外磁场中分裂成__________个能级,两相邻能级之差的表达式为__________。

三、判断题

13-1. 在计算原子磁矩时,不可以忽略核磁矩。 ( )

13-2. 衰变常数决定于原子核自身的性质和原子的化学结合状态。 ( )

13-3. 稳定的原子核质子数必须等于中子数。 ( )

13-4. 原子核的旋磁比是反映核自身结构的一个参数。 ( )

13-5. 生物体受到放射性射线照射时,会在体内引起生物效应,效应的大小主要取决于吸取射线能量的剂量当量。 ( )

四、简答题

13-1. 放射性核素的衰变常数、半衰期和平均寿命的定义各是什么?三者的关系如何?

13-2. 对 β 射线与 γ 射线的防护有何不同?

13-3. 简述核磁共振的基本原理。

五、计算题

13-1. 利用 ^{131}I 的溶液作甲状腺扫描,在溶液出厂时只需注射 0.5 ml 就够了。(已知 ^{131}I 的半衰期为 8 天。)

(1)如果溶液出厂后储存了 11 天,作同样的扫描需注射多少溶液?

(2)如果每次扫描的注射量不应超过 8 ml,问溶液的有效寿命是多少?

13-2. 给患者内服 100 μCi ^{131}I 后,收集病人在 24 h 内的小便,测得小便的放射性活度为 52.1 μCi。假设^{131}I 值只从小便排出,问此患者体内还留下多少 μCi 的^{131}I?(已知^{131}I 的半衰期为 8 天。)

13-3. ^{60}Co 的半衰期为 5.3 年,1 mCi 的放射性活度所需^{60}Co 的量为多少?

13-4. 设外磁场的磁感应强度 $B=1.5$ T,

(1)问^{6}Li 的原子核($I=1$,$g=0.822$)在此磁场中的附加势能是多少?

(2)试计算相邻两个子能级间的能量差;

(3)为了获得核磁共振现象,问交变磁场的频率应为多少?

13-5. 用核磁共振法测量质子的磁矩时,设外加交变磁场的频率为 60 MHz,当把稳恒磁场的磁感应强度调节到 1.41 T 时，发生核磁共振现象。

(1)试求质子的 g 因子；

(2)已知质子的核自旋 $I=\frac{1}{2}$，试求其磁矩及在磁场方向的最大分量(以 $A\cdot m^2$ 为单位)。

＊＊ 课外练习参考答案 ＊＊

一、单选题

13-1. C　13-2. D　13-3. B　13-4. A　13-5. A　13-6. D　13-7. A　13-8. D　13-9. C

二、填空题

13-1. 质子和中子；　$_Z^AX$；　235；　92；　143

13-2. $5.6\times10^{-7}s^{-1}$；　20.6 天

13-3. 3.6×10^{10}

13-4. 12 h

13-5. $\frac{\sqrt{2}h}{2\pi}$；　$-\frac{h}{2\pi}$；　0；　$\frac{h}{2\pi}$

13-6. g 因子；　外磁场 B

13-7. 4；　$g\mu_N B$

三、判断题

13-1. ×　13-2. ×　13-3. ×　13-4. √　13-5. √

四、简答题

13-1. 答：放射性核素在单位时间内发生的衰变率称为衰变常数；放射性核素衰变掉一半所需要的时间称为半衰期；半衰期与衰变常数成反比关系。放射性核素在衰变前能够存在的平均时间称为平均寿命，平均寿命与半衰期成正比关系。衰变常数、半衰期和平均寿命三者均是反映放射性核素衰变快慢的物理量，三者均与核素的种类有关。三者的定量关系为：$\lambda=\frac{\ln2}{T_{1/2}}=\frac{1}{\tau}$。

13-2. 答：对于 β 射线，由于存在韧致辐射，不宜采用高原子序数的物质做屏障材料，而应用中等原子序数的物质做屏障材料，如有机玻璃、铝等。γ 射线因其穿透能力强，多采用高原子序数的物质做屏障材料，如铅、混凝土等。

13-3. 答：在外磁场 B 中，原子核的一个核能级分裂成 $2I+1$ 个子能级，两个相邻的子能级的能量差 $\Delta E=g\mu_N B$。如果在垂直于稳恒磁场 B 的方向上另加一个高频交变磁场，且其频率满足共振条件 $h\nu=g\mu_N B$ 时，则处于该磁场中的原子核就会吸收高频交变磁场的能量，从低能级跃迁到高能级,大量的原子核显示出对交变磁场的强烈吸收现象,产生核磁共振。

五、计算题

13-1. 已知: $V_0 = 0.5$ ml , $T_{1/2} = 8$ 天 , $t = 11$ 天 , $V_2 = 8$ ml;

求:(1) V_1 =? (2) t =?

解:(1)设溶液出厂时单位体积的粒子数为 N_0,溶液出厂后 11 天单位体积的粒子数为 N ,

由公式 $N = N_0\left(\frac{1}{2}\right)^{\frac{t}{T_{1/2}}}$,得

$$N = N_0\left(\frac{1}{2}\right)^{\frac{t}{T_{1/2}}} = N_0\left(\frac{1}{2}\right)^{\frac{11}{8}} = 0.386N_0$$

由粒子数相等,得

$$V_0N_0 = V_1N_1$$

即 $$0.5N_0 = 0.386N_0V_1$$

解得 $$V_1 = 1.3\text{ml}$$

(2)由粒子数相等,得

$$V_0N_0 = V_2N_2$$

即 $$N_2 = 0.0625N_0$$

由公式 $N = N_0\left(\frac{1}{2}\right)^{\frac{t}{T_{1/2}}}$,得

$$0.0625N_0 = N_0\left(\frac{1}{2}\right)^{\frac{t}{8}}$$

即 $$t = 32\text{ 天}$$

答:(1)如果溶液出厂后储存了 11 天,作同样的扫描需注射 1.3 ml 溶液;(2)如果每次扫描的注射量不应超过 8 ml,则溶液的有效寿命是 32 天。

13-2. 已知: $t = 24$ h = 1 天 , $T_{1/2} = 8$ 天 , $A_0 = 100$ μCi , $A_1 = 52.1$ μCi;

求: A_2 =?

解:由 $A = A_0e^{-\lambda t}$,得

$A = A_0e^{-\lambda t} = 100e^{-\frac{\ln 2}{T_{1/2}}t} = 100e^{-\frac{\ln 2}{8}\times 1} = 91.7$ μCi

$A_2 = A - A_1 = 91.7 - 52.1 = 39.6$ μCi

答:假设 ^{131}I 值只从小便排出,此患者体内还留下 39.6 μCi 的 ^{131}I。

13-3. 已知: $T_{1/2} = 5.3$ a , $A = 1$ mCi $= 3.7\times 10^7$ Bq;

求: M =?

解:由 $A = \lambda N = \frac{\ln 2}{T_{1/2}}\cdot\frac{M}{60u}$,得

$$M = \frac{A\cdot T_{1/2}}{\ln 2}\cdot 60u = \frac{3.7\times 10^7}{\ln 2}\times 5.3\times 365\times 24\times 3600\times 60\times 1.660565\times 10^{-27}$$

解得 $$M = 8.9 \times 10^{-10}\ \text{kg}$$

答:所需^{60}Co 的量为 8.9×10^{-10} kg。

13-4. 已知: $B = 1.5$ T, $I = 1$, $g = 0.822$;

求:(1) E =?

(2) ΔE =?

(3) ν =?

解:(1)附加势能 $E = -g\mu_N B \cdot m_I$ 有三个值,分别为

$$E_1 = g\mu_N B = 0.822\mu_N \cdot 1.5 = -6.2 \times 10^{-27}\ \text{J}$$

$$E_2 = g\mu_N B = 0.822\mu_N \cdot 1.5 = 6.2 \times 10^{-27}\ \text{J}$$

$$E_3 = 0$$

(2)两相邻子能级的能量差为

$$\Delta E = g\mu_N B = 6.2 \times 10^{-27}\ \text{J}$$

(3)发生核磁共振时,满足 $h\nu = \Delta E = g\mu_N B$,得

$$\nu = \frac{\Delta E}{h} = \frac{6.2 \times 10^{-27}}{6.626 \times 10^{-34}} = 9.4 \times 10^6\ \text{Hz}$$

答:附加势能分别为 -6.2×10^{-27} J、6.2×10^{-27} J、0,两相邻子能级的能量差为 6.2×10^{-27} J,核磁共振时交变磁场频率为 9.4×10^6 Hz。

13-5. 已知: $\nu = 60 \times 10^6$ Hz, $B = 1.41$ T, $I = \frac{1}{2}$, $m_I = \pm\frac{1}{2}$;

求:(1) g=?

(2) μ_I 及 μ_{IZ} 各为多少?

解:(1)发生核磁共振时,满足 $h\nu = \Delta E = g\mu_N B$,得

$$g = \frac{h\nu}{\mu_N B} = \frac{6.626 \times 10^{-34} \times 60 \times 10^6}{5.05 \times 10^{-27} \times 1.41} = 5.5833$$

$$(2)\ \mu_I = g\sqrt{I(I+1)}\mu_N = 5.5833 \times \frac{\sqrt{3}}{2} \cdot \mu_N = 2.4 \times 10^{-26}\ \text{A} \cdot \text{m}^2$$

其最大分量为 $$\mu_{IZ} = m_I g\mu_N = \frac{1}{2}g\mu_N = 1.4 \times 10^{-26}\ \text{A} \cdot \text{m}^2$$

答:质子的 g 因子为 5.5833,其磁矩为 2.4×10^{-26} A·m^2,在磁场方向的最大分量为 1.4×10^{-26} A·m^2。

综合练习一及参考答案

【综合练习一】

（满分 100 分，用时 100 分钟）

一、单选题（共 15 道题，每题 2 分，共 30 分）

1. 一圆形飞轮可绕垂直中心轴转动，其转动惯量为 20 $kg \cdot m^2$，给圆盘施加一个 400π $N \cdot m$ 的恒外力矩使其由静止开始转动，经 2 s 后飞轮转动的圈数为（　　）。

A. 10　　B. 20　　C. 30　　D. 40

2. 一刚体定轴转动时，它的角坐标与时间的关系为 $\theta = 2 + 3t^2$，则其角加速度为（　　）。

A. 2 rad/s^2　　B. 3 rad/s^2　　C. 1 rad/s^2　　D. 6 rad/s^2

3. 水平管道中的理想流体做定常流动时，横截面积 S_1 大的 1 处压强 P_1 与横截面积 S_2 小的 2 处压强 P_2 之间满足（　　）。

A. $P_1 < P_2$　　B. $P_1 > P_2$

C. $P_1 = P_2$　　D. P_1 与 P_2 之间无任何关系

4. 在观察毛细现象时，如果发生不浸润现象，则毛细管内（　　）。

A. 液面上升，液面呈上凸形　　B. 液面上升，液面呈下凹形

C. 液面下降，液面呈上凸形　　D. 液面下降，液面呈下凹形

5. 计算卡诺热机效率公式为（　　）。

A. $\eta_{卡} = 1 - \frac{T_2}{T_1}$　　B. $\eta_{卡} = 1 - \frac{|Q_{放}|}{Q_{吸}}$

C. 答案 A 与 B 都正确　　D. 答案 A 与 B 都不正确

6. 截面相同的钨丝和铝丝串联接在一电源上，则（　　）。

A. 钨丝内的电流强度大

B. 铝丝内的电流强度大

C. 钨丝内的电流密度与铝丝内的电流密度相等

D. 钨丝内的电流密度与铝丝内的电流密度不相等

7. 一球壳半径为 R，带正电荷 q，在离球心 O 为 $r(r>R)$ 处一点的电势为（设"无限远"处为电势零点）（　　）。

A. 0　　B. $\frac{q}{4\pi\varepsilon_0 R}$　　C. $\frac{q}{4\pi\varepsilon_0 r}$　　D. $-\frac{q}{4\pi\varepsilon_0 r}$

8. 一个均匀带正电的气球，所带电量为 Q，内部不包含电荷。当它从半径 R 缩小到 $R/2$ 的过程中，始终在球内的某点与始终在球外的另一点的场强变化情况是（　　）

A. 球内、球外的场强都不变化

B. 球内场强不变；球外场强减小为原来的 1/4

C. 球内场强不变；球外场强增大为原来的 4 倍

D. 球内、球外的场强都变化

9. 下列说法中正确的是（　　）。

A. 按照线圈自感系数的定义式，I 越小，L 就越大

B. 自感是对线圈而言的，对一个无线圈的导线回路是不存在自感的

C. 带电粒子在均匀磁场中做回旋运动，回旋周期与所带电量成正比

D. 带电粒子在均匀磁场中做回旋运动，回旋周期与所带电量成反比

10. 频率为 500 Hz 的机械波，波速为 360 m/s，则在同一波线上相位差为 $\frac{\pi}{3}$ 的两点的距离为（　　）。

A. 0.24 m　　B. 0.48 m　　C. 0.36 m　　D. 0.12 m

11. 车间有 2 台同样的机器。设每台机器噪声的声强级为 72 dB，则它们同时工作时将产生的噪声为（　　）。（已知 $\lg 2=0.3$）

A. 144 dB　　B. 72 dB　　C. 75 dB　　D. 80 dB

12. 在《用旋光仪测糖溶液浓度》的实验用三荫板式旋光仪测溶液旋光角，读数时视场应调成以下哪种情况（　　）。

A. 中间亮两侧暗　　B. 中间暗两侧亮

C. 亮度均匀且最亮　　D. 亮度均匀且最暗

13. 眼睛的视力值越大，则（　　）。

A. 眼睛能分辨的最小视角越小　　B. 视角越大

C. 眼睛能分辨的最小视角越大　　D. 视角越小

14. 如果将星球看成绝对黑体，并测得它们最大单色辐出度相对应的波长分别是：太阳的 $\lambda_a=0.55\ \mu m$；北极星的 $\lambda_b=0.35\ \mu m$；天狼星的 $\lambda_c=0.29\ \mu m$。如果三个星球表面的温度分

别为 T_a 、T_b 、T_c ,那么它们温度的高低情况应当是(　　)。

A. $T_a > T_b > T_c$　　B. $T_a < T_b < T_c$

C. $T_a > T_b < T_c$　　D. $T_a < T_b > T_c$

15. 单光子发射型计算机断层扫描是利用放射性核素所发射出的(　　)来进行成像的。

A. γ 射线　　B. X 射线　　C. 正电子　　D. β 射线

二、填空题(共 20 空,每空 1 分,共 20 分)

1. 基尔霍夫第一定律的理论根据是________；基尔霍夫第二定律的理论根据是________。

2. 磁感应强度的方向用________法则判断,由正电荷在该点所受的最大磁力和速度的方向来确定。

3. 从本质上讲,波动过程是传播________的过程。

4. 一个谐振子,在 $t=0$ 时刻位于平衡位置 O 点,此时,若向正方向运动,则初相位 $\varphi=$________；若向负方向运动,则初相位 $\varphi=$________。

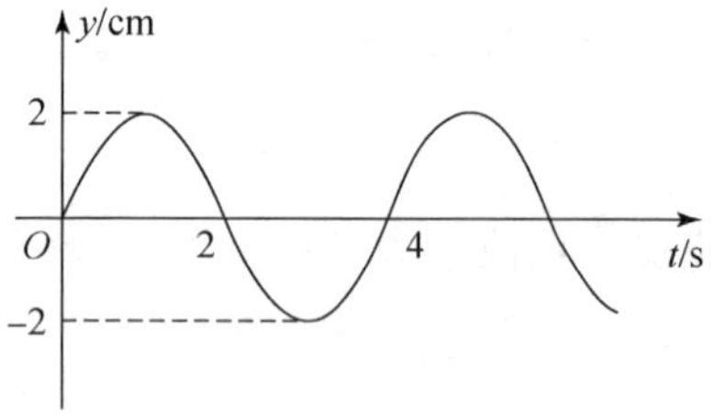

综合练习图 1

5. 如综合练习图 1 所示的振动曲线,其中振幅 $A=$____,周期 $T=$________,初相位 $\varphi=$________,振动表达式 $y=$________。

6. 瑞利分辨条件是一个点光源衍射图像的________恰好和另一点光源的衍射图像的________相重合。

7. 四个量子数是________、________、________、________。

8. X 射线的硬度是指它的________,决定于波长。波长越短的 X 射线,光子的能量越________,贯穿本领越________,它的硬度就越________。

三、简答题(共 2 道题,每题 5 分,共 10 分)

1. 电源的电动势和端电压有何区别？两者在什么情况下才相等？

2. 简述热力学第二定律的统计意义。

四、计算题(共 4 道题,每题 10 分,共 40 分)

1. 一半径为 $R=0.2\ \mathrm{m}$ 的均匀圆盘可绕与盘面垂直的中心轴转动,其转动惯量为 $I=20\ \mathrm{kg\cdot m^2}$,现有一外力 $F=50\ \mathrm{N}$ 施于盘的边缘切线方向,使之转动。求：

(1)该圆盘的质量；

(2)圆盘的角加速度。

2. 在安静状态下,正常成人主动脉内血液的平均流速为 $0.33\ \mathrm{m/s}$,试求：

(1)流过半径为 9 mm 的主动脉血管的血液流量；

(2)总截面积为 $20\times10^{-4}\ \mathrm{m^2}$ 的大动脉内血液的平均流速；

(3)总截面积为 $0.25\ \mathrm{m^2}$ 的毛细血管内血液的平均流速。

3. 用一单色光垂直照射每毫米有 800 条刻痕的光栅,发现第一级明纹与原入射光的方向成 30°角,求该光波波长。

4. 一单缝宽 a = 0.10 mm,缝后放一焦距为 50 cm 的会聚透镜。用平行绿光(λ = 546.0 nm)垂直照射单缝,试求位于透镜焦平面处屏幕上的中央明条纹及第二级明纹宽度。

【参考答案】

一、单选题(共 15 道题,每题 2 分,共 30 分)

1. B　2. D　3. B　4. C　5. C　6. C　7. C　8. A

9. D　10. D　11. C　12. D　13. A　14. B　15. A

二、填空题(共 20 空,每空 1 分,共 20 分)

1. 电流的恒定条件;　稳恒电场的环路定理

2. 右手螺旋

3. 能量

4. $\frac{3}{2}\pi$;$\frac{\pi}{2}$

5. 2 cm;　4 s;　$\frac{3}{2}\pi$ rad;　$2\cos\left(\frac{\pi}{2}t+\frac{3}{2}\pi\right)$ cm

6. 艾里斑的中心;　第一级暗环

7. 主量子数;　角量子数;　磁量子数;　自旋磁量子数

8. 贯穿本领;大;强;大

三、简答题(共 2 道题,每题 5 分,共 10 分)

1. 电源电动势完全取决于电源本身的性质,它反映了电源内部非静电力做功的本领,而端电压是指电源两端的电势差,所以电动势的数值一般大于端电压的数值。当电源内阻为零或开路时,端电压与电动势的值相等。

2. 对于一个孤立的热力学系统,其内部发生的过程总是由概率小的状态向概率大的状态进行,即从微观形式上看,一个孤立的热力学系统,其内部发生的过程是由包含微观状态数目少的宏观状态向包含微观状态数目多的宏观状态方向进行。

四、计算题(共 4 道题,每题 10 分,共 40 分)

1. 已知:R = 0.2 m,I = 20 kg · m^2,F = 50 N;

求:(1) m =? (2)β =?

解:(1)由圆盘的转动惯量 $I=\frac{1}{2}mR^2$,得

$$m=\frac{2I}{R^2}=\frac{40}{0.04}=1000\ \text{kg}$$

(2)由刚体的转动定律 $FR = I\beta$,得

$$\beta = \frac{FR}{I} = \frac{50 \times 0.2}{20} = 0.5\ \mathrm{rad/s^2}$$

答:该圆盘的质量为 1000 kg,角加速度为 0.5 $\mathrm{rad/s^2}$。

2. 已知:$v_1 = 0.33\ \mathrm{m/s}$,主动脉血管的半径 $r = 9\ \mathrm{mm}$,$S_2 = 20 \times 10^{-4}\ \mathrm{m^2}$,$S_3 = 0.25\ \mathrm{m^2}$;

求:(1) $Q = ?$ (2) $v_2 = ?$ (3) $v_3 = ?$

解:(1)主动脉血液流量

$$Q = S_1 v_1 = \pi r^2 \cdot v_1 = 3.14 \times (9 \times 10^{-3})^2 \times 0.33 = 8.4 \times 10^{-5}\mathrm{m^3/s}$$

(2)大动脉血液的平均流速

$$v_2 = \frac{Q}{S_2} = 4.2 \times 10^{-2}\ \mathrm{m/s}$$

(3)毛细血管内血液的平均流速

$$v_3 = \frac{Q}{S_3} = 3.36 \times 10^{-4}\ \mathrm{m/s}$$

答:(1)流过半径为 9 mm 的主动脉血管的血液流量为 $8.4 \times 10^{-5}\ \mathrm{m^3/s}$;(2)总截面积为 $20 \times 10^{-4}\ \mathrm{m^2}$ 的大动脉内血液的平均流速为 $4.2 \times 10^{-2}\ \mathrm{m/s}$;(3)总截面积为 $0.25\ \mathrm{m^2}$ 的毛细血管内血液的平均流速为 $3.36 \times 10^{-4}\ \mathrm{m/s}$。

3. 已知:光栅每毫米刻痕为 800 条,则光栅常数为 $1.25 \times 10^{-6}\ \mathrm{m}$,$\theta = 30°$,$k = 1$;

求:$\lambda = ?$

解:由光栅公式:$(a + b)\sin\theta = \pm k\lambda \quad (k = 0,1,2,\cdots)$,得

$$\lambda = \frac{(a + b)\sin\theta}{k} = 1.25 \times 10^{-6} \times 0.5 = 625\ \mathrm{nm}$$

答:该光源的波长为 625 nm。

4. 已知:$a = 0.10\ \mathrm{mm}$,$f = 0.5\ \mathrm{m}$,$\lambda = 546.0\ \mathrm{nm}$;

求:$\Delta x_0 = ?$ $\Delta x_2 = ?$

解:对于单缝衍射的中央明条纹,有

$$-\lambda < a\sin\varphi < \lambda$$

故其中央明条纹宽度为

$$\Delta x_0 = 2f\frac{\lambda}{a} = 2 \times 0.5 \times \frac{546.0 \times 10^{-9}}{0.10 \times 10^{-3}} = 5.46 \times 10^{-3}\mathrm{m}$$

第二级明纹宽度为

$$\Delta x_2 = f\frac{\lambda}{a} = 0.5 \times \frac{546.0 \times 10^{-9}}{0.10 \times 10^{-3}} = 2.73 \times 10^{-3}\mathrm{m}$$

答:位于透镜焦平面处屏幕上的中央明条纹及第二级明纹宽度分别为 $5.46 \times 10^{-3}\ \mathrm{m}$、$2.73 \times 10^{-3}\mathrm{m}$。

综合练习二及参考答案

【综合练习二】

（满分 100 分，用时 100 分钟）

一、单选题（共 15 道题，每题 2 分，共 30 分）

1. 有两个圆盘，是用密度不同（$\rho_1 > \rho_2$）的金属制成，但它们的质量和厚度都相等，则（　　）。

A. 密度大的圆盘转动惯量大　　B. 密度小的圆盘转动惯量大

C. 两圆盘转动惯量相等　　D. 两者转动惯量关系无法确定

2. 当两转动物体的转动动能相同时，若两物体转动惯量之比为 $I_1 : I_2 = 4 : 1$，则两物体的角速度之比 $\omega_1 : \omega_2$ 为（　　）。

A. 2 : 1　　B. $\sqrt{2} : 1$　　C. $1 : \sqrt{2}$　　D. 1 : 2

3. 理想流体做定常流动时，同一流线上不同点处的流速（　　）。

A. 一定都随时间变化　　B. 一定相同

C. 一定都不随时间变化　　D. 一定不同

4. 两个半径分别为 R 和 $2R$，长为 L 的管子，它们对同一流体的流阻之比 $Z_1 : Z_2$ 为（　　）。

A. 1 : 4　　B. 4 : 1　　C. 1 : 16　　D. 16 : 1

5. 当分子具有 t 个平动自由度，r 个转动自由度，s 个振动自由度时，下列各项中表示分子的平均总动能的是（　　）。

A. $\frac{1}{2}(t+r+s)kT$　　B. $\frac{1}{2}(t+r+2s)kT$　　C. $\frac{t}{2}kT$　　D. $\frac{t}{2}RT$

6. 在观察毛细现象时，如果发生浸润现象，则毛细管内（　　）。

A. 液面上升，呈上凸形　　B. 液面上升，呈下凹形

C. 液面下降，呈上凸形　　D. 液面下降，呈下凹形

7. 由同一种液体吹出两个大小不同的液泡，连通之后（　　）。

A. 大泡越来越大，小泡越来越小　　B. 不变

C. 大泡越来越小，小泡越来越大　　D. 变化到两泡大小相等

8. 磁场中高斯定理的数学表达式为(　)。

A. $\oiint_S \boldsymbol{B} \cdot d\boldsymbol{S} = \mu_0 \sum_{i=1}^{n} I_i$　　B. $\oiint_S \boldsymbol{B} \cdot d\boldsymbol{S} = 0$

C. $\iint_S \boldsymbol{B} \cdot d\boldsymbol{S} = 0$　　D. $\iint_S \boldsymbol{B} \cdot d\boldsymbol{S} = \mu_0 \sum_{i=1}^{n} I_i$

9. 劳埃镜实验表明(　　)。

A. 当光从光密介质射到光疏介质时,反射光的相位会发生 π 的变化

B. 当光从光疏介质射到光密介质时,入射光的相位会发生 π 的变化

C. 当光从光疏介质射到光密介质时,反射光的相位会发生 π 的变化

D. 当光从光密介质射到光疏介质时,入射光的相位会发生 π 的变化

10. 两偏振片分别作为起偏器和检偏器,当它们的偏振化方向成30°时,看一个光源发出的自然光,当它们的偏振化方向成45°时,再看同一位置的另一光源发出的自然光,两次观测到的光强度相等,则两光源强度之比为(　　)。

A. $\frac{\sqrt{2}}{3}$　　B. $\frac{2}{\sqrt{3}}$　　C. $\frac{1}{4}$　　D. $\frac{2}{3}$

11. 在光栅衍射中,若光栅的光栅常数是缝宽的 2 倍,则衍射图纹中缺少的级数为(　　)。

A. 2,4,6,…　　B. 1,3,5,…　　C. 3,6,9,…　　D. 4,8,12,…

12. 设有两个黑体,它们的热平衡温度分别为 T_1、T_2($T_1 > T_2$),那么,对应于各自的最大单色辐出度的波长 λ_1、λ_2 之间的关系为(　　)。

A. $\lambda_1 = \lambda_2$　　B. $\lambda_1 < \lambda_2$　　C. $\lambda_1 > \lambda_2$　　D. $\lambda_1 = 2\lambda_2$

13. 按爱因斯坦理论,入射光波长 λ 与红限波长 λ_0 满足下式时,可能有光电效应(　　)。

A. $\lambda > \lambda_0$　　B. $\lambda \leqslant \lambda_0$　　C. $\lambda > 2\lambda_0$　　D. λ 与 λ_0 无关

14. 铅对某 X 射线的线性衰减系数为 2610 cm^{-1},则铅的半值厚度为(　　)。

A. 2.7×10^{-4} cm　　B. 2.7×10^{-3} cm　　C. 4.2×10^{-4} cm　　D. 4.2×10^{-3} cm

15. ^{85}Kr 样品的原子数 N 在 18 年中衰减到原来数目的 1/3,再过 18 年之后原子数应该为(　　)。

A. $N/9$　　B. $N/2$　　C. $N/6$　　D. $N/3$

二、填空题(共 20 空,每空 1 分,共 20 分)

1. 均质圆盘水平放置,可绕通过盘心的铅垂轴自由转动,圆盘对该轴的转动惯量为 I_0,当其转动角速度为 ω_0 时,有一质量为 m 的质点沿铅垂方向落到圆盘上,并粘在距转轴 $\frac{R}{2}$ 处,它们

共同转动的角速度以及转动动能分别是____________和____________。

2. 国际单位制中体积流量 Q 的单位是____________。

3. 斯托克斯定律的数学表达式为____________，该定律为测定液体的黏滞系数提供了一种理论方法，当小球在液体中达到匀速下落时，速度叫做____________。

4. 由理想气体的压强公式 $P = \frac{2}{3}n\left(\frac{1}{2}m\overline{v^2}\right)$ 以及 $P = nkT$ 可知，分子的平均平动动能与温度的数学表达式为____________，它说明温度越高，分子热运动就越____________。

5. 能量按自由度均分定理，一个分子一个自由度上的能量为____________，一个自由分子的平均平动动能为____________。

6. 安培环路定理的表达式是____________，式中对应的电流与环路外的电流____________。

7. 做简谐振动的弹簧振子，动能和势能都随时间做周期性的变化，总能量____________；若振子的振幅为 A，弹簧的倔强系数为 k，则系统的总能量为____________。

8. 眼睛看得清物体的首要条件是____________，但要分清物体的细节，还必须____________。

9. 玻尔的氢原子理论的三个基本假设是①____________、②____________、③____________。

10. 在原子核中有一种很强的吸引力，将核子吸引在一起，这种引力称为________。

11. 衰变常数和半衰期之间的关系式____________。

三、简答题（共 2 道题，每题 5 分，共 10 分）

1. 一质谱仪的构造原理如综合练习图 2 所示，S 为离子源，所产生的离子质量为 m，电荷为 q，离子的初速度很小，可以看成是静止的，离子经过电压 U 加速，进入磁感应强度为 $\boldsymbol{B}$ 的均匀磁场，沿着半圆周运动到达照相底片上的 P 点，现测得 P 点的位置到入口处的距离为 x，试证明离子的荷质比为 $\frac{q}{m} = \frac{8U}{B^2x^2}$。

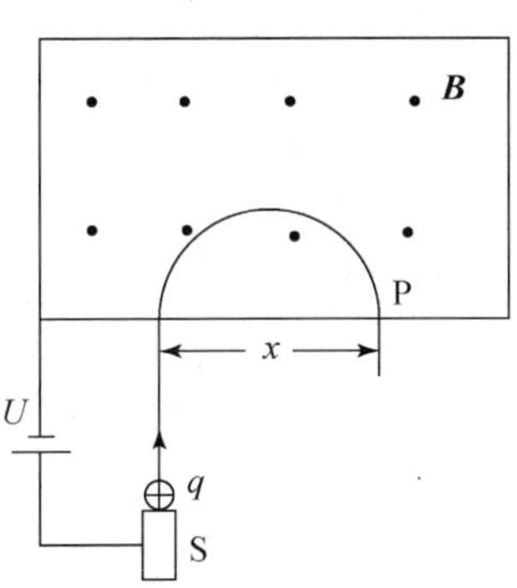

综合练习图 2

2. 简述惠更斯–菲涅耳原理。

四、计算题（共 4 道题，每题 10 分，共 40 分）

1. 电量 $q = 1.0 \times 10^{-11}$ C，质量 $m = 1.0 \times 10^{-6}$ kg 的小球，悬于一细线下端，如综合练习图 3 所示。细线与一块很大的带电平板成 30° 角，求带电平板的电荷面密度 σ。

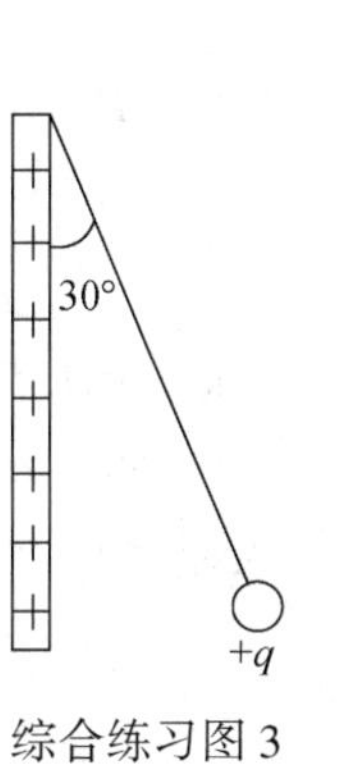

综合练习图 3

2. 一卡诺热机从高温热源（500 K）吸收热量 2000 J 后对外做功，并向低温热源（350 K）放热。求：

（1）热机的效率为多少？

(2)对外做有用功为多少?

(3)向低温热源放热为多少?

3. 一平面简谐波的波源振动频率为 200 Hz,初位相为 0,振幅为 10 cm,在介质中的波长为 20 cm。求:(1)距波源 0.4 m 处介质质点的振动方程;(2)距波源 0.5 m 处与 0.7 m 处两点的相位差。

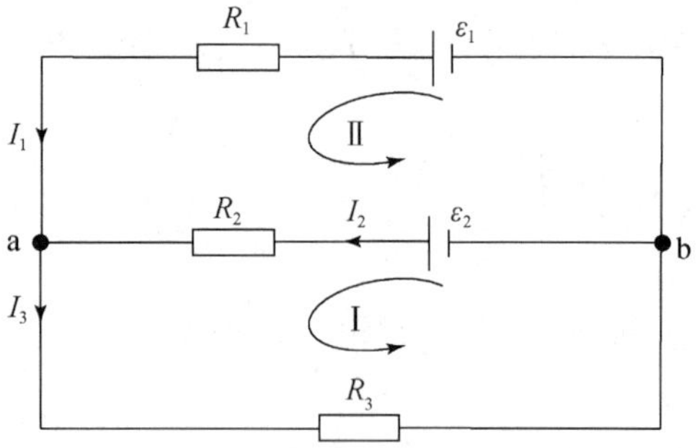

综合练习图 4

4. 综合练习图 4 电路中,已知 $R_1 = 2\ \text{k}\Omega$, $R_2 = 4\ \text{k}\Omega$, $R_3 = 2\ \text{k}\Omega$, $\varepsilon_1 = 4\ \text{V}$, $\varepsilon_2 = 12\ \text{V}$。求:

(1)流过各电阻的电流;

(2)ab 间的电势差 U_{ab} 。

【参考答案】

一、单选题(共 15 道题,每题 2 分,共 30 分)

1. B 2. D 3. C 4. D 5. A 6. B 7. A 8. B

9. C 10. D 11. A 12. B 13. B 14. A 15. A

二、填空题(共 20 空,每空 1 分,共 20 分)

1. $\dfrac{4I_0\omega_0}{4I_0 + mR^2}$; $\dfrac{2I_0^2\omega_0^2}{4I_0 + mR^2}$

2. m^3/s

3. $f = 6\pi\eta rv$; 收尾速度

4. $\dfrac{1}{2}m\overline{v^2} = \dfrac{3}{2}kT$; 剧烈

5. $\dfrac{1}{2}kT$; $\dfrac{3}{2}kT$

6. $\oint_L \boldsymbol{B}\cdot \mathrm{d}\boldsymbol{l} = \mu_0 \sum_{(L内)} I_i$; 无关

7. 不变; $\dfrac{1}{2}kA^2$

8. 物体成像于视网膜上;使视角达到一定值

9. 原子存在着一系列的稳定状态;原子在定态时具有确定的能量;原子中的电子只有从一个定态跃迁到另一个定态时才会发射或吸收一定频率的电磁波

10. 核力

11. $T_{1/2} = \dfrac{\ln 2}{\lambda} = \dfrac{0.693}{\lambda}$

三、简答题(共 2 道题,每题 5 分,共 10 分)

1. 证明:离子进入磁场时的速度满足 $\frac{1}{2}mv^2 = qU$,所以

$$v = \sqrt{\frac{2qU}{m}}$$

进入磁场后做匀速圆周运动,轨道半径

$$\frac{x}{2} = \frac{mv}{qB} = \frac{m}{qB}\sqrt{\frac{2qU}{m}} = \sqrt{\frac{2mU}{qB^2}}$$

所以

$$\frac{q}{m} = \frac{8U}{B^2x^2}$$

证毕。

2. 答:波面上的任意点均可视为能向外发射子波的子波源,波面前方空间某一点的振动就是到达该点的所有子波的相干叠加,这称为惠更斯-菲涅耳原理。惠更斯-菲涅耳原理可以解释衍射图样中的强度分布。

四、计算题(共 4 道题,每题 10 分,共 40 分)

1. 已知:$q = 1.0 \times 10^{-11}$ C,$m = 1.0 \times 10^{-6}$ kg,$\theta = 30°$;

求:σ=?

解:很大的带电平板附近的场强为 $E=\frac{\sigma}{2\varepsilon_0}$,方向与带电平面垂直,小球受到水平方向的电场力 $F=Eq$,竖直向下的重力 mg 和细线的拉力 T 的作用而处于平衡状态。

竖直方向

$$T\cos\theta = mg$$

水平方向

$$T\sin\theta = Eq = \frac{\sigma}{2\varepsilon_0}q$$

将上述两式作比,得

$$\sigma = \frac{2\varepsilon_0 mg\ \tan 30°}{q}$$

即

$$\sigma = \frac{2 \times 8.85 \times 10^{-12} \times 1.0 \times 10^{-6} \times 9.8 \times \frac{\sqrt{3}}{3}}{1.0 \times 10^{-11}}$$

解得

$$\sigma = 1.0 \times 10^{-5}\ \mathrm{C/m^2}$$

答:带电平板的电荷面密度 $\sigma = 1.0\times10^{-5}\ \mathrm{C/m^2}$。

2. 已知:$T_1 = 500$ K,$T_2 = 350$ K,$Q_1 = 2000$ J;

求:(1) $\eta_{卡}$ =? (2) $A_{有用功}$ =? (3) Q_2 =?

解:(1)根据卡诺热机效率公式 $\eta_{卡} = 1 - \frac{T_2}{T_1}$,得

$$\eta_{卡} = 1 - \frac{T_2}{T_1} = 1 - \frac{350}{500} = 30\%$$

(2)根据公式 $\eta_{卡} = \dfrac{A_{有用功}}{Q_1}$，得

$$\eta_{卡} = 30\% = \frac{A_{有用功}}{2000}$$

解得
$$A_{有用功} = 600 \text{ J}$$

(3) $Q_2 = Q_1 - A_{有用功} = 2000 - 600 = 1400$ J

答：(1)热机的效率为30%；(2)系统对外界做有用功为600 J；(3)向低温热源放热为1400 J。

3. 已知：$\nu = 200$ Hz， $\varphi_0 = 0$， $A = 0.1$ m， $\lambda = 0.2$ m；

求：(1)当 $x = 0.4$ m 时，$y = ?$

(2)当 $\Delta x = 0.7 - 0.5 = 0.2$ m 时，$\Delta\varphi = ?$

解：(1)由波动方程 $y = A\cos2\pi\left(\dfrac{t}{T} - \dfrac{x}{\lambda}\right)$ 以及 $T = \dfrac{1}{\nu} = \dfrac{1}{200}$，知距波源0.4 m处质点的振动方程

$$y = A\cos2\pi\left(\frac{t}{T} - \frac{x}{\lambda}\right) = 0.1\cos2\pi(200t - 2)\text{(m)}$$

(2)由公式 $\dfrac{\lambda}{2\pi} = \dfrac{\Delta x}{\Delta\varphi}$，得

$$\frac{0.2}{2\pi} = \frac{0.7 - 0.5}{\Delta\varphi}$$

解得
$$\Delta\varphi = 2\pi$$

答：(1)距波源0.4 m处质点的振动方程为 $y = 0.1\cos2\pi(200t - 2)$ (m)；(2)距波源0.5 m处与0.7 m处两点的相位差为 2π。

4. 已知：$R_1 = 2$ kΩ，$R_2 = 4$ kΩ，$R_3 = 2$ kΩ，$\varepsilon_1 = 4$ V，$\varepsilon_2 = 12$ V；

求：(1) I_1，I_2，I_3 各为多少？(2) $U_{ab} = ?$

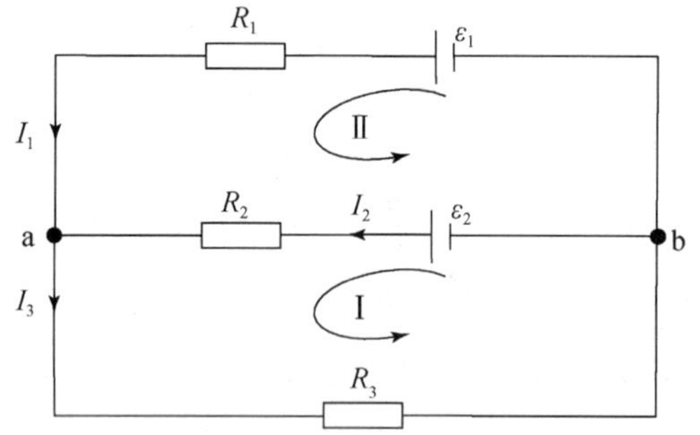

综合练习图4

解：(1)电流参考方向和绕行方向如综合练习图4所示。

由基尔霍夫定律，得

对于a节点：$I_1 + I_2 - I_3 = 0$

对于回路Ⅰ：$I_3R_3 - \varepsilon_2 + I_2R_2 = 0$

对于回路Ⅱ：$-\varepsilon_1 + I_1R_1 - I_2R_2 + \varepsilon_2 = 0$

代入数值后解得

$$I_1 = 0$$
$$I_2 = 2 \text{ mA}$$
$$I_3 = 2 \text{ mA}$$

(2) $U_{ab} = I_3R_3 = 2 \times 2 = 4$ V

答：(1)流过各电阻的电流分别为0、2 mA和2 mA；(2)ab间的电势差为4 V。

综合练习三及参考答案

【综合练习三】

（满分100分，用时100分钟）

一、单选题（共15道题，每题2分，共30分）

1. 有两个共轴的圆盘A和B，盘A的转动惯量是盘B的一半。盘A和盘B是分开的，它们的轴由离合器控制，盘B静止，盘A的角速度为ω_0。两盘结合后的共同角速度为（　　）。

A. $\frac{1}{4}\omega_0$　　B. $\frac{1}{3}\omega_0$　　C. $\frac{1}{2}\omega_0$　　D. ω_0

2. 一半径为R、质量为m的均质圆形平板在粗糙的水平桌面上，绕通过圆心且垂直于平板的OO'轴转动（已知圆形平板与水平桌面之间的摩擦系数为μ），摩擦力对OO'轴的力矩为（　　）。

A. $\frac{2}{3}\mu mgR$　　B. μmgR　　C. $\frac{1}{2}\mu mgR$　　D. 0

3. 一肥皂泡直径为5 cm，表面张力系数为2.5×10^{-2} N/m，泡内压强比大气压强（　　）。

A. 大2 Pa　　B. 小2 Pa　　C. 大4 Pa　　D. 小4 Pa

4. 2 mol的刚性双原子分子的理想气体的热力学温度为T，则其气体的内能为（　　）。

A. 7 kT　　B. 5 kT　　C. 7 RT　　D. 5 RT

5. 1 mol理想气体做等压膨胀，温度由T_1变化到T_2，其内能变化为（　　）。

A. $C_P(T_2-T_1)>0$　　B. $C_P(T_2-T_1)<0$　　C. $C_V(T_2-T_1)>0$　　D. $C_V(T_2-T_1)<0$

6. 下列说法不正确的是（　　）。

A. 在波的传播方向上，相位差为2π的两质点之间的距离为一个波长

B. 机械波实质上就是在波的传播方向上，介质各个质点的集体受迫振动

C. 波在介质中各点的振幅、频率、相位与波源处的相同

D. 介质中距离波源越远的点相位越落后

7. 一质点做简谐振动，周期为T，当它由平衡位置向y轴正方向运动时，从最大位移的$\frac{1}{2}$处

运动到最大位移处所需要的时间为(   )。

A. $T/2$　　B. $T/4$　　C. $T/6$　　D. $T/8$

8. 声源不动,当接收器背离声源运动时,接收到的声波的频率(   )。

A. 变大　　B. 不变

C. 变小　　D. 可能变大,也可能变小

9. 一个做简谐振动的质点的位移 y 与时间的关系可以用方程 $y = 5\cos 16\pi t$ 表示,式中 y 的单位是厘米,t 的单位是秒。若质点在 $t = 0$、$y = 5$ 处开始运动,它第一次通过平衡位置的时间是多少秒?(   )

A. $\frac{1}{32}$　　B. $\frac{1}{16}$　　C. $\frac{1}{8}$　　D. 4

10. 在单缝夫琅禾费衍射实验中,屏上第二级暗纹对应的单缝处波面可划分为(   )个半波带。

A. 2　　B. 4　　C. 6　　D. 8

11. 用一定波长的光通过光学仪器观察物体,则(   )。

A. 物体大时,分辨率大　　B. 物体离光学仪器远时分辨率大

C. 光学仪器的孔径愈小分辨率愈小　　D. 物体近时分辨率大

12. 下面各物体,哪个是绝对黑体?(   )

A. 不辐射可见光的物体　　B. 不辐射任何光线的物体

C. 不能反射可见光的物体　　D. 不能反射任何光线的物体

13. 在热平衡状态下,黑体的辐出度与(   )成正比。

A. T　　B. T^2　　C. T^3　　D. T^4

14. 在氢原子中,对应电子从 $n = 3$ 的激发态跃迁到基态,可能发射的不同波长的谱线条数为(   )。

A. 2　　B. 3　　C. 4　　D. 6

15. 若某 X 射线管的管电压为 200 kV,则短波极限为(   )。

A. 0.62 nm　　B. 0.0062 nm　　C. 1.24 nm　　D. 6.2×10^{-6} nm

二、填空题(共 20 空,每空 1 分,共 20 分)

1. 实际流体做层流时,相邻两流层间的内摩擦力与这两层的接触面的____________、接触面所在处流体的____________和流体本身的____________成正比。

2. 一刚性双原子理想气体的温度为 T,则它的分子的平均总动能为____________,1 mol 气体的内能为____________。

3. 表面张力系数在数值上等于增加液体单位表面积时,____________或____________。

4. 一个孤立系统的熵永远不会减少:对于可逆绝热过程,熵____________;对于不可逆绝热过程,熵____________。

5. 产生动生电动势是____________在起作用,产生感生电动势是____________的作用。

6. 机械波产生的两个条件:____________和____________。

7. 视角的大小决定了物体在视网膜上所成像的____________。

8. 屈光不正常的眼睛包括____________、____________和____________三种。

9. 光电效应是光的____________性的表现。

10. 已知铅对某 X 射线的线性衰减系数为 2610 cm^{-1},欲使透过的 X 射线强度为入射的 X 射线强度的 1/3,需要____________厚铅板。($\ln 3 = 1.0986$)

11. 某放射性核素的半衰期为 30 小时,经过 90 小时后,该放射性核素的放射性活度减为原来的____________。

三、简答题(共 2 道题,每题 5 分,共 10 分)

1. 有大小不同的两个肥皂泡,半径分别为 R 和 r,它们之间用带有活门的玻璃管连通,当活门打开时,大小不同的两个肥皂泡将会如何变化?变到什么情况为止?

2. 什么是霍尔效应?怎么解释霍尔效应?

四、计算题(共 4 道题,每题 10 分,共 40 分)

1. 水以 4.0 m/s 的速率通过截面积为 4.0 cm^2 的管道流动,当管道的截面积增加到 8.0 cm^2 时,管道逐渐下降了 1 m,试问:

(1) 低处管道的水流速度是多少?

(2) 如果高处管道内的压强为 10^5 Pa,则低处管道内的压强是多少?

2. 半径为 R 的无限长直薄金属圆管,表面上均匀带正电,且单位长度带电荷 λ,求离管轴垂直距离为 r 处的场强 $\boldsymbol{E}$。

3. 如综合练习图 5 所示,已知 $\varepsilon_1 = 12$ V,$\varepsilon_2 = 6$ V,$r_1 = r_2 = R_1 = R_2 = 1\ \Omega$,通过 R_3 的电流 $I_3 = 3$ A,方向如图所示,求:

(1) 通过 R_1、R_2 上的电流分别是多少?

(2) R_3 的大小是多少?

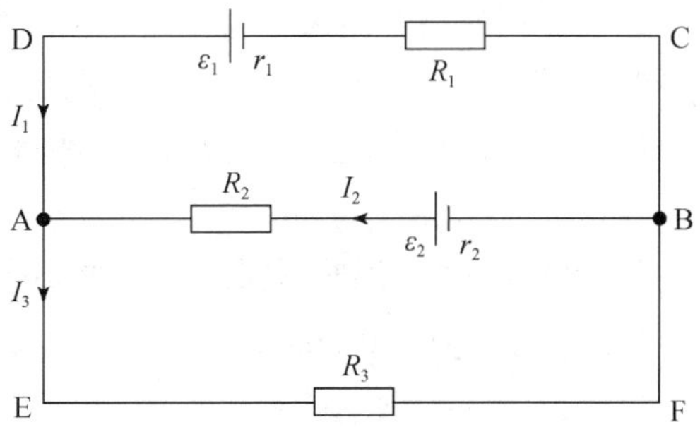

综合练习图 5

4. 用白光垂直照射在折射率为 1.58,厚度为 $d = 3.8 \times 10^{-4}$ mm 的薄膜表面上,薄膜两侧为空气。问在可见光范围(400 ~ 760 nm)内,哪一波长的光在反射光中将增强?

【参考答案】

一、单选题(共15道题,每题2分,共30分)

1. B　2. A　3. C　4. D　5. C　6. C　7. C　8. C
9. A　10. B　11. C　12. D　13. D　14. B　15. B

二、填空题(共20空,每空1分,共20分)

1. 面积；　速度梯度；　黏滞系数
2. $\frac{5}{2}kT$；　$\frac{5}{2}RT$
3. 外力所做的功；　液体表面能的增量
4. 不变；　增加
5. 洛伦兹力；　变化的磁场
6. 波源；　介质
7. 大小
8. 近视；　远视；　散光
9. 粒子
10. 4.2×10^{-4} cm
11. 1/8

三、简答题(共2道题,每题5分,共10分)

1. 答:由于球形液面的附加压强 $p_S=\frac{2\alpha}{R}$ 与球面半径 R 成反比,所以当连通两肥皂泡的玻璃管上的活门打开时,因小泡的附加压强较大,小泡不断收缩,而大泡不断膨胀,直到大泡的曲率半径和小泡剩余部分的曲率半径相同时,肥皂泡大小的变化停止。

2. 答:把载流导体或半导体薄板放在磁场中时,如果磁场方向垂直于薄板平面,则在薄板的上、下两侧面之间会出现微弱电势差,这一现象称为霍尔效应。霍尔效应可用带电粒子在磁场中运动受到的洛伦兹力解释。薄板中的载流子受到洛伦兹力的作用,向薄板的一个表面聚集,同时,另一个表面出现等量异号的电荷,在薄板上、下表面之间就形成了电场,当载流子受到的电场力和洛伦兹力达到平衡时,电荷的积累达到稳定状态。

四、计算题(共4道题,每题10分,共40分)

1. 已知:$v_1=4.0$ m/s , $S_1=4.0$ cm^2, $S_2=8.0$ cm^2, $h_1-h_2=1$ m , $P_1=10^5$ Pa;

求:(1) $v_2=$? (2) $P_2=$?

解:(1)根据公式 $S_1v_1=S_2v_2$,得

$$v_2 = \frac{S_1 v_1}{S_2} = 2\ \text{m/s}$$

(2)据伯努利方程 $P_1 + \frac{1}{2}\rho v_1^2 + \rho g h_1 = P_2 + \frac{1}{2}\rho v_2^2 + \rho g h_2$,得

$$P_2 = P_1 + \frac{1}{2}\rho(v_1^2 - v_2^2) + \rho g(h_1 - h_2) = 1.16 \times 10^5\ \text{Pa}$$

答:(1)低处管道的水流速度为 2 m/s;(2)如果高处管道内的压强为 10^5 Pa,则低处管道内的压强为 1.16×10^5 Pa。

2. 已知:R, λ, r;

求:$E_{内}$ =?　$E_{外}$ =?

解:做半径为 r,高为 L,与带电圆管同轴、两底面垂直于轴线的柱面为高斯面。

根据高斯定理 $\oint_S E \cdot dS = \frac{\sum_{i=1}^{n} q_i}{\varepsilon_0}$,由于通过上、下底面的电通量为零,且侧面的法线方向与 E 一致,所以有

管内($r < R$):

$$E\oint_S dS = E\,2\pi r L = 0$$

解得

$$E_{内} = 0$$

管外($r \geq R$):

$$E\oint_S dS = E\,2\pi r L = \frac{\lambda L}{\varepsilon_0}$$

解得

$$E_{外} = \frac{\lambda}{2\pi r \varepsilon_0}$$

答:管内场强为 0,离管轴垂直距离为 r 处的管外场强为 $\frac{\lambda}{2\pi r \varepsilon_0}$。

3. 已知:$\varepsilon_1 = 12$ V, $\varepsilon_2 = 6$ V, $r_1 = r_2 = R_1 = R_2 = 1\ \Omega$, $I_3 = 3$ A;

求:(1) I_1、I_2 各为多少?(2) R_3 =?

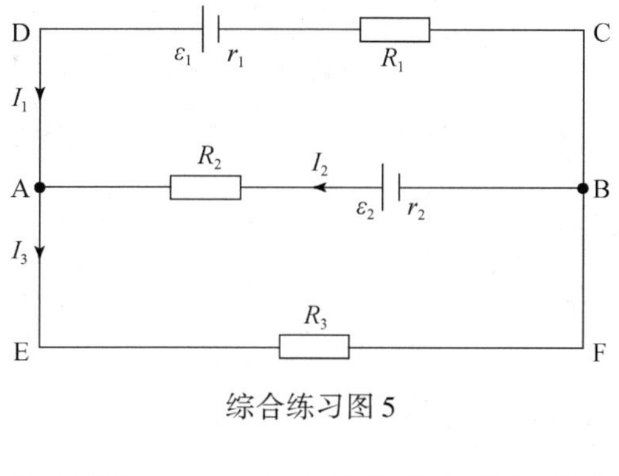

综合练习图 5

解:设通过 R_1、R_2 的电流分别为 I_1、I_2,方向均是从右到左,根据基尔霍夫定律,有

对于 A 节点,

$$I_3 = I_1 + I_2$$

对于回路 ABCDA， $I_1R_1 + I_1r_1 - I_2R_2 - I_2r_2 - \varepsilon_1 + \varepsilon_2 = 0$

对于回路 CDEFC， $I_1R_1 + I_1r_1 + I_3R_3 - \varepsilon_1 = 0$

联立以上三个方程，代入数值解得

$$I_1 = 3\ \text{A},\quad I_2 = 0\ \text{A},\quad R_3 = 2\ \Omega$$

答：(1)通过 R_1、R_2 上的电流分别为 3 A 和 0 A；(2) R_3 的大小为 2 Ω。

4. 已知：$n = 1.58$，$d = 3.8\times10^{-4}$ mm；

求：哪一波长的光在反射光中将增强？

解：在反射光区发生干涉相长，反射光才会加强，干涉相长的条件是

$$2nd - \frac{\lambda}{2} = k\lambda$$

即

$$\lambda = \frac{4nd}{2k+1}$$

由题意可知

$$4\times10^{-7} < \lambda = \frac{4nd}{2k+1} < 7.6\times10^{-7}\quad (k = 1,2,3,\cdots)$$

解得

$$\text{当 } k = 2 \text{ 时}，\lambda = \frac{4nd}{2\times2+1} = 4.8\times10^{-7}\ \text{m 在此范围内}$$

答：波长为 4.8×10^{-7} m 的光在反射光中将增强。

综合练习四及参考答案

【综合练习四】

（满分 100 分,用时 100 分钟）

一、单选题(共 15 道题,每题 2 分,共 30 分)

1. 一个人站在一转台上,在他伸出去的两手中各握有一重物,然后使转台转动,当他向着胸部缩回双手及重物时,下列说法中正确的是(　　)。

A. 系统的转动惯量增大　　B. 系统的转动惯量减小

C. 系统转动的角速度减小　　D. 系统的角动量增大

2. 伯努利方程适用于(　　)。

A. 理想流体　　B. 不可压缩流体做定常流动

C. 无黏滞性流体　　D. 理想流体做定常流动

3. 由于血脂沉积,某段血管的半径减小为原来的一半,按泊肃叶定律,流阻变为原来的(　　)。

A. 16 倍　　B. 32 倍　　C. 8 倍　　D. 4 倍

4. 两种理想气体的温度相同时,则(　　)。

A. 两种气体分子的平均平动能一定相同　　B. 两种气体的压强一定相同

C. 两种气体分子的动能一定相同　　D. 两种气体的能量一定相同

5. 一个均匀带电圆环半径为 R,所带电量为 Q, 若规定无穷远处电势为零,则圆心处的场强和电势分别为(　　)

A. $\frac{1}{4\pi\varepsilon_0}\cdot\frac{Q}{R^2}$, 0　　B. $\frac{1}{4\pi\varepsilon_0}\cdot\frac{Q}{R^2}$, $\frac{1}{4\pi\varepsilon_0}\cdot\frac{Q}{R}$

C. 0, $\frac{1}{4\pi\varepsilon_0}\cdot\frac{Q}{R}$　　D. 0, 0

6. 两根截面不同但材料相同的导线串联起来,两端加上一定的电势差,则(　　)。

A. 通过细导线的电流密度大

B. 通过粗导线的电流密度大

C. 通过细导线的电流密度与通过粗导线的电流密度一样大

D. 无法确定

7. 真空中有三个点电荷 q_1、q_2、q_3，当 q_3 从远处向 q_1 与 q_2 移近时，q_1 与 q_2 之间的作用力（　　）。

A. 增大　　B. 不变

C. q_3 为正电荷时增大　　D. q_3 为负电荷时减小

8. 取一积分回路 L，使三根载流导线穿过它所围成的面，现改变三根导线之间的相互间隔，但不越出积分回路，则（　　）。

A. 回路 L 内的 $\sum I$ 不变，L 上各点的磁感应强度改变

B. 回路 L 内的 $\sum I$ 不变，L 上各点的磁感应强度不变

C. 回路 L 内的 $\sum I$ 改变，L 上各点的磁感应强度不变

D. 回路 L 内的 $\sum I$ 改变，L 上各点的磁感应强度改变

9. 在均匀磁场中，有两个平面线圈，其面积 $S_1 = 2S_2$，通有电流，它们所受到的最大磁力矩之比 $\frac{M_1}{M_2}$ 等于 4，则两个线圈所通电流大小之比 $\frac{I_1}{I_2}$ 为（　　）。

A. 1　　B. 2　　C. 4　　D. 0.25

10. 用白光作为光源，经透射光栅衍射后，形成的衍射明条纹有如下特点：（　　）。

A. 各级明条纹都为从紫到红的彩带

B. 除中央明条纹外，各级明条纹都为内紫外红的彩带

C. 除中央明条纹外，各级明条纹都为内红外紫的彩带

D. 看不到中央明条纹

11. 使自然光通过 2 个偏振化方向夹角为 60°的偏振片，透过光强为（　　）。

A. $\frac{1}{2}I_0$　　B. $\frac{1}{4}I_0$　　C. $\frac{1}{6}I_0$　　D. $\frac{1}{8}I_0$

12. 一束紫外光照射到某种金属的表面产生光电效应，其光电子的动能决定于（　　）。

A. 入射光强度　　B. 入射光频率　　C. 入射光的照射时间　　D. 弛豫时间

13. 绝对黑体指的是（　　）。

A. 煤烟或铂黑　　B. 仅辐射单一波长波的物体

C. 可吸收多种波长波的物体　　D. 吸收比等于 1 的物体

14. 玻尔理论中所说的能级(即量子化的能量值)是指(　　)。

A. 原子系统的总能量　　B. 电子的总能量

C. 原子系统的动能　　D. 原子系统的势能

15. 两种放射性核素,其半衰期分别为 T_1 和 T_2,当 $T_1>T_2$ 时,若要产生相同的放射性活度,所需的核数 N_1 和 N_2 的关系是(　　)。

A. $N_1=N_2$　　B. $N_1<N_2$　　C. $N_1>N_2$　　D. $2N_1=N_2$

二、填空题(共 20 空,每空 1 分,共 20 分)

1. 长为 l,质量为 m 的细棒,绕其与棒垂直且过棒中心的轴转动,其转动惯量为________。

2. 不可能从单一热源吸收热量并将它____________ 而不产生其他影响。

3. 真空中一半径为 R 的均匀带电细圆环,电量为 q,其轴线上距离环心 x 处一点,若 $x\gg R$,则该点的电场强度 E 和电势 U 分别为____________、____________。

4. 在闭合回路中,当磁场不变时,导体运动而导致磁通量发生变化,则在回路中产生的感应电动势称为____________。

5. 在单缝夫琅禾费衍射实验中,屏上第三级暗纹对应的单缝处波面可划分为__________个半波带,若将缝宽缩小一半,原来第三级暗纹处将是____________。

6. 一平面简谐波沿 Ox 轴的正方向传播,已知位于坐标原点处体元的振动表达式为 $y=0.08\cos\left(\pi t+\dfrac{\pi}{2}\right)$,设在同一波线上的 A、B 两点之间距离为 0.02 m,且 B 点的振动相位比 A 点落后 $\dfrac{\pi}{6}$,则该平面简谐波的波长 $\lambda=$________,波速 $c=$______,波动方程 $y=$________。

7. 质量为 10.0 g 的子弹,速度为 1000 m/s,则它的德布罗意波长为______________。

8. 氢原子光谱是____________光谱。

9. X 射线的基本性质:__________、__________、__________、__________、__________。

10. ^{14}C 的半衰期为 5730 年,则它的衰变常数为__________,平均寿命为__________。

11. 单位时间内衰变的核数称为____________。

三、简答题(共 2 道题,每题 5 分,共 10 分)

1. 两个等量异号电荷相距为 l,在两个点电荷的中垂线上有一点 P,P 点到两个点电荷连线的中心距离为 r。

(1)画图标出 P 点场强的方向;

(2)证明 P 点的电势为零。

2. 雨过天晴,汽车驶过积水的柏油马路,会形成一片片油膜,在阳光下呈现出绚丽的色彩。又如,漂浮在水面上的油膜,当光线照在油膜上时,油膜上有些地方显得红一些,有些地方显得蓝一些,呈现出瑰丽的色彩。问题:为什么水面上的油膜会呈现出瑰丽的色彩?

四、计算题(共 4 道题,每题 10 分,共 40 分)

1. 水在粗细不同的水平管道内做定常流动。已知管道某处的截面积是管道最细处的 3 倍,而该处水的流速为 $v = 3.5\ \mathrm{m/s}$,压强为 $P = 6.4 \times 10^4\ \mathrm{Pa}$,求管道中最细处的压强。

2. 求半径为 $r = 2.0 \times 10^{-3}\ \mathrm{mm}$ 的许多小水滴融合成一个半径为 $R = 2.0\ \mathrm{mm}$ 的大水滴时释放的能量(设水的表面张力系数为 $\alpha = 7.0 \times 10^{-2}\ \mathrm{N/m}$)。

3. 设声波的速度为 340 m/s,当一列火车以 50 m/s 的速度向你开来并以 3 kHz 的频率鸣笛时,你接收到的频率是多少?火车离去时你接收到的频率又是多少?

4. 一薄透镜系统由焦距为 10 cm 的凸透镜和焦距为 4 cm 的凹透镜组成,二透镜间隔为 12 cm,求在凸透镜前 20 cm 的点光源所成像的位置。

【参考答案】

一、单选题(共 15 道题,每题 2 分,共 30 分)

1. B　2. D　3. A　4. A　5. C　6. A　7. B　8. A　9. B

10. B　11. D　12. B　13. D　14. A　15. C

二、填空题(共 20 空,每空 1 分,共 20 分)

1. $\dfrac{1}{12}ml^2$

2. 完全转变为功

3. $\dfrac{q}{4\pi\varepsilon_0 x^2}$;　$\dfrac{q}{4\pi\varepsilon_0 x}$

4. 动生电动势

5. 6;　第一级亮纹

6. 0.24 m;0.12 m/s;$0.08\cos\left(\pi t - \dfrac{\pi x}{0.12} + \dfrac{\pi}{2}\right)$ (m)

7. 6.63×10^{-35} m

8. 线

9. 电离作用;荧光作用;光化学作用;生物效应;贯穿本领

10. 1.2×10^{-4}a;　8268a

11. 放射性活度

三、简答题(共 2 道题,每题 5 分,共 10 分)

1. 答:(1)P 点场强方向如综合练习图 6 所示。

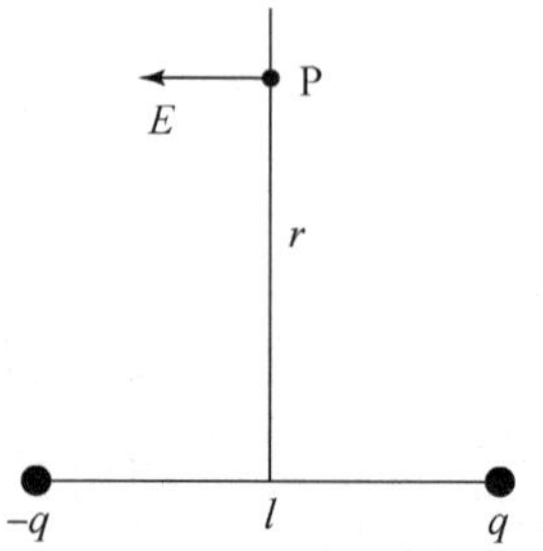

综合练习图 6

(2)证明:由点电荷电势公式 $U = \dfrac{1}{4\pi\varepsilon_0}\dfrac{q}{r}$,得

$$U_P = \frac{1}{4\pi\varepsilon_0}\frac{q}{\sqrt{\left(\frac{l}{2}\right)^2 + r^2}} + \frac{1}{4\pi\varepsilon_0}\frac{(-q)}{\sqrt{\left(\frac{l}{2}\right)^2 + r^2}} = 0$$

证毕。

2. 答:若油膜厚度均匀,当白光从各方向倾斜照射在油膜上时,不同角度入射的各种波长的光在上下两个表面上的反射光的光程差不相同,某方向上会有某种颜色的光干涉加强,其他的光干涉减弱的现象,从而形成比较均匀的等倾干涉图样;若薄膜厚度不均匀,还要有各种不同颜色的光在不同厚度的地方干涉情况有所不同这一因素的影响,会出现较为紊乱的彩色条纹图样。地上的油膜厚度通常是不均匀的,干涉图样比较紊乱。

四、计算题(共 4 道题,每题 10 分,共 40 分)

1. 已知:$S = 3S'$, $v = 3.5\text{m/s}$, $P = 6.4 \times 10^4$ Pa, $\rho = 10^3$ kg/m^3;

求:$P' =?$

解:根据连续性方程 $S'v' = Sv$,得

$$v' = \frac{Sv}{S'} = 3v = 10.5\ \text{m/s}$$

由伯努利方程 $P + \frac{1}{2}\rho v^2 = P' + \frac{1}{2}\rho v'^2$,得

$$P' = P + \frac{1}{2}\rho v^2 - \frac{1}{2}\rho v'^2 = 6.4 \times 10^4 + 500 \times (12.25 - 110.25) = 1.5 \times 10^4\ \text{Pa}$$

答:管道中最细处的压强为 1.5×10^4 Pa。

2. 已知:$r = 2.0 \times 10^{-3}$ mm, $R = 2.0$ mm, $\alpha = 7.0 \times 10^{-2}$ N/m;

求:$\Delta E =?$

解:设大水滴是由 n 个小水滴融合而成,融合后释放出的能量为 ΔE,大水滴的表面积为 S_1,体积为 V_1,1 个小水滴的表面积为 S_2,体积为 V_2,则 $S_1 = 4\pi R^2$, $V_1 = \frac{4}{3}\pi R^3$, $S_2 = 4\pi r^2$, $V_2 = \frac{4}{3}\pi r^3$。

n 个小水滴融合成大水滴后体积不变,则

$$n = \frac{\frac{4}{3}\pi R^3}{\frac{4}{3}\pi r^3} = \frac{R^3}{r^3} = 10^9\ \text{个}$$

n 个小水滴与一个大水滴的表面积之差为 $\Delta S = nS_2 - S_1 = n4\pi r^2 - 4\pi R^2$,$\Delta S$ 对应的表面能增量 ΔE,即融合后放出的能量。

$$\Delta E = \alpha\Delta S = 7.0 \times 10^{-2} \times 4\pi \times (10^9 \times 2.0^2 \times 10^{-12} - 2.0^2 \times 10^{-6}) = 3.5 \times 10^{-3}\ \text{J}$$

答:这些小水滴融合成一个大水滴时释放的能量为 3.5×10^{-3} J。

3. 已知：$c = 340\ \text{m/s}$，$\nu = 3\times10^3\ \text{Hz}$，$v_s = 50\ \text{m/s}$；

求：$\nu' = ?$　$\nu'' = ?$

解：(1)当火车向着观察者运动时，v_s 应取正值，则 $v_s = 50\ \text{m/s}$。此时接收到的频率为

$$\nu' = \frac{c}{c - v_s}\nu = \frac{340}{340 - 50}\times 3\times10^3 \approx 3.52\times10^3\ \text{Hz}$$

(2)当火车背离观察者运动时，v_s 应取负值，则 $v'_s = -50\ \text{m/s}$。此时接收到的频率为

$$\nu'' = \frac{c}{c - v'_s}\nu = \frac{340}{340-(-50)}\times 3\times10^3\ \text{Hz} \approx 2.62\times10^3\ \text{Hz}$$

答：火车开来时接收到的频率是 $3.52\times10^3\ \text{Hz}$，离去时接收到的频率是 $2.62\times10^3\ \text{Hz}$。

4. 已知：凸透镜的物距、焦距分别为 $u_1 = 20\ \text{cm}$，$f_1 = 10\ \text{cm}$，凹透镜的焦距为 $f_2 = -4\ \text{cm}$，两透镜间的距离为 $d = 12\ \text{cm}$；

求：$v_2 = ?$

解：(1)根据高斯形式的薄透镜成像公式 $\frac{1}{u}+\frac{1}{v}=\frac{1}{f}$，得

$$\frac{1}{20}+\frac{1}{v_1}=\frac{1}{10}$$

解得像距

$$v_1 = 20\ \text{cm}$$

(2)对凹透镜，从(1)中解得的 $v_1 = 20\ \text{cm}$，说明点光源S经过凸透镜所成的像在凸透镜的像方空间。由于凸透镜和凹透镜相距12 cm，小于像距 v_1，点光源S经过凸透镜所成的像也在凹透镜的像方空间，因此是凹透镜的虚物。

根据高斯形式的薄透镜成像公式 $\frac{1}{u}+\frac{1}{v}=\frac{1}{f}$，得

$$\frac{1}{-8}+\frac{1}{v_2}=\frac{1}{-4}$$

解得

$$v_2 = -8\ \text{cm}$$

答：凸透镜前20 cm的点光源在凹透镜前8 cm处成一虚像。

综合练习五及参考答案

【综合练习五】

（满分 100 分，用时 100 分钟）

一、单选题（共 15 道题，每题 2 分，共 30 分）

1. 下列说法正确的是(　　)。

A. 作用在定轴转动刚体上的合力越大，刚体转动的角加速度越大

B. 作用在定轴转动刚体上的合力矩越大，刚体转动的角速度越大

C. 作用在定轴转动刚体上的合力矩越大，刚体转动的角加速度越大

D. 作用在定轴转动刚体上的合力矩为零，刚体转动的角速度为零

2. 国际单位制中黏滞系数的单位为(　　)。

A. Pa · s　　B. Pa/s　　C. N · s　　D. Pa · s^2

3. 刚性双原子分子的比热比 $\gamma=\dfrac{C_P}{C_V}$ 为(　　)。

A. $\dfrac{7}{5}$　　B. $\dfrac{5}{7}$　　C. $\dfrac{5}{3}$　　D. $\dfrac{4}{3}$

4. 由高斯定理可知，通过闭合曲面的电通量与下列哪个因素有关(　　)

A. 闭合曲面的面积　　B. 闭合曲面的形状

C. 闭合曲面外的电荷量　　D. 闭合曲面内的电荷量

5. 把两个有共同中心并载有同样电流的相同圆形线圈(环)相互放成直角。如果每个线圈的电流在它中心处引起的磁感应强度的大小是 B，在共同中心处由这样两个线圈产生的磁场的大小是(　　)。

A. 0　　B. B　　C. $\sqrt{2}B$　　D. $2B$

6. 下列说法哪一个正确？(　　)

A. 磁感应线应该是有头有尾的

B. 均匀磁场中磁感应线是平行线簇

C. 一根磁感应线上各点 $\boldsymbol{B}$ 的大小相等

D. 一根磁感应线上各点 $\boldsymbol{B}$ 的方向相同

7. 在以下矢量场中,属保守力场的是(　　)。

A. 静电场　　B. 涡旋电场　　C. 稳恒磁场　　D. 变化磁场

8. 下列说法正确的是(　　)。

A. 物体在某一位置附近来回往复的运动是简谐振动

B. 垂直方向跳动的乒乓球所做的运动是简谐振动

C. 用铁锤定钉子时,铁锤的运动是简谐振动

D. 物体仅在线性回复力(力的大小与位移成正比并指向平衡位置)的作用下所做的运动是简谐振动

9. 两个弹簧振子做简谐振动,已知 $m_2=2m_1$,$k_1=k_2$,则其周期之比 $T_1:T_2$ 为(　　)。

A. 1∶2　　B. $1:\sqrt{2}$　　C. 2∶1　　D. $\sqrt{2}:1$

10. 人耳是否能听到声音决定于(　　)。

A. 声波的频率　　B. 声波的速度

C. 声波的压强　　D. 声波的频率和强度

11. 光强为 I_0 的自然光通过一个偏振片后,光强(　　)。

A. 不变　　B. 为原来的一半

C. 为 $I_0\cos^2\theta$　　D. 为原来的四分之一

12. 一束光照射到某金属的表面产生光电效应,其光电流的强度决定于(　　)。

A. 入射光频率　　B. 入射光强度　　C. 照射时间　　D. 逸出功

13. 关于康普顿效应下列哪种说法是正确的?(　　)

A. 散射线波长的改变与入射线波长、散射物质有关

B. 散射线波长的改变与散射物质、散射角有关

C. 散射线波长的改变仅与入射线波长的大小有关,而与散射角和散射物质无关

D. 散射线波长的改变仅与散射角的大小有关,而与入射线波长和散射物质无关

14. 按玻尔的氢原子理论,原子中稳定轨道的角动量为(　　)。

A. $n\dfrac{h}{2\pi}$　　B. $n^2\dfrac{h^2}{2\pi}$　　C. $\dfrac{\varepsilon_0 h^2}{\pi e^2 m}$　　D. $hcR\dfrac{1}{n^2}$

15. X 射线的强度指(　　),医学应用中通常通过调节(　　)来改变 X 射线的强度。

A. X 射线的贯穿本领,管电流　　B. X 射线的能流密度,管电流
C. X 射线的能流密度,管电压　　D. X 射线管的电流,管电压

二、填空题(共 20 空,每空 1 分,共 20 分)

1. 刚体绕某轴的转动惯量取决于其各部分质量对给定转轴的分布情况,即与________、________、________有关。

2. 理想流体指的是____________而且____________的流体。

3. 理想气体的卡诺循环包括四个准静态过程,即两个____________过程和两个____________过程。

4. 电场中的高斯定理的数学表达式为________,它表明了电场中任一闭合曲面的______与该闭合曲面内电荷的代数和的关系。

5. 静电场是____源______场,磁场是____源______场。

6. 一质点在 y 轴上做简谐振动,已知 $t = 0$ 时, $x_0 = -0.01$ m , $v_0 = 0.03$ m/s , $\omega = \sqrt{3}$ rad/s ,则质点的振动方程为__________。

7. 在杨氏双缝干涉实验中,亮纹位置是____________________;暗纹位置是____________________。

8. 在光栅衍射实验中,光栅衍射的图像是____和____的综合效应。

9. 若 X 射线管发出的连续射线谱的最短波长 λ_{min} 是 4.968×10^{-3} nm,则 X 射线管的管电压为______,光子的最大能量为______。

三、简答题(共 2 道题,每题 5 分,共 10 分)

1. 有两个弹簧振子,其重物质量相同,即 $m_1 = m_2$,但弹性系数 $k_1 \neq k_2$,已知振动周期 $T_1 = 2T_2$,而且 $A_1 = 2A_2$,它们的振动能量是否相同?

2. 声源向着观察者运动和观察者向声源运动都使观察者接收的频率变高,这两种过程在物理意义上有何区别?

四、计算题(共 4 道题,每题 10 分,共 40 分)

1. 一条半径为 3 mm 的小动脉被一硬斑部分阻塞,此狭窄段的有效半径为 2 mm,血流平均速度为 0.1 m/s,试求:

(1)未变窄处的血流平均速度;

(2)狭窄处的雷诺数是多少?并判断狭窄处是否会发生湍流;

(3)狭窄处血流的动压强$\left(\frac{1}{2}\rho v^2\right)$。已知血液的密度 $\rho = 1.05 \times 10^3$ kg/m^3,血液的黏度 $\eta = 3.0 \times 10^{-3}$ Pa·s 。

2. 将 U 形管竖直放置并注入一些水,设 U 形管两竖管的内直径分别为 1.0 mm 和 0.1 mm,求两竖管中水面的高度差。(水的表面张力系数 $\alpha = 7.0 \times 10^{-2}$ N/m ,假设水完全浸润毛细管。)

3. 长为 3 cm 的玻璃棒(视为共轴球面系统),其折射率为 1.50,第一折射面为凸形球面,曲率半径为 2 cm,第二折射面是平面,将物放在主光轴上第一折射球面前 8 cm 处,试问成像在何处?

4. 将 1 ml 放射性活度为 12000 核衰变/分的溶液注入人体静脉,30 小时后抽出 1 cm^3 血液,测得其放射性活度为 0.5 核衰变/分。已知该放射性物质的半衰期为 15 小时,试估计此人全身的血液量。

【参考答案】

一、单选题(共 15 道题,每题 2 分,共 30 分)

1. C 2. A 3. A 4. D 5. C 6. B 7. A 8. D
9. B 10. D 11. B 12. B 13. D 14. A 15. B

二、填空题(共 20 空,每空 1 分,共 20 分)

1. 质量;质量分布; 转轴位置
2. 绝对不可压缩; 完全没有黏滞性
3. 等温; 绝热
4. $\oiint_S E \cdot dS = \dfrac{\sum_{i=1}^{n} q_i}{\varepsilon_0}$; 电通量
5. 有;保守力; 无; 非保守力
6. $y = 0.02\cos\left(\sqrt{3}t + \dfrac{4\pi}{3}\right)$ (m)
7. $y = \pm k\lambda \dfrac{D}{d}$ $(k = 0, 1, 2, \cdots)$; $y = \pm(2k-1)\dfrac{\lambda}{2} \cdot \dfrac{D}{d}$ $(k = 1, 2, 3, \cdots)$
8. 干涉;衍射
9. 250 kV; 4×10^{-14} J

三、简答题(共 2 题,每题 5 分,共 10 分)

1. 答:振动能量相同。简谐振动的能量公式:$E = \dfrac{1}{2}kA^2$,且 $\omega^2 = \left(\dfrac{2\pi}{T}\right)^2 = \dfrac{k}{m}$,

因此,$E = \dfrac{1}{2}m\left(\dfrac{2\pi}{T}\right)^2 A^2 = \dfrac{1}{2}m(2\pi)^2\left(\dfrac{A}{T}\right)^2$

两弹簧阵子的能量之比为$\dfrac{E_1}{E_2} = m_1\left(\dfrac{A_1}{T_1}\right)^2 \div \left[m_2\left(\dfrac{A_2}{T_2}\right)^2\right] = \dfrac{m_1}{m_2} \cdot \dfrac{A_1^2}{A_2^2} \cdot \dfrac{T_2^2}{T_1^2} = 1 \times 2^2 \times \dfrac{1}{2^2} = 1$,所以它们的振动能量相同。

2. 答：当观察者向声源运动时，观察者在单位时间内接收到的完整波数增多，故频率变高；当声源向观察者运动时，在声源运动前方波长变短，导致波的频率变高。因此两者在物理意义上是有区别的。

四、计算题（共4题，每题10分，共40分）

1. 已知：小动脉半径 $r_1 = 3\times10^{-3}$ m，被阻塞处有效半径 $r_2 = 2\times10^{-3}$ m，血流平均速度 $v_2 = 0.1$ m/s，血液的密度 $\rho = 1.05\times10^3$ kg/m^3，血液的黏度 $\eta = 3.0\times10^{-3}$ Pa·s；

求：(1)未变窄处的血流平均速度 v_1 =?

(2)狭窄处雷诺数 Re =? 是否会发生湍流？

(3)狭窄处的血流动压强 $\left(\frac{1}{2}\rho v_2^2\right)$ =?

解：(1)由公式 $S_1v_1 = S_2v_2$，得

$$\pi r_1^2 v_1 = \pi r_2^2 v_2$$

即

$$v_1 = \frac{r_2^2}{r_1^2}v_2 = \frac{(2\times10^{-3})^2}{(3\times10^{-3})^2}\times0.1 = 0.044 \text{ m/s}$$

(2)根据公式 $Re = \frac{\rho v r}{\eta}$，得

$$Re = \frac{\rho v_2 r_2}{\eta} = \frac{1.05\times10^3\times0.1\times2\times10^{-3}}{3.0\times10^{-3}} = 70 < 1000$$

故该处血流是层流形式，不会形成湍流。

(3)狭窄处血流的动压强 $\frac{1}{2}\rho v_2^2$ 为

$$\frac{1}{2}\rho v_2^2 = \frac{1}{2}\times1.05\times10^3\times0.1^2 = 5.25 \text{ Pa}$$

答：(1)未变窄处的血流平均速度为0.044 m/s；(2)狭窄处雷诺数为70，该处血流是层流形式，不会形成湍流；(3)狭窄处血流的动压强为5.25 Pa。

2. 已知：$d_1 = 1.0$ mm，$d_2 = 0.1$ mm，$\alpha = 7.0\times10^{-2}$ N/m，$\theta = 0°$；

求：Δh =?

解：根据公式 $h = \frac{2\alpha\cos\theta}{\rho g r}$，得

$$h_1 = \frac{2\alpha\cos0°}{\rho g r_1},\quad h_2 = \frac{2\alpha\cos0°}{\rho g r_2}$$

由上面两式可得

$$\Delta h = h_2 - h_1 = \frac{2\alpha}{\rho g}\left(\frac{1}{r_2} - \frac{1}{r_1}\right) = \frac{2\times7.0\times10^{-2}}{1.0\times10^3\times9.8}\times\left(\frac{1}{0.05\times10^{-3}} - \frac{1}{0.50\times10^{-3}}\right) = 0.257 \text{ m}$$

答：两竖管中水面的高度差为0.257 m。

3. 已知：对第一折射球面有 $u_1 = 8$ cm，$r_1 = 2$ cm，$n_1 = 1.0$，$n_2 = 1.50$；

对第二折射面有 $r_2=\infty$, $n'_1=1.50$, $n'_2=1.0$;

求: $v_1=?$ $v_2=?$

解: 由单球面折射公式

$$\frac{n_1}{u_1}+\frac{n_2}{v_1}=\frac{n_2-n_1}{r_1}$$

得
$$\frac{1.0}{8}+\frac{1.50}{v_1}=\frac{1.50-1.0}{2}$$

解得
$$v_1=12\ \text{cm}$$

$$u_2=-(12-3)=-9\ \text{cm}$$

由单球面折射公式

$$\frac{n'_1}{u_2}+\frac{n'_2}{v_2}=\frac{n'_2-n'_1}{r_2}$$

得
$$\frac{1.50}{-9}+\frac{1.0}{v_2}=\frac{1.0-1.50}{\infty}$$

解得
$$v_2=6\ \text{cm}$$

答: 像成在距第二折射面 6 cm 处。

4. 已知: $A_0=12000$ 核衰变/分, $t=30$ h, $n_1=1\ \text{cm}^3$, $A_1=0.5$ 核衰变/分, $T_{1/2}=15$ h;

求:此人全身的血液量 $n_2=?$

解: 根据放射性活度公式 $A=A_0e^{-\lambda t}=A_0\left(\frac{1}{2}\right)^{t/T_{1/2}}$,得

$$A_1=\frac{n_1}{n_2}A_0\left(\frac{1}{2}\right)^{t/T_{1/2}}$$

即
$$0.5=\frac{1}{n_2}\times 12000\times\left(\frac{1}{2}\right)^{30/15}$$

解得
$$n_2=6000\ \text{cm}^3$$

答: 此人全身的血液量为 6000 cm^3。